Kursbuch 186
Rechts. Ausgrabungen

W0178659

Das Kursbuch erscheint viermal im Jahr.
Das Heft kostet einzeln € 19,–
Das Jahresabo (4 Ausgaben) kostet € 60,–
Im Internet: https://kursbuch.online

Sven Murmann Verlagsgesellschaft mbH
Miramar-Haus, Schopenstehl 15, 20095 Hamburg
Tel. 0 40/39 80 83-0
V. i. S. d. P.: Peter Felixberger
© 2016 Sven Murmann Verlagsgesellschaft mbH, Hamburg

ISBN 978-3-94651-401-5
ISSN 0023-5652

Herstellung und Gestaltung: Murmann Publishers GmbH, Hamburg
Druck: Steinmeier GmbH & Co. KG, Deiningen
Printed in Germany

Zuschriften bitte per Mail an: kursbuch@kursbuch.online
Abonnenten-Service: abonnements@kursbuch.online
Pressevertrieb: PressUp GmbH, Wandsbeker Allee 1, 22041 Hamburg. www.pressup.de

Armin Nassehi
Editorial

Warum wir ein Heft über »Rechts« machen, muss nun wirklich nicht weiter begründet werden. Es liegt auf der Hand. Deshalb einige Erläuterungen zur Ausgrabungsmethode:

»Die Archäologie versucht, nicht die Gedanken, die Vorstellungen, die Bilder, die Themen, die Heimsuchungen zu definieren, die sich in den Diskursen verbergen oder manifestieren; sondern jene Diskurse selbst, jene Diskurse als bestimmten Regeln gehorchende Praktiken. Sie behandelt den Diskurs nicht als *Dokument*, als Zeichen für etwas anderes, als Element, das transparent sein müsste [...]; sie wendet sich an den Diskurs in seinem ihm eigenen Volumen als *Monument*. Es ist keine interpretative Disziplin, sie sucht nicht einen ›anderen Diskurs‹, der besser verborgen wäre. Sie wehrt sich dagegen, ›allegorisch‹ zu sein.«

Was Michel Foucault hier in seinem Buch *Archäologie des Wissens* als erstes von vier Prinzipien über die archäologische Methode der Ideengeschichte präsentiert, beschreibt das, was in diesem *Kursbuch* geschieht, ziemlich präzise. Es geht eher um Ausgrabungen als um Verstehen; es geht um das Freilegen, nicht um das Wiedereinbetten; es geht darum, die Sedimentschichten darum herum zu isolieren, nicht um relativierende Kontexte. Das Faszinierende an der Archäologie ist, dass sie zumeist wirklich Handfestes zutage fördert, das auf Praktiken, auf wiederum Handfestes verweist und erst in einem der nächsten Schritte auf den kulturellen Gesamtkontext oder einen Kosmos von Bedeutungen. Genau darum beschäftigt sich dieses *Kursbuch* über »Rechts« mit »Ausgrabungen«: *Rechts. Ausgrabungen.*

Es geht allen Beiträgen darum, im Sinne Foucaults Monumente auszugraben und nicht Dokumente vorzulegen, also Hinweise auf Praktiken, auf jenes Handfeste, das für sich steht, nicht Dokumente für etwas anderes. So gräbt Peter Felixberger den Diskurs um den deutschen Sozialstaat aus, der sich von rechts und links gleichermaßen untergräbt;

Daniel Bax zeigt, dass der Islam sich für Rechtspopulisten deshalb so lohnend als Lieblingsfeind anbietet, weil man nicht lange graben muss, um in fast allen Milieus der Bundesrepublik auf islamkritische Motive zu stoßen; Hans Hütt macht auf die inneren Widersprüche der US-amerikanischen Gesellschaft und ihre Konflikte als Nährboden für Rechtspopulismus aufmerksam und zeigt, dass die Konflikte teilweise ganz unterschiedliche Schützengräben gegraben haben – von Hütt stammt denn auch mein Lieblingssatz in diesem Kursbuch: »Die Absurdität gipfelt darin, dass der um sein soziales Überleben kämpfende weiße Arbeiter sich von Studierenden der Ivy-League-Universitäten seine Privilegien unter die Nase reiben lässt. Das geht nicht gut aus.«

Mein eigener Beitrag gräbt bis an den Grund eines grundlegenden Unbehagens an der anstrengenden Moderne, die das populistische Motiv des Baldachins, der alle Differenzen einzieht, geradezu zum Normalfall semantischer Reaktionen macht – und nicht nur bei den Rechten zu finden ist; eine Ausgrabung ganz eigener Art ist die geradezu intime Rekonstruktion des Miterlebens des Münchner NSU-Prozesses von der Anwältin und Nebenklagevertreterin Angela Wierig; Liane Bednarz gräbt nach Verbindungen zwischen unterschiedlichen politischen und medialen Akteuren der »Neuen Rechten«; und Barbara Vinken diagnostiziert ihr Grabungsergebnis über die Mode der Rechten in der ihr eigenen Drastik: »Der phobische Ausschluss alles Weiblichen, das knallharte Paradieren von Männlichkeit, das Beharren auf dem Zuviel streicht diese übermarkierte Männlichkeit aus: Sie ist und hat, ist Fetisch und hat den Phallus. Kurz, rechtsradikale Mode ist das Symptom, unheimliche Blüte unerträglicher Kastrationsangst.«

Zwei historische Ausgrabungen haben eine besondere Aufmerksamkeit verdient: Der im Jahre 2001 verstorbene Journalist Rainer Joedecke hat in *Kursbuch* 107 im März 1992 über Hoyerswerda geschrieben – über jenen Ort, dessen Name zum Symbol jener schwarzen 1990er-Jahre geworden ist. Die Aktualität dieses fast ein Vierteljahrhundert alten Textes ist beklemmend. Wir drucken ihn mit freundlicher Genehmigung von Jessica Joedecke wieder ab.

Noch älter, nämlich von 1850, ist die zweite historische Ausgrabung dieses *Kursbuchs*, die sich mit der »Negerfrage« beschäftigt. Der große liberale Denker John Stuart Mill zeigt hier, dass die Kritik an der Sklaverei und der Kampf gegen die Unterdrückung der Schwarzen nicht als eine philanthropische Gefühlsregung verkürzt oder missdeutet werden sollte. Bei der Frage nach der Sklaverei gehe es – gewissermaßen Pars pro Toto – ums Ganze, nämlich darum, ob sich das Recht als ein universales Recht durchsetzt, nach dem Gleiches nicht ungleich behandelt werden darf. Und dass »der Neger« kein anderer ist, letztlich nicht ungleich, worin dann jene sichtbare Ungleichheit verschwindet, wird in diesem Leserbrief Mills wundervoll durchgeführt – es ist ein Leserbrief, der einen rassistischen Text des Historikers Thomas Carlyle kommentiert.

Die methodische Klammer dieses *Kursbuchs* dürfte deutlich geworden sein – unsere Autorinnen und Autoren nehmen all das, was unter dem sehr breiten Dach »Rechts« ausgegraben werden kann, tatsächlich als *Monument*, um Foucault noch einmal aufzunehmen. Es geht darum, die ausgegrabenen Bruchstücke in ihrem praktischen Sinn zu verstehen – und dieser praktische Sinn scheint überall auf Verunsicherungen zu stoßen – oder auf Situationen, in denen solche Verunsicherungen instrumentalisiert werden können. Der Fokus all dieser Praktiken scheint eine Welt zu sein, die eben nicht anstrengend ist, in der man weiß, wer wohin gehört, und in der Hierarchien und Erhabenheiten deutlich sichtbar geregelt sind. Überall kommen beleidigte Akteure vor, denen in diesen Texten von Kleingeisterei bis zur Kastrationsangst bescheinigt wird, sich der Komplexität dieser Welt nicht zu stellen. Vielleicht sind das die Anfangsbedingungen all dessen, was heute »rechts« ist – und nicht nur dort anzutreffen ist.

So ähnlich argumentiert auch Jens-Christian Rabe, der von einer Konfrontation von Kritik und Paranoia spricht – ein schönes Bild für das Ringen um die allgemeine Gemengelage. Rabe reiht sich als Vierzehnter in unsere Rubrik »Brief eines Lesers« ein. Dafür sei ihm gedankt.

Jens-Christian Rabe
Brief eines Lesers (14)

Man muss die Debatten in der analogen und digitalen Realität nicht besonders intensiv verfolgen, um zu der Erkenntnis zu kommen, dass Kritik an allem und jedem so selbstverständlich ist wie der Autoritätsverlust der professionellen Kritik: Die Gegenwart liebt die Kritik und hasst die Kritiker. Das Zeitalter der sozialen Medien ist das Zeitalter der Meinungen. Und im Zeitalter der Meinungen ist jeder ein Kritiker – was natürlich den professionellen Kritikern nicht gefällt, die kritische Bücher verfassen, wie A.O. Scott mit *Better Living Through Criticism* oder der Wiener Kritiker Thomas Edlinger mit *Der wunde Punkt – Vom Unbehagen an der Kritik*. Im Grunde ist das aber eine gute Nachricht.

Leider ist es ein wenig komplizierter. Wobei »kompliziert« für mich als Leser auch gleich erst einmal das Stichwort sein muss, um das *Kursbuch* unbedingt dafür zu loben, dass man bei der Lektüre nie – wie anderswo viel zu oft – das Gefühl hat, dass sich um die Widersprüche und Paradoxien der Welt gedrückt wird. Im Gegenteil: Wenn man im letzten Heft zum Thema *Fremd sein!* etwa vom Einbürgerungsdiskurs in den USA im 19. Jahrhundert und der damaligen Einstufung der Iren als »Farbige« erfährt, oder liest, warum sich Julia Kristeva im Angesicht des derzeit so aktiven »radikalen Bösen« als energische Pessimistin versteht, dann hat man eher den Eindruck, der Kurs führt geradewegs darauf zu (nur dass dabei manches allzu eilig den Diskursskizzen des Seminarbetriebs entnommen wirkt und naheliegende Fährten in die unmittelbare, popkulturelle Gegenwart nicht aufgenommen werden, erstaunt hier und da, das aber nur in Klammern).

Lieber weiter mit den Widersprüchen der Kritik im Zeitalter des Internets. Natürlich liebt jeder nur die Kritik, die seiner eigenen Meinung entspricht. Es werden auch nur die Kritiker gehasst, die eine andere Sicht der Dinge haben als man selbst. Das war vermutlich nie anders, weshalb man noch mehr darüber staunen kann, dass es je zu pluralistischen liberalen Demokratien kommen konnte, und zu professionellen Kritikern in Zeitungen, Zeitschriften, Fernsehsendungen und an Universitäten, also zu so etwas wie einer professionalisierten öffentlichen Kritik. Und nicht einfach nur zu einer Horde von Schmeichlern der Mehrheit.

Für den Kritiker ist dabei die Erkenntnis, dass man nur von denen gehasst wird, die bloß ihre eigene Meinung akzeptieren, tatsächlich noch fataler, als geliebt zu werden. Denn von zehn Kritikern, die genau zu wissen meinen, wer sie hasst, werden genau zehn hochnäsig und faul. Aber nicht so champagnerselig gedankenlos »hochnäsig und faul« wie die eitlen alten Kritikerpäpste, sondern ganz bewusst, aus nüchternem Kalkül. Denn das Internet hat dafür gesorgt, dass jeder heute genauer und schneller denn je sofort erkennen kann, wie groß sein Forum jeweils ist – und oft ist es sehr groß, man denke nur an den rasanten Aufstieg der AfD, einer populistischen Partei ohne echte Gallionsfigur.

Aufmerksamkeit kann im digitalen Raum inzwischen so problemlos und detailliert gemessen werden wie nie zuvor. Früher kannte man die verkaufte Auflage einer Zeitung. Was davon wirklich gelesen wurde, wusste letztlich niemand. Im Internet kann man nun, wenn man will, nicht nur erfahren, wie oft ein Beitrag aufgerufen wurde, sondern auch, wann jeder einzelne Nutzer wieder ausgestiegen ist. Das Netz ist ein erbarmungsloser Latenzvernichter.

Für den öffentlichen intellektuellen Diskurs bedeutet die Latenzvernichtung eine gravierende Veränderung, die noch von der Tatsache verstärkt wird, dass die etablierten wirtschaftlichen Grundlagen des Diskurses schwer angeschlagen sind. Unter den Bedingungen des Internets etwa wäre die Entstehung von großen Feuilletonredaktionen in der unabhängigen überregionalen Presse, wie wir sie kennen, wirtschaftlich schlicht nicht möglich gewesen. Im Grunde gibt es wohl sogar für sämtliche seriöse klassische Informations- und Diskussionsangebote im Netz bislang kein Publikum, das groß genug ist, um Werbeeinnahmen zu garantieren, die vergleichbar sind mit den Erlösen, die die Presse bis in die mittleren Nullerjahre erwirtschaftet hat – zu Zeiten also, als sie noch ein Quasi-Monopol auf lokale, oft sogar regionale Werbung und Kleinanzeigen (Immobilien, Autos, Arbeit) hatte und den Zugang zu werberelevanten Bevölkerungsschichten. Es gibt nur ein stetig sinkendes Geschäft mit den gedruckten analogen Angeboten. Und vielleicht weist der Weg des *Kursbuchs* – keine Werbung, dafür ein hoher Einzelverkaufspreis – ja in die richtige Richtung.

Die Verteilung und damit Massenkoordination der digitalen Kommunikation beherrscht längst unangefochten und erschreckend umfassend Plattformgiganten wie Google und Facebook mit ihren Milliarden Nutzern und Mitgliedern (und entsprechenden Werbeeinnahmen, denn dafür zählt nur noch Reichweite), weshalb Beobachter wie der in Harvard forschende Netzkritiker Evgeny Morozov auch schon vom Zeitalter des »hypermodernen Feudalismus« sprechen.

Als wäre diese Situation unserer Bewusstseinsindustrie nicht schon existenziell genug, haben die neuen Bedingungen begonnen, die Möglichkeiten von Intellektualität selbst einzuschränken. Sie haben es möglich gemacht, die Welt einfacher und eindeutiger zu machen als sie ist – und damit durchzukommen. Anders lassen sich die Entwicklungen schließlich kaum beschreiben, die bei Artikeln über den amerikanischen Wahlkampf in der Zeitschrift *New Yorker* zu Überschriften führen wie »After the Fact«. Bei Fox News über Trump bis Putin, AfD und Pegida wird mit allerlei Kontrafaktischem so offensiv wie erfolgreich Politik gemacht. Und die liberale Gegenseite verlässt sich bloß auf die rapide schwindende ideologische Strahlkraft der Tatsache, auf der guten Seite zu stehen. Auch das 2015 erschienene Buch des *Kursbuch*-Herausgebers Armin Nassehi *Die letzte Stunde der Wahrheit* scheint mir auf dieses Problem zu reagieren und zu fragen, wie wir wieder etwas intelligenter streiten könnten und wie man dem Gegensatz von unkritischer und paranoischer Vernunft entgeht.

Die paranoische Vernunft – der mit Xavier Naidoo übrigens auch ein deutscher Popstar offen anhängt – verweigert den liberalen Konsens über die alltägliche Weltwahrnehmung. Die lief bislang darauf hinaus, dass man der Welt, den Medien, dem Staat mit skeptischem Wohlwollen und einer nüchtern-optimistischen privaten Geschichtsphilosophie begegnet. Jeder aufgedeckte Skandal ist aus dieser Perspektive ein weiterer kleiner Schritt zum Besseren, zu dem man allerdings kein allzu emphatisches Verhältnis pflegt, weil man als guter Liberaler der Ansicht ist, dass darunter nicht zwingend alle das exakt Gleiche verstehen müssen. Für die paranoische Vernunft ist es dagegen genau umgekehrt. Jeder neue aufgedeckte Skandal aus Politik und Wirtschaft ist nicht ein weiterer kleiner Schritt zum Besseren, sondern nur die Spitze des Eisbergs, ein weiterer Hinweis auf den gigantischen stillen Volksbetrug der Eliten.

Aber was bedeutet diese Situation nun für Zeitschriften wie das *Kursbuch*, also für die inzwischen irgendwie altmodisch erscheinende Kritik, über die Mark Greif im Juni-*Kursbuch* des vergangenen Jahres so emphatisch schrieb, sie sei die nicht nur »unaufhörliche Bewegung der Gedanken, die Frage, wie die Dinge anders sein könnten, als sie sind, der Versuch, ohne ein etabliertes Gedankenmodell auszukommen, ohne Vorannahmen und Lehrmeinungen«, sondern auch die Infragestellung des kritischen Infragestellers durch sich selbst?

Es bedeutet leider das Allerschwierigste, das gar nicht mehr selbstverständlich ist: Das unverzagte Weitermachen nämlich im Vertrauen auf das Denken und Diskutieren, obwohl man weiß, dass man mit dem Rücken zur Wand steht. Es bedeutet die fröhlich-menschenfreundliche Kritik der Kritik und – wenn es sein muss – auch noch die Kritik der Kritikkritik. So wie etwa im letzten *Kursbuch*-Heft nicht nur die Ideologien des vermeintlich Eigenen ins Visier genommen wurden, sondern Wolfgang Schmidbauer auch über die unüberwindliche Fremdheit jedes einzelnen Menschen für sich selbst nachdachte. So eine Kritik ist natürlich ein zähes, mühsames, anstrengendes und im Zweifel einsames und endloses Geschäft, das wohl auch nicht zu so etwas Feinem wie dem habermasschen zwanglosen Zwang des besseren Arguments führt. Es läuft eher auf eine Situation heraus, die man vielleicht permanent palliativ nennen könnte, aufs Herauszögern und Schmerzen lindern. Im Angesicht der Alternative, des Todes der Wahrheit, klingt das aber auch wieder gar nicht so schlecht.

Peter Felixberger
Rechts! Zwo! Drei! Vier!
Ein deutsches Drehbuch

Eingangsblende

Der deutsche Sozialstaat gerät in Gefahr. Flüchtlinge und Migranten aus anderen Kulturen und Ländern bilden die neue Konkurrenz um staatliche Versorgungsleistungen. Dadurch drohe die Fürsorge für deutsche Bedürftige – Rentner und Hartz-IV-Empfänger – in Gefahr zu geraten. Politiker und Medien beginnen, die jeweiligen Gerechtigkeitskonstruktionen als Reflexe und reflexive Zustimmungsräume in Stellung zu bringen. In den Turbulenzen bilden sich stabile bis paradoxe Meinungskoalitionen. Rechts taucht auf, wo gerade noch links stand. Und links mäandert ins Delta des Unübersichtlichen.

Akteure

Wirtschaftsminister
Bundeskanzlerin
Früherer Minister mit sozialem Gewissen
Kronprinz einer regionalen Regierungspartei
Großsoziologe
Politiker und Funktionäre
Publizisten und Vordenker
Linke Rechtsnationalisten
Rechte Linksnationalisten
Volk

Startimpulse

In Zeiten sinkender Wählerzustimmung tritt der Wirtschaftsminister auf und zündelt:»In die Gesellschaft hat sich ein Satz gefressen: ›Für die Flüchtlinge macht ihr alles, für uns macht ihr nichts.‹« Das Spiel der Reflexe kann beginnen.»Ein Wohlfahrtschauvinist«, ruft ein Politikwissenschaftler unmittelbar retour und bezieht sich auf die Denkfigur, wonach gesellschaftliche Homogenität die Voraussetzung für einen gelingenden Sozialstaat ist. Und eine junge Journalistin einer großen deutschen Sonntagszeitung reagiert ebenso zügig:»Um gesellschaftliche Unruhe zu vermeiden, muss man den Einheimischen nach dieser Logik in Zeiten hoher Einwanderung ausdrücklich zusichern, dass ihnen durch die Neuankömmlinge kein Nachteil entsteht.« Das Volk bezieht Stellung. Der »kleine Mann« reklamiert sozialstaatliche Versorgung und will keine Konkurrenten neben sich haben. Der Sozialstaat soll seine Pforten nur für die Richtigen öffnen. Ein deutscher Rentner dürfe vom Staat schließlich nicht weniger bekommen, als ein jugendlicher Flüchtling den Staat koste – meint der Kronprinz einer Landesregierung im Süden des Landes.

Tiefenbohrung

Der Sozialstaat wird als Spielwiese oberflächlicher Reflexe und Reiz-Reaktions-Muster benutzt und instrumentalisiert. Anhänger und Gegner rotten sich im Gefühl der Meinungshoheit jeweils zusammen. Es bedarf deshalb einer tiefer gehenden Betrachtung, um diese kurzatmig öffentlich inszenierte Oberflächenspannung besser zu verstehen und die darunter liegenden Gesteinsschichten zu erkennen.

Wir richten den Blick deshalb zunächst zurück in die Zeit vor 150 Jahren. Als nämlich der Sozial- oder Wohlfahrtsstaat sich im Gefolge der ersten Phase der Industrialisierung in Deutschland herausgebildet hat. Dabei hat sich ein paternalistisches Staatsverständnis verfestigt, demzufolge einerseits der Staat Souverän und Fürsorger seiner Bürger ist, anderseits der Bürger als ein mit Teilhaberechten ausgestattetes Mitglied einer sozialen Gemeinschaft definiert ist. Das bedeutet: Der Sozialstaat fordert und fördert, er fordert die politische Loyalität der Bürger und fördert deren individuelle Wohlfahrt. Das Herzstück jedes Sozialstaats ist die Inklusion.

Reflexe

Stimme eines Großsoziologen aus dem Jenseits: »Jede Person muss danach Zugang zu allen Funktionskreisen erhalten können. Jeder muss rechtsfähig sein, eine Familie gründen können, politische Macht mit ausüben oder doch mit kontrollieren können; jeder muss in Schulen erzogen werden, im Bedarfsfalle medizinisch versorgt werden, am Wirtschaftsverkehr teilnehmen können. Das Prinzip der Inklusion ersetzt jene Solidarität, die darauf beruhte, dass man einer und nur einer Gruppe angehörte.«

Jeder Bürger erwirbt also ein Set an politischen und sozialen Rechten, über die er in die Gemeinschaft integriert ist, aber auch die Ausgangsposition festigt, seine Lebenspläne in freier Selbstbestimmung und Selbstorganisation verwirklichen zu können. Der Sozialstaat basiert bis heute auf dieser beiderseitigen Gewinnstrategie. Die Marginalisierung einer Gruppe (siehe Wirtschaftsminister und Kronprinz) ist nicht Teil dieser Denkfigur.

Auftritt der Bundeskanzlerin. Nach langem Wir-schaffen-das-Jubel erinnert sie sich im Umgang mit den Flüchtlingen an das sozialstaatliche Prinzip: fordern und fördern. Anerkannten Asylbewerbern solle etwa »zur Vermeidung von sozialen Brennpunkten« ein bestimmter Wohnsitz zugewiesen werden. Gleichzeitig werden Flüchtlingen, die Integrationsmaßnahmen ablehnen, die Leistungen gekürzt. Der eingangs zitierte Wirtschaftsminister im semantischen Schlepptau: Die Koalition wolle keine »zwangsassimilierten, ängstlichen Integrationssimulanten«.

Integration sei anstrengend, doch »wer zu uns gehören will, wird nun bessere Möglichkeiten haben«. Der Wirtschaftsminister bewirtschaftet weiter sich selbst.

Womit wir wieder am Anfang stehen. Zu uns gehören! Inklusion! Nur dann öffnet der Sozialstaat sein Mäntelchen. Semantisch lässt sich dahinter ein wohlbekanntes, bipolares Ränkespiel inszenieren, um den Sozialstaat auszuhebeln. Hier die dauerhaften, dort die flüchtig Bedürftigen. Hier die Deutschen, dort jene, die sich der Inklusion erst würdig erweisen müssen. Die Flüchtlinge werden volksnah zur Gruppe degradiert und als solche zunächst semantisch und physisch in Zeltstädten und Turnhallen zwischengelagert. Der sozialistische Internationalismus, der jeder verfolgten und gefährdeten Person Heimstatt und Schutz gewährt, strandet so im neolinken Nationalismus, der eine Hierarchisierung im Sozialstaat vornimmt und den Inklusionsgedanken malträtiert.

Achtung: Auftritt einer rechten Linksnationalistin, die mit ihrem Zwischenreflex bildlich gesprochen auf diesem semantischen Wirbelkörper Platz nimmt und völlig überraschend das Hohelied des Nationalstaats singt. Demokratie und Sozialstaat seien in Nationalstaaten erkämpft worden und Demokratie lebe nur in Räumen, die für die Menschen überschaubar sind. EU und Supranationalismus sind in ihren Augen eher Teufelswerk. Da trifft es sich gut, dass ihr geistiger Ziehvater vor Jahren eine *Streitschrift für eine gerechte Gesellschaft* verfasst hat. Ein guter Deutscher, so der ihr äußerst nahestehende Ziehvater darin, muss seinen Wohnsitz in Deutschland haben, deutsch sprechen, angemessen Steuern zahlen und den Sozialstaat finanzieren. Woraus sich für ihn die Notwendigkeit ergibt, »die Zuwanderung zu begrenzen«. Denn Aussiedler, Bürgerkriegsflüchtlinge und Asylbewerber träten mit dem deutschen Michel in »Konkurrenz um Arbeitsplätze, Wohnungen und Lebenschancen«. Der Staat solle sich, so seine Folgerung, zuallererst um die »sorgen, die seine Bürger sind und sich, soweit sie Einnahmen haben, an der Finanzierung der Gemeinschaft beteiligen«.

Tiefenbohrung

Man erkennt schnell, dass sich hinter dieser scheinbaren Politik für alle ein antisozialstaatlicher und rassistischer Reflexkern verbirgt: Wir lassen von außen keinen mehr dazukommen, damit die Einheimischen unter sich bleiben können. Wölfe im Schafspelz haben plötzlich Konjunktur. Eine neue kleine Rechtspartei packt den Volkszipfel bei der Hand. Ohne zu ahnen, worum der Sozialstaat im Eigentlichen ringt. Aus den Parteiritzen qualmt es hervor: »Der Sozialstaat für alle ist nicht sozial [...] Einen unkontrolliert immer weiter ausufernden Sozialstaat kann sich Deutschland auf lange Sicht nicht leisten.«

Jetzt aber schnell zurück in die tiefer liegenden Sedimentschichten des Sozialstaats. Denn in der Gewinnbeziehung zwischen Staat und Bürger wird eine interessante Paradoxie sichtbar. Der Sozialstaat kompensiert die Preisgabe seiner Macht (er beteiligt alle Bürger an politischen und sozialen Rechten) mit dem Zugehörigkeitsimperativ zu einer hierarchisch von oben gesteuerten Staatlichkeit. Der Bürger wiederum kompensiert seine politische Teilhabeverpflichtung mit der Preisgabe seiner Freiheit (dem Streben nach selbst organisiertem Leben).

Stimme eines Soziologen aus dem Off: »Die wesentliche Rolle des Staates im Kontext der Wohlfahrtsproduktion besteht in der Gewährleistung sozialer Rechte und in der Schaffung funktionsfähiger Strukturen der Leistungserbringung, deren Eigendynamik zur Schaffung von Selbststeuerungspotenzialen nutzbar gemacht werden kann.« Die Idee des Sozialstaats kann diesem Dilemma allerdings nicht entfliehen. Als Souverän und Fürsorger über seine abhängigen Bürger herrschen zu müssen und gleichzeitig mit ihnen dahin gehend zu kooperieren, sie als Selbstorganisierte in die individuelle Freiheit zu entlassen. Der Konflikt zwischen individueller Emanzipation und staatlicher Macht bleibt dauerhaft ungelöst.

Der Großsoziologe winkt aus dem Jenseits: »Der Wohlfahrtsstaat erstrebt die Inklusion der Gesamtbevölkerung in das politische System der Gesellschaft. Dies geschieht auf der positiven, auf der beleuchteten

Seite durch Gewährung von Vorteilen, die der Einzelne nicht selbst verdient hat. Auf der anderen Seite kommt es eben dadurch zu einer Verstärkung der Abhängigkeit der Lebensführung des Einzelnen von staatlichen Entscheidungen.« Nochmaliges Abtauchen in die Geschichte des Sozialstaats. Seine Idee entfaltet sich am Ende des 19. Jahrhunderts infolge des Übergangs von der landwirtschaftlich geprägten zur industriewirtschaftlich dominierten Gesellschaft. Der Quantensprung hinsichtlich der Variationsbreite sozialer Prozesse ist beträchtlich. Der bürgerlich-kapitalistische Industrialismus produziert neue Kommunikations- und Aktionsräume in Form von sozialen Hierarchien und ungleichen Schichten. Es kommt zur Klassenbildung. Die industrielle Klassengesellschaft erfordert ein neues semantisches Reaktionsmuster seiner Mitglieder. Politische Parteien und Gewerkschaften werden zu ihren Fürsprechern. Erste Sozialgesetze sollen den kollektiven Machtaufstand von unten bändigen und ihm entgegenwirken.

In der Folge bilden sich verschiedene sozialstaatliche Kompensationsgeschäfte zwischen Staat und Bürger heraus. Mit dem Kriegssozialismus im Ersten Weltkrieg setzt sich zunächst die Vorstellung eines intervenierenden, steuernden, planenden und leistenden Staats in den Köpfen der Bevölkerung nachhaltig fest. Neben der Armenfürsorge wird beispielsweise eine Kriegsfürsorge etabliert, auf die alle Familien von Soldaten zurückgreifen können. Reform von oben, preußisch-deutsch eben. In der Weimarer Republik wird der Sozialstaat sukzessive ausgebaut, zunächst, denn mit der Weltwirtschaftskrise Anfang der 1930er-Jahre geraten Sozialstaat und Demokratie zunehmend unter Druck. Mit dem Nationalsozialismus, der sich selbst als sozialer Volksstaat versteht, wird der Staat als Dienstbote für sozialpolitische Wohltaten an die breite Bevölkerung funktionalisiert. Es bildet sich eine Art von Gefälligkeitsdiktatur mit groß angelegter Umverteilungspolitik unter der Knute eines völkisch-rassischen Sozialstaats. Mit Polizei und Geheimdienst etabliert der NS-Staat Agenturen gesellschaftlicher Gewaltandrohung und -ausübung gegen die »Volksgenossen«. Gleichzeitig werden diese mit sozialen Wohltaten überschüttet, um jede Form von Aufstand und Gegenmacht im Keim zu ersticken. Hinter der sozialstaatlichen Füllhornpolitik verbirgt sich allerdings eine funktionale Zurichtungspolitik: Es geht nicht um die soziale Sicherung des Einzelnen, sondern um die konsequente Zurichtung seiner Leistungsfähigkeit für die Zwecke des NS-Regimes.

Reflexe

Von oben nach unten national und unbegrenzt Wohltaten verteilen – eine Schliere in der Geschichte des Sozialstaats, die heute in ganz anderen Kontexten wieder fröhliche Urständ feiert: in der Verknüpfung mit der sozialen Gerechtigkeit.

Auftritt eines landesweit bekannten Leitartiklers, der die Zerstörung sozialer Gerechtigkeit anprangert. »Das Kapital hat gesiegt. Um nun noch reicher zu werden, braucht es die Arbeit immer weniger. Die Arbeit, die es noch braucht, will es sich auf der ganzen Welt preiswert aussuchen, weil es überflüssig gewordene Arbeitnehmer fast überall im Überfluss gibt [...] Ausbeutung war gestern; Entlassung ist heute.« Die Logik dahinter ist klar: Unternehmen entlassen massenhaft Arbeitskräfte, die vom Gemeinwesen weiter alimentiert werden müssen. Doch die Arbeitslosen strangulieren den Sozialstaat. Das Ergebnis ist, die Unternehmen scheffeln nur noch Gewinne für ihre Eigentümer, der Staat bricht unter seinem Schuldenberg zusammen. Oder anders gesagt: Die Wirtschaft beutet konsequent die Leistungsfähigkeit des Einzelnen für seinen Profit aus. Weil aber Unternehmen Gewinne primär für die Eigentümer und nicht für das Gemeinwohl erzielen, müssen sie über Steuern und Abgaben gezwungen werden, dem Gemeinwohl zu dienen. So der Leitartikler heftig auf den Boden stampfend.

Tiefenbohrung

Die Ökonomie verwässert die Inklusion und wird zum treibenden Faktor im öffentlichen Zeitgespräch. Die liberalen Ökonomen der 1950er-Jahre hatten die damit verbundene Gerechtigkeitsverwerfung bereits geahnt und versucht, frühzeitig gegenzusteuern. Es entwickelte sich die Idee der sozialen Marktwirtschaft. Einer ihrer Vordenker war Walter Eucken, der sowohl vor den Gefahren einer erneuten Zentralverwaltungswirtschaft als auch vor »einer Versumpfung des Kapitalismus« warnte. Eucken trennte strikt zwischen staatlicher und privater Machtausübung. Wettbewerb und Wirtschaftsfreiheit des Einzelnen waren einerseits unantastbar, es war sogar die Kernaufgabe des Staats, diese zu stärken. Andererseits sollte der Staat regulierend eingreifen dürfen, mit »Vorkehrungen gegen anomales Angebotsverhalten, Monopolkontrolle, einer begrenzten Einkommenspolitik und der Korrektur externer Effekte«. Franz Böhm, ebenfalls Mitglied der ordoliberalen Freiburger Schule, beschäftigte sich weiter gehend mit dem Zusammenhang zwischen Zivilgesellschaft und Wirtschaftsverfassung in Form eines freien Marktwettbewerbs. Die Zivil- oder Privatrechtsgesellschaft beschrieb er als ein Regelsystem (Privatrecht), »das dem Kooperieren und Koexistieren von gleichberechtigten Trägern autonomer Individualpläne« diene. Privilegien für Einzelne oder Interessengruppen, zum Beispiel Subventionen, waren darin verpönt. Der Leitbegriff der Freiburger Schule war der »rechtlich geordnete Leistungswettbewerb«.

Alfred Müller-Armack, übrigens auch ein Namensgeber der sozialen Marktwirtschaft, gelang es schließlich, Staat und Wirtschaft begründungslogisch zu versöhnen. Ziel war es für ihn, »das Prinzip der Freiheit auf dem Markte mit dem des sozialen Ausgleichs zu verbinden«. Beide Extreme, den zügellosen Kapitalismus und die zentral gelenkte Planwirtschaft, wollte er sowohl mit der staatlich garantierten Wettbewerbsordnung als auch einer neuen Sozialpolitik verhindern.

Kein Wunder, dass in der Folge Wettbewerb und Sozialstaat den Ausgleich suchten, über Jahrzehnte hinweg. Ende der 1990er-Jahre passierte dann aber plötzlich eine steile Semantikradikalisierung. Stichwörter: New Economy und Hartz IV. Erste Scharmützel wurden ausgefochten. Wirtschaftslibertäre reisten zu den Sternen, Sozialpolitiker in die Abgründe. Die beiderseitige Gewinnstrategie des Sozialstaats kannte plötzlich nur noch das Entweder-oder, wirtschaftsfeindlich oder wirtschaftsfreundlich. Damit verlor der Inklusionsgedanke in der aufkommenden Wirtschaftsliberalisierung und Globalisierung seine Kernprogrammierung all over the world.

Reflexe

Vorläufig letzter Auftritt eines berühmten früheren Ministers mit sozialem Gewissen, der verzweifelt daran erinnert:»Soziale Marktwirtschaft versucht Wettbewerb und sozialen Ausgleich, Leistung und Solidarität in Balance zu halten. Das Prinzip des Abwägens gehört zu den konstituierenden Elementen der sozialen Marktwirtschaft.«

Nüchtern resümiert ein früher Online-Publizist:»Der Kapitalismus wird ab jetzt zur Anklagebank geführt. Der neue, ungezügelte Kapitalismus müsse gebändigt werden. Egalitarismus und Solidarität als Eckpfeiler der Verteilungsgerechtigkeit würden dem globalen Profit- und Gewinnstreben geopfert, die rechtsstaatliche Ordnung als oberste Gerechtigkeitsinstanz werde auf der globalen Bühne eines Raubtierkapitalismus ausgehebelt.« Die mühsam installierte Balance zwischen Sozialstaat und Wirtschaft wird Stück um Stück ausgehebelt. Die Wirtschaft werde zum Sargnagel des Sozialstaats. Der Sozialstaat gefährde die schillernde Welt der Wirtschaft.

Auftritt auf leisen Sohlen: Ein englischer Gutmenschsoziologe meldet sich zu Wort:»Die Entstehung neuer globaler Märkte, die wissensbasierte Ökonomie und das Ende des Kalten Kriegs haben die Möglichkeiten der Nationalstaaten beschnitten [...] die immer zahlreicheren Sozialleistungen zu erbringen. Die Bewältigung der Zukunft erfordert Chancengleichheit, persönliche Verantwortung und die aktive Beteiligung von Bürgern und Gemeinschaften.« Feinsemantisch wird die Sozialstaatsidee jetzt auf den Schultern der Bürger abgeladen. Jeder sollte, so der Engländer, sein »Wohlergehen im Sinne einer Verwirklichung selbst gesteckter Ziele aus eigener Kraft mehren«. Aushalten müsse man nur, dass manche Menschen sich schneller und erfolgreicher entfalten. Dies wiederum schaffe zwar soziale und materielle Ungleichheit, könne aber in der Vielfalt der neuen Möglichkeiten und Chancen wieder abgemildert werden. Die Selbstverwirklichung des Einzelnen und seiner Lebenschancen bleibt oberstes Gebot von Sozial- und Wirtschaftspolitik. Benachteiligt sei deshalb jeder, der in seiner Freiheit beschnitten wird, seine Möglichkeiten zum eigenen Vorteil zu nutzen.

Raffinierter kann man Hartz IV kaum begründen. Die autonome Person wird aus den Fängen des Sozialstaats in die Wirtschaft überstellt. Peu à peu. Auftritt eines Rechtswissenschaftlers: »Das Ideal der autonomen Person besteht in der Möglichkeit, die Art und Form des Lebens, welches man führen will, autonom zu bestimmen, sofern dies mit der gleichen Freiheit von anderen verträglich ist [...] Autonome Personen mit eigenverantwortlicher Lebensführung sind aber auch von sozialen Ressourcen abhängig, die nicht ohne Weiteres zur Verfügung stehen, sondern erst beschafft werden müssen. Diese müssen sie sich selbst erwirtschaften und jeder ist aufgefordert, unter gebotener Aufbietung seiner Kräfte und Fähigkeiten für sich selbst zu sorgen.«

Man sieht: Der Übergang von einem Ringen um die Balance zwischen Sozialstaat und Markt hin zu einem gegenseitigen An-die-Wand-Stellen wird semantisch in unterschiedlichen Windstärken aktualisiert. Bis heute dauert er an. Kapitalismuskritiker und Wirtschaftslibertäre bedienen sich fleißig aus ihren jeweiligen Diskursarsenalen.

Ein Beispiel: Die Ära der New Economy kann als starke semantische Revitalisierungsströmung des freien Marktliberalismus interpretiert werden. Der selbstregulierte Markt wird erneut zum Leitbegriff eines zunehmend global agierenden Marktfundamentalismus. Damit einher geht ein immenser Individualisierungstrend in der Arbeitswelt. Der Selbst- und Lebensunternehmer, der in der Multioptionsgesellschaft die sich ihm bietenden Chancen und Möglichkeiten permanent nutzt und sich dadurch selbst bestimmt und verwirklicht. Auftritt der berühmtesten schwedischen Wirtschaftsanarchisten:»Auf der ganzen Welt beginnen die Menschen, ihr Recht wahrzunehmen, sich selbst auszudrücken […]. Der Riff unserer Zeiten ist der glorreiche vielseitige Sound des Individualismus!«Jeder wähle selbst, wie er aussehen möchte, was er tun wolle und wie er sein möchte. Man wechsle Identitäten wie Hemden.»Wir leben in einem kosmopolitischen Karaoke-Club mit nie da gewesenen Wahlmöglichkeiten – 1958 Songtitel und 1966 verschiedene Lebensstile. Wir können unsere neu gewonnene Macht ausüben und uns selbst wie nie zuvor ausdrücken. Wir können sein, wer wir sein möchten. Pop-up-Persönlichkeiten. Reality-TV in der Wirklichkeit.«

Gleichzeitig zementiert sich ein breiter, malmender Strom fundamentalster Ökonomieverachtung. Auftritt eines Großzerberus dieser Spezies:»Wir erleben den Super-GAU des Systems, die lange vorausgesagte, aber vielleicht nicht ernsthaft erwartete Katastrophe, den moralischen Meltdown […] Gerechtigkeit, Gesetz, Gleichheit, Demokratie, Freiheit: Ein trübsinniger Kapitalismus hat uns diese Begriffe geraubt. Wir haben unsere Verantwortung delegiert – und dann ist sie im Dickicht furchtsamer Politiker, gieriger Banker und verständnisvoller Journalisten einfach verschwunden.«

Tiefenbohrung

Die geistige Nähe von rechtsradikalen Kleinparteileuchten und linken Defender-Epigonen lässt sich nicht mehr leugnen. Über den verbindenden Weg der Ökonomieverachtung kommt es schnell zu einer bizarren Sippenhaft des Politischen. Was ganz harmlos in den Nullerjahren als linke Globalisierungskritik begann, trifft sich heute auf den semantischen Schauplätzen umfassender völkischer Politikverdrossenheit gegenüber den Etablierten. Die Erosion des früher meinungsbildenden Establishments verweist auf einen erstaunlichen Diskursmechanismus.

Aus Linken werden Rechte, und aus Rechten werden Linke. Der Markt ist dumm, Sozialstaat nur den Deutschen! .

Rätselaufgabe: Von links oder von rechts?

- »Die Privatisierung der Welt schwächt die normensetzende Kraft des Staates [...]. Der zeitgenössische Kapitalismus ist dumm und zynisch. Man muss ihn bekämpfen, isolieren und ausschalten.«
- »Geld ist in diesem Land genügend vorhanden. Es muss nur endlich wieder gerecht verteilt werden und der großen Mehrheit der Deutschen zugutekommen.«

Wenn wir diesbezüglich ein wenig tiefer bohren, erkennen wir schnell, dass sich in modernen Gesellschaften unversöhnliche Gerechtigkeitssemantiken etabliert haben, die das neue bipolare Denken und Sprechen über Sozialstaat und Markt aufs Erheblichste beeinflussen. Verteilungs- und Leistungsgerechtigkeit stehen sich unversöhnlich gegenüber. Während Verteilungsgerechtigkeit davon ausgeht, einen staatlich organisierten und gelenkten Ausgleich sowie Kompensierung für die ungerechte Verteilung unterschiedlicher Ressourcen, Chancen und Fähigkeiten in der Gesellschaft zu schaffen, will die Leistungsgerechtigkeit geradezu das Gegenteil, nämlich die freie Entfaltung und marktkompatible Anerkennung individueller Leistungsperformance. Sozialstaat und Markt als Begriffsreservoire stehen sich als eigenlogische Gerechtigkeitsformationen von Verteilung und Leistung ebenso widersprüchlich gegenüber. Das sozialstaatliche Menschenbild fußt auf der Annahme, der einzelne Mensch sei schwach und müsse bei Bedarf lebenslang unterstützt werden. Das marktgemäße Menschenbild wiederum kennt nur starke, leistungsbereite Optimierer, die sich lebenslang selbst am besten zu unterstützen wissen.

Die fehlende Verbindung zwischen diesen semantischen Vorratslagern hat zwei anschlusskommunikative Folgen für die moderne Gesellschaft:

1. Sozialstaat und Markt schotten sich gerechtigkeitstheoretisch voneinander ab und versuchen mit hegemonialen Diskursstrategien ihre jeweilige Gerechtigkeitssemantik durchzusetzen. Konsequenz: Der Sozialstaat schützt sich vor dem Markt, der Markt hält sich den Sozialstaat vom Leib.

2. Sozialstaat und Markt suchen über normativ-moralische Pfade nach Versöhnungs- und Kooperationsarchitekturen. Konsequenz: Der Sozialstaat fördert nicht mehr nur, sondern fordert jetzt.

Womit wir wieder bei der Integration von Flüchtlingen und unserer damit verbundenen sozialstaatlichen Ausgangssituation angelangt sind. Die einen schreien: Abschotten statt fordern und fördern (siehe 1). Die anderen: Fordern und fördern statt abschotten (siehe 2). Bloß wer das eine will, kann nicht so tun, als ob er das andere meint. Und umgekehrt. Eine Argumentationsarbeit, über die Medien die notwendige Aufklärung und notwendige Einmischung betreiben. Und damit Menschen in die Lage versetzen, Wölfe im Schafspelz von Schafen im Wolfspelz zu unterscheiden.

Schlussauftritt aller Akteure (in der bisherigen Reihenfolge)

Der Wirtschaftsminister will nächster Bundeskanzler werden. Er verspricht den Deutschen Deutschland und den Flüchtlingen, die Deutsche werden wollen, irgendwie auch. Unternehmen, Sozial-, Wirtschaftsverbänden und Gewerkschaften verspricht er mehr Markt und mehr Sozialstaat. Wie und wann es wem gefällt. Gerade schmiedet er ein Bündnis »Zukunft der Industrie«. »Gemeinsam wollen wir die Zukunft des Industriestandortes Deutschland gestalten.«

Der Kronprinz einer südlichen Landesregierung wird von seinem König bis auf Weiteres behindert. Seine volksnahe Xenophobie lässt er trotzdem auf allen Kanälen knallen. Als Impulsgeber größerer Reflexkaskaden wird er gerne von Medien missbraucht. Seine Auftrittsrate in

Talkshows und angeschlossenen Funkhäusern steigt deshalb ins Unerträgliche. Dann fallen Sätze wie:»Nicht jeder, der in der Welt unterwegs ist, kann automatisch zu uns kommen.« Die Bundeskanzlerin will Bundeskanzlerin bleiben. Sie verspricht den Deutschen Europa und den Flüchtlingen die Türkei. Unternehmen, Sozial-, Wirtschaftsverbände und Gewerkschaften hält sie auf Distanz und spielt beide geschickt gegeneinander aus. Mit ihrem Dogma »Alle müssen aufhören, mehr auszugeben, als sie einnehmen« lässt sie jede sozialstaatliche Überbegehrlichkeit an ihrem Panzer abprallen. Inklusion gerät unter die Knute finanzieller Zurichtung. Da kommt Applaus aus der Mitte des Volkes.

Der Großsoziologe ist längst tot und kann nicht mehr direkt kommunizieren. Vermutlich würde er mit Blick auf Wirtschaftsminister und Bundeskanzlerin indirekt vom Versorgerstaat sprechen,»der seine Bürger infantilisiert, um sie als zu Versorgende dauerhaft und umfassend an sich zu binden«. Aus dem Publikum ruft ein Zuschauer:»Der Staat bezahlt Kurse für die Gestressten und die Adipösen ebenso wie für Migranten, die kein Deutsch können, er subventioniert private Business Schools und Flughäfen, richtet Trimm-dich-Pfade und Sonderforschungsbereiche ein und versorgt Teile der Bevölkerung mit Spaßbädern, Bundesgartenschauen oder Bühnenweihfestspielen.« Oder wie es beim Großsoziologen heißt:»Die Dicken melden sich, die Unfallopfer, heruntergewirtschaftete Industrien, zu kostspielige Technologieentwicklungen.«

Die rechte Linksnationalistin schreibt Bücher, hält Vorträge, sitzt allwissend in Talkshows und verteidigt scheinachtsam den linken Wertekanon, inklusive Wähleranbiederung. So bleibt sie gleichermaßen anschlussfähig für Kapital und Wohlfahrt. Das bringt ihr große Anerkennung, aber auch manchen hämischen Spott. Persönliche moralische Ver- und Beurteilungen versucht sie ins Zentrum öffentlicher Debatten zu rücken. Damit schafft sie spielend jeden Hindernislauf in rechte und linke Meinungsarsenale. Ein Beispiel:»Wer sind die Leistungsträger? Für mich leistet eine Altenpflegerin oder eine Krankenschwester trotz schlechter Löhne weit mehr als ein Millionärserbe oder ein Investmentbanker.« Der landesweit bekannte Leitartikler bleibt als Retter des Sozialstaats im Meinungsgeschäft. Immer wieder warnt er hingebungsvoll vor den Tücken von Hartz IV und der Erosion des inkludierenden Sozialstaats. Das hält die Sozialdemokraten im Innersten zusammen. Beispiel Hartz IV: »Der Betroffene steht in einem besonderen Gewaltverhältnis zum Staat; er ist mehr Untertan als Bürger, er ist Objekt von staatlichem Paternalismus. Das passt gut zu einem autoritären Kapitalismus, aber nicht zu einem Staat, der sich Sozialstaat nennt. Das passt vielleicht auch zu einer ›marktkonformen Demokratie‹, wie sie Angela Merkel postuliert hat. Der marktkonforme Demokrat ist aber nicht der Demokrat, den sich das Grundgesetz vorstellt.«

Der englische Gutmenschsoziologe hat sich europaweit mit der Denkfigur des aktivierenden Sozialstaats durchgesetzt. Die Bürger sollen sich stärker selbst versorgen als vom Staat aktiv versorgt werden. In einem berühmten Papier hatte er diesen dritten Weg wie folgt vorformuliert: »Ein Sozialversicherungssystem, das die Fähigkeit, Arbeit zu finden, behindert, muss reformiert werden. Moderne Sozialdemokraten wollen das Sicherheitsnetz aus Ansprüchen in ein Sprungbrett in die Eigenverantwortung umwandeln.« Der sozialdemokratische Sozialstaatsbegriff wird mit dem Begriff der Eigenverantwortung vom Kopf auf die Beine gestellt. Der Bürger wird jetzt zum Manager seiner selbst, zum selbstverantwortlichen Konstrukteur seiner Lebensplanung. »In der Lage zu sein, ›anders zu handeln‹, bedeutet, fähig zu sein, in die Welt einzugreifen beziehungsweise einen solchen Eingriff zu unterlassen mit der Folge, einen spezifischen Prozess oder Zustand zu beeinflussen.«

Um die schwedischen Wirtschaftsanarchisten ist es in letzter Zeit etwas ruhiger geworden. Unter dem Begriff »Funky Business« touren sie nach wie vor durch Europa, beruhigen nachfolgende Generationen, die an Überforderung und Sinnmangel im Job leiden, und begeistern frische Erstsemester in Business Schools in deren romantischen Erwartungsbildern einer Ökonomie ohne Grenzen. Die besten Sprüche lauten: »Wir müssen unsere Geschäfte im MTV-Stil führen. Sonst: Zap! Wenn Kunden Sie wirklich konstant mit neuen Ideen überhäufen, geben Sie Ihnen einen Job oder suchen Sie sich einen anderen. Wenn Sie etwas wirklich Interessantes und Revolutionäres tun wollen, müssen Sie lernen, Ihre Kunden zu ignorieren. Wettbewerbsstrategien führen ins Nichts. Wir müssen sinnliche Strategien entwickeln. Heute stellen Menschen ein Unternehmen an – und nicht umgekehrt.«

Der nüchterne Online-Publizist ist wieder überwiegend in die Printwelt zurückgekehrt und versucht abseits jeder Medienhysterie, Ausgrabungen, Freilegungen und Tiefenanalysen in Wirtschaft, Gesellschaft und Politik zu fördern und zu fordern.

Schlussblende

1. Der Sozialstaat ist semantisch zu Tode geritten. Keiner weiß mehr so recht, was gerecht ist. Die Flüchtlingsfrage reaktiviert semantische Container und Begriffsfabriken, in denen sozialstaatliche Kleingeisterei betrieben wird. Politiker und Minister klinken sich hier je nach aktueller Interessenlage ein, ziehen sich aber schnell wieder zurück, wenn der Beliebtheitsgrad sinkt. Das Volk treibt die Scharlatane vor sich her.

2. Aber keine Sorge. Der Sozialstaat wird semantisch immer wieder überarbeitet und weitergedacht. Moderne, plurale Gesellschaften stabilisieren sich über ihre überbordende Perspektivendifferenz und soziale Meinungsverteilung. Das ist der ideale Nährboden für die Reaktivierung der Gerechtigkeitsfrage und seiner Differenzialdiagnostik. Die Suche nach dem nächsten Gefahrenherd kann jederzeit beginnen und semantisch scharf gestellt werden. Das Problem besteht nur darin, die Tiefensedimente nicht außer Acht zu lassen und immer wieder deutlich zu machen. Denn Gesellschaft zeigt sich immer dort, »wo sie eine Form der Zusammengehörigkeit des Publikums erzeugt«. Hier zeigt sich ein anschlusskommunikatives Grundmuster jeder öffentlichen Erregungsarchitektur. Widersprüche und Pa-

radoxien sorgen im täglichen medialen Planieren und Einebnen für nachträgliche Auflockerung und Neubepflanzungen. Die Menschen können sich neu ausrichten und zuordnen. Dafür braucht es Wirtschaftsminister und Gutmenschsoziologen ebenso wie rechte Linke oder linke Rechte. Man muss ja nicht gleich einer von ihnen sein.

Der Text ist ein Vorabdruck aus dem Buch *Deutschland. Ein Drehbuch*, das Armin Nassehi und Peter Felixberger im Herbst 2016 in der neuen »kursbuch edition« veröffentlichen werden.

Daniel Bax
Feindbild: Islam
Die rechten Retter des Abendlands

Das Feindbild Islam verbindet heute Rechtspopulisten in ganz Europa –
es ist ihr kleinster gemeinsamer Nenner, neben ihrer Ablehnung der
Europäischen Union und der von Flüchtlingen. Zwei Ziele stehen bei
ihnen im Vordergrund: erstens die Einwanderung insgesamt zu redu-
zieren, vor allem die von Muslimen, wenn nicht sogar rückgängig zu
machen. Und zweitens die Muslime in Europa möglichst unsichtbar zu
machen und Kopftücher, Moscheen und alles allzu Fremde aus dem
Blickfeld verschwinden zu lassen. Dahinter steckt die Sehnsucht, alles
möge so übersichtlich und kulturell homogen bleiben, wie es in der
nostalgisch verklärten Erinnerung früher einmal gewesen sein soll.

Führende Köpfe der Alternative für Deutschland (AfD) haben den
Anti-Islam-Kurs ihrer Partei bereits argumentativ eingeleitet, noch bevor auf dem Bundesparteitag in Stuttgart Ende April die dazu passen-
den Beschlüsse gefasst wurden. Der Islam sei »eine politische Ideologie,
die mit dem Grundgesetz nicht vereinbar ist«, tönte die AfD-Vizechefin
Beatrix von Storch. Und Alexander Gauland, Fraktionschef der AfD in
Brandenburg und graue Eminenz der Partei, nannte den Islam einen
»Fremdkörper«. Er sei »intellektuell immer mit der Übernahme des Staates verbunden«, darum drohe uns die Islamisierung. Aber Deutschland sei »ein christlich-laizistisches Land« und solle das auch bleiben.
AfD-Parteichefin Frauke Petry schloss sich diesem Credo an. Man stelle
die Religionsfreiheit von Muslimen nicht infrage. Aber »das politische
Verständnis, das in Moscheen in Deutschland gepredigt wird«, ent-
spräche nicht dem Grundgesetz, behauptete sie pauschal.

Wenn es nach der AfD geht, soll der Islam auch künftig nicht zu Deutschland gehören. Die Rechtspopulisten wollen Minarettbauten und Muezzinrufe untersagen, das Tragen von Kopftüchern an Schulen verbieten – bei Lehrerinnen wie bei Schülerinnen – sowie das Tragen von Ganzkörperschleiern überhaupt. Sie wollen Moscheen verstärkt überwachen lassen und ihre Finanzierung aus dem Ausland untersagen. Auch ein Verbot der rituellen Schlachtung von Tieren und der Beschneidung von Jungen würden manche in der Partei gerne durchsetzen. Weil dies aber nicht nur im Islam, sondern auch im Judentum üblich ist, schrecken die Parteispitzen davor zurück. Denn Antisemitismus wollen sie sich ungern vorwerfen lassen – so viel glaubt man, der deutschen Geschichte schuldig zu sein.

Damit liegt die AfD auf einer Linie mit anderen Rechtspopulisten in Europa. Nicht nur die Freiheitliche Partei Österreich (FPÖ) bemüht dabei gerne den Mythos der »Schlacht um Wien« von 1683, in der die osmanischen Heere vor den Toren der Stadt zurückgeschlagen wurden, um eine direkte Linie von der »Türkenbelagerung« von einst zu den Migrationsbewegungen von heute zu ziehen. Der Topos treibt radikale Islamhasser an: Ein antimuslimischer Hetzblog aus den USA nennt sich »Gates of Vienna«, und der norwegische Massenmörder Anders Breivik bezog sich in seinem »Manifest« auf dieses historische Datum. Auch Alexander Gauland bezieht sich auf diesen Mythos, um den antimuslimischen Kurs seiner Partei zu rechtfertigen. »Dafür haben wir schließlich 1683 die Türken vor Wien aufgehalten«, behauptete er in einer TV-Talkshow. Der historisch gebildete Publizist unterschlug dabei, dass sich europäische Mächte wie Frankreich und Preußen auch immer wieder mit dem Osmanischen Reich verbündet hatten, um gegeneinander Krieg zu führen.

Sein niederländischer Kollege, der Rechtspopulist Geert Wilders, beschwor bei seinem Auftritt in der Wiener Hofburg im März 2015 als Gast der FPÖ die Stadt als »Symbol des Widerstands gegen den Islam«. Dabei ist der Niederländer Geert Wilders eigentlich der Prototyp eines modernen Rechtspopulisten, der sich ausdrücklich auf westliche und liberale Werte beruft. Er gibt vor, die Rechte von Frauen, Juden und Homosexuellen zu verteidigen und malt deshalb Frauenfeindlichkeit, Antisemitismus und Homophobie unter Muslimen in den düstersten Farben aus. Es ist allerdings ein sehr eigener Freiheitsbegriff, den seine »Partei für die Freiheit« (PVV) vertritt, denn allzu viele Freiheiten für Muslime lehnt er ab: Seine Partei hat das radikalste Anti-Islam-Programm aller Rechtsparteien in Europa.

Insbesondere in Osteuropa dagegen behaupten viele Rechtspopulisten, ein irgendwie christlich geartetes Abendland vor muslimischen »Invasoren« zu bewahren. Dabei vertreten sie selbst ein erzkonservatives Familienbild und sind von antisemitischen Anflügen nicht frei. Zwischen diesen beiden Polen – Geert Wilders und Viktor Orbán – bewegen sich Rechtspopulisten in Westeuropa.

FPÖ-Chef Heinz-Christian Strache trat bei früheren Wahlkampfauftritten schon mal unter einem großen Kruzifix auf, und seine Partei plakatierte den Slogan »Abendland in Christenhand«. Die Schweizerische Volkspartei (SVP) um den Milliardär Christoph Blocher bekennt sich schon in ihrem Parteiprogramm zur »christlich-abendländischen Kultur der Schweiz«. Dort heißt es: »Nicht ohne Grund trägt unser Land ein Kreuz im Wappen.« Ihr Kandidat Andreas Glarner fand Gefallen an den Slogans in Reimform und warb auf Plakaten mit dem Spruch »Maria statt Scharia«. Der wiederum gefiel der NPD in Hessen so gut, dass sie ihn auf ihren Plakaten im Wahlkampf 2013 einfach kopierte.

Viele Rechtsparteien in Westeuropa haben sich an Geert Wilders ein Beispiel genommen, um sich zu modernisieren – allen voran Marine Le Pen, die Vorsitzende des Front National. Ein weibliches Gesicht an der Spitze markiert schon auf dem ersten Blick einen Bruch mit dem männlich geprägten Rechtsextremismus und seinem traditionellen Frauenbild und erleichtert es, neue und weibliche Wähler anzusprechen. Pia Kjærsgaard, Ex-Vorsitzende der Dänischen Volkspartei und seit 2015 Parlamentspräsidentin in Kopenhagen, und Polens Ministerpräsidentin Beata Szydło sind dafür ein gutes Beispiel. Auch Marine Le Pen verkörpert mit ihrer Patchwork-Familie einen modernen Frauentyp. AfD-

Chefin Frauke Petry, geschieden und in wilder Ehe mit einem Parteifreund lebend, könnte in ihre Fußstapfen treten.

Wichtig für die Modernisierung der Rechtsparteien in Westeuropa ist auch der Bruch mit antisemitischen Traditionen und der demonstrative Schulterschluss mit Israel: Er soll signalisieren, dass man aus der Geschichte gelernt habe. Geert Wilders rühmt sich, der größte Freund des jüdischen Staats zu sein. Andere Rechtsparteien eifern ihm nach, um den Ruch ihrer rechtsextremen Vergangenheit abzuschütteln. Ein Zeichen dafür war die »Jerusalemer Erklärung«, welche die Parteichefs von FPÖ, Vlaams Belang und den Schwedendemokraten im Dezember 2010 auf einer gemeinsamen Reise nach Israel abgaben. Im Umfeld dieser Parteien tummeln sich noch immer Revanchisten, Holocaust-Relativierer und Neonazis. In Jerusalem aber bekannten sich FPÖ-Chef Heinz-Christian Strache, Filip Dewinter vom Vlaams Belang und Kent Ekeroth von den Schwedendemokraten zu Israels Recht auf Selbstverteidigung und lobten das Land als Partner gegen »den fundamentalistischen Islam«, diese »neue weltweite totalitäre Bedrohung«. Auch Frauke Petry reiste Anfang 2016 nach Israel, angeblich zunächst aber nur »privat«.

Marine Le Pen ist es auf diese Weise gelungen, ihre Partei zu »entdämonisieren« und salonfähig zu machen. Ihren eigenen Vater, den Parteigründer Jean-Marie Le Pen, warf sie 2015 aus der Partei, als der zum wiederholten Male den Holocaust relativierte, indem er ihn zu einem »Detail der Geschichte« verharmloste. Mit seinem antisemitischen Erbe räumt sie auf, und ihr Kurs zahlt sich aus, denn Zuspruch erhält ihr Front National heute auch von jüdischen Intellektuellen wie dem Philosophen Alain Finkielkraut und dem populären Publizisten Éric Zemmour, der so etwas wie Frankreichs Thilo Sarrazin ist. Mit wachsendem Erfolg wirbt Marine Le Pen inzwischen sogar um homosexuelle Wähler. Während ihr Vater noch Schwule verspottete und Aidskranke am liebsten in Internierungslager stecken wollte, umgibt sich seine Tochter mit Beratern, die offen schwul sind. Schon bei den Präsidentschaftswahlen 2012 soll angeblich jeder vierte homosexuelle und bisexuelle Wähler im Raum Paris den Front National gewählt haben.[1]

Der moderne Rechtspopulismus in Westeuropa zeigt sich heute offen für alle. Er verteidigt nicht zwangsläufig eine völkisch definierte Volksgemeinschaft, sondern eher eine kulturell definierte. Er zeigt sich sogar offen für Einwanderer – insbesondere für solche aus christlich geprägten Ländern, für christliche Minderheiten aus muslimischen Ländern, aber auch für alle anderen. Denn er ist nicht prinzipiell gegen Einwanderung – jedenfalls nicht, solange sie wirtschaftlich nützlich erscheint –, sondern nur »gegen zu viel Islam« (Geert Wilders).

In Österreich wählen viele serbische Einwanderer die FPÖ, weil sie sich mit ihr in der Ablehnung von Muslimen einig wissen. Auch die AfD spricht bestimmte Einwanderer an. Bei den Landtagswahlen in Baden-Württemberg erzielte sie in der Stadt Freiburg den höchsten Anteil an Wählern mit Migrationshintergrund, weit mehr als andere Parteien. Man kann davon ausgehen, dass viele Russlanddeutsche und andere Osteuropäer darunter waren. Im Landesvorstand der AfD in Schleswig-Holstein sitzt mit Achille Demagbo, der in Benin geboren wurde, aber auch ein Afrikaner. Er trat mehrfach für die AfD im hessischen Kommunalwahlkampf auf, um die angebliche Weltläufigkeit der Partei zu demonstrieren. Das ist kein Widerspruch zum antimuslimischen Rassismus der AfD, denn: Sich über Muslime zu erheben kann gerade für Einwanderer ein Mittel sein, um sich endlich einmal als Teil der Mehrheitsgesellschaft zu fühlen. Und auch Menschen mit Migrationshintergrund können bekanntlich rassistische Einstellungen gegen andere Minderheiten hegen.

Argumentativ bedienen sich diese Rechtspopulisten dabei gerne eines Taschenspielertricks. Indem sie dem Islam absprechen, überhaupt eine Religion zu sein, und ihn zu einer politischen Ideologie erklären, die sie auf eine Stufe mit dem Faschismus setzen, können sie leichter begründen, warum sie die Religionsfreiheit für Muslime aushebeln wollen. Der praktische Nebeneffekt: Die Rechtspopulisten können sich so im Handumdrehen zu den einzig wahren Antifaschisten stilisieren, weil sie die Gefahr erkennen und benennen, während alle anderen in ihren Augen nur »Appeasement« und Augenwischerei betreiben. Er habe nichts gegen Muslime, sondern nur gegen den Islam, den er als eine faschistische Ideologie betrachte, beteuert Geert Wilders treuherzig, wann immer er ein Interview gibt. Er vergleicht den Koran mit Adolf Hitlers *Mein Kampf* und würde ihn am liebsten verbieten lassen.

Auch andere Rechtspopulisten in Europa, von der Dänischen Volkspartei und der FPÖ bis zum Front National, gefallen sich heute in der Rolle einer antiislamischen Résistance. Marine Le Pen sorgte bereits 2010 für Empörung, als sie Muslime in Paris, die wegen des Raummangels in ihrer Moschee auf der Straße beteten, mit der Besatzung Frankreichs im Zweiten Weltkrieg durch die Wehrmacht verglich. Die Gläubigen benähmen sich wie eine feindliche Armee in einem besetzten Gebiet – »ohne Panzer und ohne Soldaten, aber durch die Besatzung von Teilen des Gebiets«, so Marine Le Pen.[2]

Diese Rechtspopulisten denunzieren den Anspruch von Muslimen auf freie Ausübung ihrer Religion und auf Gleichberechtigung mit anderen Religionsgemeinschaften als eine Anmaßung, die in ihren Augen dem heimlichen Ziel der Landnahme oder Unterwanderung dient. Den Wunsch nach Rücksichtnahme gegenüber religiösen Eigenheiten erklären sie zu einem Ruf nach Privilegien und Sonderrechten oder sogar zu einer Diskriminierung der Mehrheitsgesellschaft. Ihre Forderungen laufen jedoch selbst auf eine Diskriminierung von Muslimen hinaus – durch Sonderregelungen und Gesetze, mit denen ihre Freiheiten beschnitten werden sollen. Denn Rechtspopulisten machen keinen Hehl daraus, dass sie Muslimen nicht die gleichen Rechte gönnen wie anderen – nicht einmal das Asylrecht.

Die Gleichsetzung von Islam und Faschismus stammt ursprünglich aus neokonservativen Kreisen in den USA, die den »Krieg gegen den Terror« nach den Anschlägen vom 11. September zu einem Kampf zwischen Freiheit und Demokratie auf der einen Seite und einem »Islamofaschismus« auf der anderen Seite stilisierten; der frühere US-Präsident George W. Bush, evangelikal inspiriert, sprach sogar mal von einem

»Kreuzzug«. Diese Rhetorik diente dazu, den US-geführten Einmarsch im Irak zu rechtfertigen. Sie diente aber auch stets innenpolitischen Zwecken, um eine harte Linie gegenüber Muslimen zu propagieren. Die Rechtspopulisten von heute haben diese Rhetorik übernommen, auch wenn ihre Sympathien inzwischen anderen starken Männern wie Wladimir Putin und Viktor Orbán gelten.

Die Stichwörter dieses antimuslimischen Diskurses haben aber auch Eingang in die Medien und speziell ins Feuilleton gefunden. Bestsellerautoren und vermeintliche »Islamexperten« wie Ayaan Hirsi Ali, Leon de Winter, Alice Schwarzer, Necla Kelek und Hamed Abdel-Samad haben den Islam allesamt mehrfach mit dem Faschismus oder dem Rechtsextremismus gleichgesetzt. Sie haben dabei bewusst jeden Unterschied zwischen dem Islam als Weltreligion, dem Islamismus als politischer Ideologie (von der es unterschiedliche Ausprägungen gibt) und seinen terroristischen Auswüchsen verwischt, denn sie setzen auf plakative Vereinfachung. Alice Schwarzer vergleicht das Kopftuch gerne mit dem Judenstern im Dritten Reich und übergeht mit diesem geschmacklosen Vergleich die Tatsache, dass es von den meisten Frauen in Deutschland freiwillig getragen wird. Da unterscheidet sie sich nicht sehr von Rechtspopulisten wie Søren Krarup von der Dänischen Volkspartei, der das Kopftuch mal »ein Symbol der Tyrannei und der Sklaverei« nannte, vergleichbar mit Hakenkreuz oder Hammer und Sichel. Und der deutsch-ägyptische Publizist Hamed Abdel-Samad hat sogar ein ganzes Buch geschrieben, in dem er die These vertritt, der Faschismus sei schon in der Frühzeit des Islam angelegt – sozusagen ein Faschismus avant la lettre. In seinem letzten Buch über den Propheten Mohammed, das den Untertitel *Eine Abrechnung* trägt, vergleicht er den muslimischen Religionsgründer mit Adolf Hitler.[3]

Diese Autoren sind Teil einer florierenden Islamkritik-Industrie. Denn das Islam-Bashing hat sich längst zu einem lukrativen Geschäft entwickelt, wie der Blick in die Bestsellerlisten zeigt. Publizisten mit einem muslimisch klingenden Namen bietet sich die Möglichkeit einer Karriere als hauptberuflicher »Islamkritiker«, denn als angeblich

»authentische« Kronzeugen sind sie besonders gefragt, die Angstlust eines dankbaren Publikums zu bedienen, das seine Vorurteile aus vermeintlich berufenem Munde bestätigt sehen möchte.

Manche Stichwortgeber des heutigen rechtspopulistischen Diskurses waren ursprünglich einmal auf der Linken beheimatet. Zur Ikone der antimuslimischen Hassliteratur etwa stieg kurz nach den Anschlägen vom 11. September 2001 die ehemals linke Journalistin und Kriegsreporterin Oriana Fallaci auf. In ihren Büchern wie *Die Wut und der Stolz* und *Die Kraft der Vernunft* schrieb sie sich in Rage. Ihre rassistischen Rundumschläge verkauften sich weltweit viele Millionen Male und machten sie zur Galionsfigur einer neuen und breiten antimuslimischen Bewegung. Andere folgten in ihrem Fahrwasser, darunter Henryk M. Broder, Ralph Giordano, der langjährige SPD-Bezirksbürgermeister von Berlin-Neukölln Heinz Buschkowsky sowie Thilo Sarrazin, Ex-Finanzsenator von Berlin.

Darüber hinaus gibt es aber auch eine spezifisch konservative bis christlich-fundamentalistische »Islamkritik«. Eine führende Rolle spielt der Verschwörungstheoretiker Udo Ulfkotte, dessen Bücher wie *SOS Abendland* und *Mekka Deutschland* erschreckend hohe Auflagen erzielen. Der Ex-*FAZ*-Redakteur war schon früher an diversen rechten Splitterparteien wie Pax Europa beteiligt und trat 2015 vor den Pegida-Demonstranten in Dresden auf. Dass eine Mehrheit der Flüchtlinge, die 2015 nach Europa strömten, aus muslimischen Ländern stammt, ist für ihn der Beweis für einen teuflischen Plan zur Islamisierung Europas, hinter dem er die Muslimbrüder vermutet. Zu den einflussreichen Autoren im evangelikalen Spektrum zählt der Autor Mark A. Gabriel. Hinter dem Pseudonym verbirgt sich ein Konvertit, der 1994 zum Christentum übergetreten sein soll und heute in den USA lebt. In seinen Büchern schreibt er, Muslime sollten dankbar sein, dass ihre Religion in Europa nicht als gefährliche politische Ideologie verboten sei. Im rechtskatholischen Milieu zu Hause ist dagegen die Publizistin Sabatina James. Die pakistanischstämmige Frau aus Linz, die 2003 zum katholischen Glauben übertrat, ist Moderatorin beim deutschsprachigen Missionssender Hayat-TV. In ihrer Sendung polemisiert sie gegen den Islam und wirbt für ein fundamentalistisches Christentum. In ihrem Bestseller *Scharia in Deutschland* kritisiert sie die versöhnliche Haltung von Politik und Kirchen gegenüber Muslimen und stellt in Abrede, dass es einen Islam, der sich mit demokratischen Werten verträgt, überhaupt geben kann.

Auch wenn die Spitzen der beiden Kirchen in Deutschland regelmäßig zu Toleranz gegenüber Muslimen aufrufen und Papst Franziskus seit seinem Amtsantritt 2013 mehrfach deutliche Zeichen für den Dialog der Religionen gesetzt hat – in bürgerlich-konservativen und christlich-fundamentalistischen Kreisen wird der Islam als unliebsame bis gefährliche Konkurrenz betrachtet. Die Anhänger seines Papst-Vorgängers Benedikt XVI., der vor einer »Diktatur des Relativismus« warnte und in seiner »Regensburger Rede« von 2006 auf Konfrontationskurs zum Islam ging, sind seit dem Rücktritt politisch heimatlos geworden. In Benedikts Amtszeit entbrannte in mehreren europäischen Ländern ein Kulturkampf um Kruzifixe in Klassenzimmern, und gemeinsam stritten Katholiken und Protestanten damals für einen Gottesbezug in der EU-Verfassung. Zeitgleich haben evangelikale Kreise unter der Ägide von Joachim Huber (2003 bis 2009), der für eine »Neuevangelisierung« Deutschlands warb, in der evangelischen Kirche an Einfluss gewonnen. Huber warb für Kopftuchverbote und ging auf Distanz zu geplanten Moscheebauten in Köln und Berlin. Sein Nachfolger Heinrich Bedford-Strohm wird heute von evangelikaler Seite angefeindet, weil er wieder stärker auf die Muslime in Deutschland zugeht.

Die Gruppe der Christen in der AfD ist jetzt zu einem Sammelbecken für Evangelikale und rechtskatholische Kreise geworden, die schon lange eine Nähe zu rechten Gruppierungen pflegen. Ihre Zentralorgane sind das Online-Magazin *kath.net* und das Hilfswerk Kirche in Not, Evangelikale sammeln sich in der Evangelischen Allianz und den ihnen nahestehenden Organisationen wie dem Internet-Portal *idea.de*.

Ein Thema, mit dem fundamentalistische Christen weit über ihre eigenen Kreise hinaus Emotionen zu wecken verstehen, ist der Einsatz gegen die Diskriminierung von Christen in muslimischen Ländern. Mit dem Schlagwort von der »Christenverfolgung« knüpfen überkonfessionelle Organisationen wie Open Doors an frühchristliche Narrative an und suggerieren, Christen wären heute die am stärksten verfolgte Religionsgemeinschaft der Welt. Auch wenn das eine propagandistische Übertreibung ist, so ist die Behauptung doch enorm wirkungsvoll, weil sie fundamentalistischen Christen einen Opferstatus verleiht.

In diesen Kreisen beliebt ist die Haltung, Muslimen solle nicht erlaubt werden, in Europa Moscheen zu errichten, solange es nicht ebenfalls möglich sei, in Ländern wie der Türkei oder Saudi-Arabien Kirchen zu bauen. Sie sperren sich vehement dagegen, ungenutzte Kirchen in Moscheen umwandeln zu lassen, und ihre größte Sorge ist, dass Kirchtürme durch Minarette überragt werden könnten. Die Missionierung von Muslimen heißen sie aber gut. Abgesehen von ihrer Haltung zum Islam sind sie sich auch in ihrer Abneigung gegen Homosexuelle und Abtreibungen einig. Und die Aufnahme von überwiegend muslimischen Flüchtlingen lehnen sie ab, weil sie darin eine »Masseneinwanderung« und »Völkerwanderung«, ja gar eine Invasion sehen. In Deutschland sind solche schrillen Töne eher an den Rändern zu vernehmen. In anderen europäischen Ländern, insbesondere in Osteuropa, hört man sie auch von prominenten Kirchenvertretern, und die Kirche in Ungarn und Polen steht treu an der Seite der politischen Macht.

Während die eher säkularen »Islamkritiker« mit einer stärkeren Trennung von Staat und Religion sympathisieren, verteidigen bürgerlich-konservative und christlich-fundamentalistische »Islamkritiker« die christliche Vorherrschaft in Europa. Aber die Grenzen zwischen links und rechts sind ziemlich fließend, denn gegen den Islam ziehen alle an einem Strang. Die Feministin Oriana Fallaci etwa bezeichnete sich selbst als »christliche Atheistin«, outete sich kurz vor ihrem Tod aber als glühende Anhängerin von Benedikt XVI. Fallaci und der 2014 verstorbene Publizist Ralph Giordano (»Zehn Thesen zur Integrationsdebatte«) werden auf antimuslimischen Hetzseiten wie *Politically Incorrect* bis heute als Schutzheilige gefeiert. Die Publizistin Necla Kelek stand Thilo

Sarrazin zur Seite, als dieser sein Buch *Deutschland schafft sich ab* erstmals der Öffentlichkeit präsentierte – kein Zufall, hat Sarrazin doch wesentliche Teile seiner Thesen einfach von ihr übernommen. Vor dem schweizerischen Minarett-Referendum tourte Kelek in der Schweiz und wetterte in Interviews mit christlichen Zeitungen gegen das Minarett als »Herrschaftssymbol«. Wenn die AfD heute ebenfalls Minarette als »Herrschaftssymbol« bezeichnet, kann sie sich auf Kelek berufen.

Der Autor Hamed Abdel-Samad tritt häufiger als Gast bei der AfD auf, auf der Hetzseite *PI-news* wird er sogar als »Martin Luther des Islam« gefeiert. Und die »Patriotischen Europäer gegen die Islamisierung des Abendlands« beriefen sich nicht zuletzt auf Heinz Buschkowsky als Kronzeugen für ihre These, dass die Islamisierung in Berlin-Neukölln »schon relativ weit fortgeschritten« sei, wie Pegida-Gründer Lutz Bachmann zu Beginn der Bewegung 2014 ausführte. Tatsächlich hat Buschkowsky seinen Heimatbezirk in seinen Büchern, seinen *Bild*-Zeitungskolumnen und vielen Talkshow-Auftritten zu einem Symbol für das angebliche »Scheitern von Multikulti« stilisiert. Und in seinem Buch *Die andere Gesellschaft* stellt er den Islam als das größte Hindernis für die Integration dar und suggeriert einen Zusammenhang zwischen Religiosität und Gewalt, ohne diesen belegen zu können.[4]

Die Rechtspopulisten sind deshalb so erfolgreich und ihre Forderungen so populär, weil Vorbehalte gegenüber Muslimen und dem Islam in allen Milieus und Schichten der Gesellschaft verbreitet sind. Sie eint nicht nur radikale »Hooligans gegen Salafismus« mit Salonrassisten wie Thilo Sarrazin, sondern auch Feministinnen und Atheisten mit bürgerlichen Konservativen und christlichen Fundamentalisten. Die gefühlte Bedrohung hat weite Teile der Bevölkerung erfasst: Je nachdem, welche Umfrage man betrachtet, fürchtet sich mindestens ein Drittel der Bevölkerung bis zu mehr als jedem Zweiten vor dem Islam oder fühlt sich durch die »vielen Muslime« bereits jetzt »wie ein Fremder im eigenen Land«. Bei Linken und Liberalen kommt das Ressentiment meist im Gewand der Aufklärung, des Säkularismus und des Feminismus daher. Besonders verbreitet sind die Vorbehalte dort, wo es im Alltag an

Kontakt zu Muslimen fehlt: im Osten Deutschlands, auf dem Land, aber auch in Teilen des gehobenen Bürgertums. Überall dort stoßen Kopftücher und Minarette auf breite Ablehnung und Unverständnis – von religiösen Riten wie dem Schächten von Tieren oder der Beschneidung von Kindern ganz zu schweigen.

Pegida und die AfD sind ein Ergebnis der Art und Weise, wie in den vergangenen Jahrzehnten in Deutschland über den Islam und die Muslime in Deutschland diskutiert wurde. Diese Debatten haben Stereotype befördert und das Bild zementiert, Muslime seien gewaltaffin, frauenfeindlich und zutiefst undemokratisch und würden nicht in eine freie und liberale Gesellschaft passen, und ihre Religion, der Islam, sei ihrem Wesen nach fundamentalistisch, praktisch unabänderlich und gefährlich. Eine medial stets erregungsbereite Öffentlichkeit neigt deshalb dazu, schon bei kleineren Anlässen in hysterische Schnappatmung zu verfallen, wenn Muslime im Spiel sind.

Das hat sich in den Debatten um Ehrenmorde, Zwangsheiraten, »Parallelgesellschaften« und Jugendgewalt gezeigt, deren Dimensionen oft grob überzeichnet wurden. Und das wiederholte sich nach der Silvesternacht von Köln. All diesen Debatten gemein ist die Tendenz zu einer Kulturalisierung sozialer Probleme, deren Ursprünge stets zielsicher auf eine einzige Ursache zurückgeführt werden: den Islam. Aber hat es so viel mit deren Religion zu tun, wenn alkoholisierte Horden von stadtbekannten Kleinkriminellen die Gunst der Stunde nutzen, um vorzugsweise Frauen zu belästigen und zu bestehlen?

Europas Rechtspopulisten nutzen die Verunsicherung in breiten Teilen der Gesellschaft für ihre Zwecke. Mit ihrer antimuslimischen Agitation haben sie bereits beachtliche Erfolge erzielt. Vieles von dem, was die AfD jetzt fordert, haben sie anderswo in Europa bereits umgesetzt. An erster Stelle zählt dazu das Minarettbauverbot in der Schweiz, das 2009 in einer Volksabstimmung eine deutliche Mehrheit fand. Dabei gab es in der gesamten Schweiz ganze vier Moscheen mit Minarett, als die SVP ihre Kampagne startete. Doch das reichte schon aus, um Überfremdungsängste erfolgreich zu schüren.

Österreichs Rechtspopulisten haben die Idee übernommen und in den Bundesländern Vorarlberg und Kärnten, in denen sie damals mitregierten, schon 2008 über das Baurecht ein De-facto-Bauverbot für Moscheen mit Minarett durchgesetzt. Auch die Lega Nord hat in ihrem Stammland, der Lombardei, den Moscheebau praktisch unmöglich gemacht. Wer dort eine Moschee errichten will, muss die doppelte Menge an Parkplätzen einplanen und Überwachungskameras installieren. Außerdem soll eine regionale Kommission überprüfen, ob der Bau in die lombardische Landschaft passt, und die Bevölkerung soll über den Bau abstimmen dürfen. So sorgen die Rechtspopulisten dafür, dass weite Teile des Alpenlands eine moscheefreie Zone bleiben. Und überall in Europa tragen sie dazu bei, lokale Konflikte um geplante Moscheebauten zu schüren und Misstrauen gegen die Absichten der Bauherren zu säen. So wurden mehrere prominente und lange geplante Moscheebauten in so unterschiedlichen Städten wie München, Marseille, Bologna und London verhindert. Und wo eine Moschee gebaut wird oder steht, müssen Gläubige damit rechnen, irgendwann Schweineköpfe oder Ähnliches vor der Tür zu finden.

Der indirekte Einfluss der Rechtspopulisten zeigt sich auch in dem Islamgesetz, mit dem Österreichs Regierung aus Sozialdemokraten und Konservativen 2015 die Finanzierung muslimischer Gemeinden aus dem Ausland untersagt hat. Vergleichbare Auflagen gibt es dort für keine andere Religionsgemeinschaft: Es ist ein Sondergesetz für Muslime, doch das Beispiel macht Schule. In Deutschland haben Politiker von CDU und CSU schon Sympathien für ein solches Gesetz bekundet, bevor es sich die AfD auf die Fahnen schrieb. Die CSU möchte Imamen darüber hinaus gerne vorschreiben, ausschließlich auf Deutsch zu ihren Gemeinden zu predigen.

Besonders starken Einfluss hat die rechtspopulistische Dänische Volkspartei auf die Politik in ihrem Land ausgeübt. Dänemark besitzt heute die härtesten Einwanderungs- und Asylgesetze in ganz Europa, mehrmals wurde dort auch der Familiennachzug von Ehepartnern und Angehörigen aus dem Ausland eingeschränkt – das letzte Mal 2010.

Seitdem müssen beide Ehepartner nicht nur über 24 Jahre alt sein, sondern sich auch über ein Punktesystem (!) qualifizieren. Pluspunkte gibt es für Akademiker, für Berufserfahrung in Branchen, in denen in Dänemark Bewerbermangel herrscht, und für die Kenntnis bestimmter Sprachen wie Englisch und Deutsch. Für Arabisch, Türkisch oder Urdu gibt es hingegen keine Punkte. Der Partner, der in Dänemark lebt, muss außerdem einen Job und eine ausreichend große Wohnung nachweisen sowie rund 14 000 Euro auf einem Bankkonto hinterlegen. Für viele Einwanderer in Dänemark ist es seitdem praktisch unmöglich, einen Partner aus der alten Heimat zu heiraten. Das war auch das erklärte Ziel. Die damalige Chefin der dänischen Volkspartei, Pia Kjærsgaard, frohlockte:»Eine verschleierte Frau ohne Ausbildung aus Pakistan oder Somalia hat jetzt keine Möglichkeit mehr, nach Dänemark zu kommen.«[5]

Mit ihrem konstanten Druck bringen die Rechtspopulisten die anderen Parteien dazu, ihnen entgegenzukommen. Beispielhaft dafür sind die»Burka-Verbote«, die konservative Regierungen 2011 in Belgien und Frankreich verfügt haben. Schätzungen zufolge tragen dort jeweils nur ein paar Hundert Frauen einen Ganzkörperschleier. Doch der Vorsitzende des belgischen Vlaams Belang, Filip Dewinter, setzte noch einen drauf und lobte 250 Euro Belohnung für jeden aus, der eine Burka-Trägerin bei der Polizei anzeigt. Selbst in Lettland wurde im April 2016 – nach monatelanger Debatte – die»Burka« verboten. Ganze drei Frauen sollen dort bislang einen Ganzkörperschleier getragen haben. Estland könnte folgen.[6]

Die bevorzugte Zielscheibe der Rechtspopulisten ist aber das Kopftuch, als im Alltag wohl sichtbarstes Zeichen muslimischer Religiosität. Ein Kopftuchverbot lässt sich zwar nicht immer mit dem Gleichbehandlungsgebot vereinbaren, das in vielen europäischen Verfassungen verankert ist. Trotzdem gibt es in Belgien seit 2009 ein Kopftuchverbot für Schülerinnen und Lehrerinnen an flämischen Grundschulen, in Dänemark für Richterinnen und in den Niederlanden auch für Polizistinnen. Die deutschen Kopftuchverbote für Lehrerinnen, die nach 2003 in mehreren Bundesländern verabschiedet worden waren, wurden 2015 vom Bundesverfassungsgericht gekippt. Doch manche Bundesländer zögern noch immer, das Urteil umzusetzen, darunter Baden-Württemberg und Berlin, denn das ist unpopulär.

Vorreiter in Sachen Kopftuchverbot ist Frankreich: In strenger Auslegung des traditionellen Laizismus-Gebots, das die Trennung von Staat und Religion verlangt, wurde dort 2004 das Tragen »auffälliger religiöser Symbole« an staatlichen Schulen untersagt. Das Verbot trifft vor allem muslimische Mädchen und Frauen, weil orthodoxe Juden und konservative Katholiken ihre Kinder oft auf konfessionelle Privatschulen schicken, für die keine vergleichbaren Auflagen gelten. Zu der sozialen Ausgrenzung, unter der viele Muslime in den französischen Banlieues leiden, kommt damit die symbolische Ausgrenzung dazu. Kurz bevor das Gesetz erlassen wurde, hatte es der Rechtsextremist Jean-Marie Le Pen in die Stichwahl um das Präsidentenamt geschafft. Seine Tochter Marine Le Pen dürfte es ihm 2017 nachtun. Sie gibt sich inzwischen als engagierteste Verfechterin »republikanischer Werte«, ihr Front National fordert unter anderem ein Ministerium des Inneren, der Integration und des Laizismus. Es soll zum Beispiel dafür sorgen, dass in allen französischem Schulkantinen Schweinefleisch angeboten wird. Schon jetzt wettert auch der konservative Kandidat Nicolas Sarkozy, der gerne ins Präsidentenamt zurückkehren würde, gegen alternative Halal-Angebote in Schulkantinen – und das bestehende Kopftuchverbot möchte er auf Universitäten ausgeweitet wissen.

Am deutlichsten hat sich der Rechtsruck in Europa aber in der Flüchtlingsfrage gezeigt. Selbst sozialdemokratische Regierungschefs in Österreich und Frankreich positionierten sich da rechts von Angela Merkel. Die Front ihrer härtesten Gegner, die ausschließlich auf Mauern und Zäune setzen und keine Verantwortung für die Flüchtlinge übernehmen wollte, gruppierte sich im Spätsommer 2015 um die Visegrád-Staaten Polen, Ungarn, Tschechien und die Slowakei. Ungarns Ministerpräsident Viktor Orbán hält Muslime für prinzipiell nicht integrierbar und für ein Sicherheitsrisiko und suggerierte, mit muslimischen Flüchtlingen steige die Gefahr eines Terroranschlags. Hinter der Flüchtlingswelle des

Sommers 2015 witterte er eine Verschwörung: Dahinter stecke eine »orchestrierte Kampagne«, um die »religiöse und kulturelle Landkarte« Europas zu verändern und die Nationalstaaten zu zerstören, behauptete er in einer Rede. Nur sei es in Europa leider »verboten, die Wahrheit zu sagen« – außer in Ungarn, selbstverständlich.

Orbáns kategorische Weigerung, Flüchtlinge aufzunehmen, löste eine Kettenreaktion aus. Nicht nur Polens nationalkonservative Regierung schloss sich seiner Blockadehaltung an. Auch Tschechiens Präsident Miloš Zeman warnte vor einer »organisierten Invasion«, hinter der er die Muslimbrüder als Drahtzieher vermutete. Selbst die Slowakei, offiziell von Sozialdemokraten regiert, stellte sich auf den Standpunkt, wenn überhaupt, dann ausschließlich christliche Flüchtlinge aufnehmen zu wollen. Die hanebüchene Begründung: Es gebe bei ihnen gar keine Moscheen, wie sollten sich Muslime da wohlfühlen?

Nach einer Islamisierung sieht das alles nicht aus. Sondern nach dem Rückfall in einen kleingeistigen Nationalismus, der eine Minderheit zum Sündenbock macht.

Anmerkungen

1 http://www.spectator.co.uk/2015/01/how-marine-le-pen-is-winning-frances-gay-vote/
2 Für diesen Vergleich wurde sie angezeigt, aber im Dezember 2015 von einem Gericht in Lyon vom Vorwurf der Volksverhetzung freigesprochen. Für das Verfahren war die Immunität der EU-Abgeordneten aufgehoben worden.
3 Hamad Abdel-Samad: *Mohamed. Eine Abrechnung*. München 2015.
4 Heinz Buschkowsky: *Die andere Gesellschaft*. Berlin 2014.
5 Hannes Gamillscheg: »Dänemark verschärft Zuwanderungsregeln.« In: *Badische Zeitung* vom 09.11.2010.
6 http://www.independent.co.uk/news/islamic-muslim-face-veil-niqab-burqa-banned-latvia-despite-being-worn-by-just-three-women-entire-a6993991.html

Hans Hütt
Auf dem Weg in die Tyrannei
Über die amerikanischen Rechten

Die Rechte gedeiht in Amerika wie nie zuvor. Nicht geeint, nicht unter einer Führung, nicht mit einer Agenda, sondern genauso konfus wie Joe the Plumber oder die Schreihälse in den Talkradios und bei Fox News. Der amerikanische Optimismus sieht sich umzingelt von Zukunftsangst, Paranoia und einer wachsenden Sehnsucht nach einem autoritären Führer.

Die Kriege gegen die Drogen, gegen den Terror und gegen den Liberalismus haben die politische Kultur des Landes unterminiert. Der Optimismus und Pragmatismus Barack Obamas hat die lunatischen Gegenspieler zur Weißglut getrieben. Während die Eliten im Silicon Valley von der Singularität träumen und ihre unternehmerischen Ideen von Disruption umstandslos auf die Politik übertragen, setzen die Verlierer des großen Spiels um die Macht auf einen Joker, von dem keiner weiß, ob er ein Trumpf ist oder nicht.

Lechts und rinks scheinen nur in einem Punkt einig: im Misstrauen gegenüber den gewachsenen Institutionen und im Hass auf das Establishment. Von links geht es gegen die Exzesse des Überwachungsstaats, von rechts gegen die staatlichen Institutionen als Daseinsgaranten. »Disruption ist Neuheit ohne wirkliche Veränderung.«[1] Die Funktionseliten pflegen davon unberührt weiter den Mythos der auserwählten und unersetzlichen Nation, weil nur Amerika dazu in der Lage sei, zu tun, was getan werden müsse, auch wenn sie die Kosten künftig global besser verteilt sehen wollen.[2]

Während noch 2012 eine relative Mehrheit der Wähler sich unabhängig von ihrer Parteipräferenz als moderat bezeichnete, kommen mit den Kampagnen von Donald Trump und Bernie Sanders immer schriller werdende Töne ins Spiel. Sie tragen dazu bei, die überkommenen Unterschiede zwischen dem, was als rechts und was als links galt, über den Haufen zu werfen.

Galt es früher als unstrittig, dass Rechte auf eherne Regeln und Linke auf soziale Bedürfnisse setzen, verwerfen die konservativen Eliten, getrieben von einem beispiellosen Marktradikalismus, alle Regeln, die sie zugleich in den Himmel heben, während die Linken den Zusammenhang zwischen Regeln, ihrer Durchsetzung und den Interessen der abhängig Beschäftigten unterstreichen, zugleich aber nicht müde werden, die weißen Arbeiter als Hinterwäldler zu verunglimpfen.

Die Rechte ist alles andere als homogen. Ihr Spektrum umfasst Moderate, Ultrakonservative, religiöse Rechte und marktradikale Libertäre. Ihr gemeinsamer Nenner fand sich früher in dem Glauben, dass die Regierung auf das unvermeidliche Minimum zurückgestutzt werden müsse, ein bis in die Gegenwart reichendes Ressentiment gegen das Big Government des New Deal und gegen Lyndon B. Johnsons »Great Society«. Erst die Wahl Ronald Reagans leitete eine große Trendwende der amerikanischen Politik ein. Heute stehen beide Kammern des Kongresses und die Mehrzahl der Bundesstaaten unter republikanischer Führung.

Auf einer Metaebene sind sich amerikanische Rechte und Linke ziemlich ähnlich. Sie teilen Empörung und Zorn. Sie kennen keine Zweifel. Sie verachten die Wankelmütigen. Die hartgesottenen Rechten betrachten die 1950er-Jahre als ihr Goldenes Zeitalter. Sie belegen, dass Mythen ihr Dementi gestärkt überleben.[3] Im übertragenen Sinn kann es den einen nicht schnell genug zurückgehen, den anderen nicht schnell genug nach vorne. Als Beschleuniger für ihre Agenda nutzen Rechte und Linke apokalyptische Krisenszenarien. Darin sind sie gleichermaßen bedenkenlos.[4]

Von anderem Kaliber ist die religiöse Rechte. Sie ist in der Welt, aber nicht von dieser Welt. Sie verwirft die Idee der Meinungsfreiheit und Gleichberechtigung. Das sind aus ihrer Sicht säkulare Verirrungen. Satan, der für sie tatsächlich der Leibhaftige ist, verführt den sündigen Menschen durch Vernunft. Nur Glauben ist gut, the *pursuit of happiness*, die Verfassungsidee des Strebens nach Glück, ist verwerflich. Auf ihrer Agenda steht an vorderster Stelle der Kampf gegen die Abtreibung und gegen den schwarzen Mann im Weißen Haus. Darin sind sie kompromisslos. Das gilt ebenso für die Gleichberechtigung von Schwulen und die Evolutionslehre. Beides ist Teufelswerk. Der von ihnen angestrebte Gottesstaat ist extrem nationalistisch. In der Auslegung der Heiligen Schrift sind sie buchstabengetreu unversöhnlich. Die Vereinigten Staaten dienen nur Christus, nur seinen Zwecken.[5]

Die amerikanische Rechte blickt auf eine lange Geschichte zurück. Sie reicht in der zweiten Hälfte des letzten Jahrhunderts von der Verfolgung unamerikanischer Umtriebe durch Senator McCarthy über William F. Buckley bis hin zu den Rockefeller-Republikanern. Erst mit der Kandidatur Barry Goldwaters gegen Lyndon B. Johnson kam ein neuer Ton ins Spiel. Goldwater brachte eine Neue Rechte auf den Weg. Mit ihr gewann 16 Jahre später Ronald Reagan die Präsidentschaft. Am rechten Rand gibt es schließlich noch eine extreme Rechte, die sich den Kampf gegen Multikulti, gegen Immigration und gegen Gleichberechtigung aller verschrieben hat. Wie ihre Gesinnungsgenossen in Europa, darunter Anders Breivik, kultiviert sie identitäre Ideen einer weißen Überlegenheit.[6]

Barack Obamas Wahlsiege 2008 und 2012 haben den Blick auf die politische Landkarte der Vereinigten Staaten verstellt. Obama wurde – aus der Perspektive der Rechten – nicht wegen, sondern trotz seiner Kampagne gewählt. Deshalb betrachtet die Rechte die Obama-Administration als einen historischen Ausrutscher. Sei er erst einmal abgetreten, kehre das Land auf den Weg nach rechts zurück, so ihr zweifelhafter Gospel. Die Vorwahlerfolge Donald Trumps und Bernie Sanders' erzählen eine andere Geschichte. Die konservativen Meinungsführer kommen nicht mehr mit. Tatsächlich hat sich das Meinungsspektrum in der Demokratischen Partei seit Bill Clintons Präsidentschaft nach mittelinks verschoben. Das lag allerdings nicht an einer ideologischen

Korrektur, sondern ist als Ergebnis der Pragmatik zu verstehen, die die große Rezession infolge der globalen Finanzkrise und wegbrechender Industriejobs erzwang. Sie verdankt sich auch einer höchstrichterlichen Rechtsprechung, die den »Defense of Marriage Act« zu Fall brachte.[7]

Polarisierung

Die Koordinaten der politischen Orientierungen beschreibt eine neue Studie des Pew Research Centers. Ihre Ergebnisse zeigen: Die Parteilager unterscheiden sich mehr denn je durch ideologische Gegensätze. Die politische Auseinandersetzung ist schärfer als je zuvor. Die Lager begegnen sich immer unversöhnlicher. Die politische Polarisierung reicht bis in den privaten Bereich. Die beiden Lager verfolgen völlig entgegengesetzte Ideen von Gemeinschaft und wen sie infolgedessen bereit sind, in ihre Familien aufzunehmen. Die Bereitschaft zu politischem Engagement ist bei den Extremisten deutlich höher als beim Rest des Landes.

Die strittigen Themen haben ihren angestammten Platz auf den politischen Agenden: Abtreibung, Todesstrafe, Drogenpolitik, Gleichberechtigung für LGBT,[8] Frauenrechte, Trennung von Staat und Kirche, Waffenbesitz und Gesundheitspolitik. Jenseits davon gibt es überdies das Dunkelfeld eines rechtsradikalen Terrorismus, dem in den letzten Jahren mehr Menschen zum Opfer fielen als bei islamistischen Anschlägen.[9]

Die politikwissenschaftliche Erforschung der Rechten blickt auf eine über 60-jährige Geschichte zurück. Ihren Anfang machte Seymour Martin Lipset. Er identifizierte eine neue amerikanische, verantwortungsbewusste Rechte um General Eisenhower und unterschied davon eine radikale Rechte.[10] Lipsets Studie folgte 1964 Richard Hofstadters bahnbrechende Studie über den paranoiden Stil in der amerikanischen Politik.[11] Im Unterschied zur Rechten der frühen amerikanischen Geschichte zeichnet sich die moderne Rechte dadurch aus, dass sie ein Ohnmachtsgefühl der Enteignung kultiviert. Amerika ist ihr entwendet worden, und es geht jetzt darum, es von den Usurpatoren zurückzuerobern. Hofstadters Fazit klingt bestürzend aktuell:»Wir alle sind Leidtragende der Geschichte. Der Paranoiker aber leidet doppelt, weil er nicht nur von der realen Welt wie der Rest von uns geplagt wird, sondern genauso auch von den eigenen Fantasien.«

Die Wiedergeburt des autoritären Charakters

Der paranoide Stil hat sich inzwischen vertieft. Er korrespondiert, wie jüngste Forschungen belegen, mit einem zunehmenden Autoritarismus der amerikanischen politischen Kultur. Die Vorwahlkampagne Donald Trumps zeigt, dass der Kandidat ohne nachweisliche politische Erfahrung auch mit bizarren Ansichten Erfolge erzielt. Seine Gefolgschaft überschreitet demografische Demarkationslinien. Bildung, Einkommen, Alter und Religionszugehörigkeit erlauben keine validen Vorhersagen, ob jemand Trump unterstützt oder nicht. Die Meinungsforscher verwundert am meisten, dass sich diese Unterstützung ganz plötzlich wie aus dem Nichts materialisiert hat. Sie beschreiben, über 60 Jahre nach Adorno, Fromm und Horkheimer,[12] wie ein neuer Autoritarismus Gestalt annimmt. Er zeigt sich in tiefsitzenden Ängsten, setzt auf Ordnung gegen den als Gefahr wahrgenommenen sozialen Wandel und sehnt sich nach starker Führung. Hierarchie verspricht Kontrolle einer als chaotisch erlebten Welt. Vielfalt und zunehmender Einfluss von Außenseitern sowie die Erosion der überlieferten Ordnung nehmen die autoritär Gesinnten als persönliche Bedrohung wahr. Sie verkörpern das furchtsame Echo auf den sozialen Wandel der letzten 16 Jahre.

Diese Merkmale verstärken politische Trends: die Polarisierung, der Rechtsruck der Republikaner und die schrillen Stimmen der Tea Party bringen die Koordinaten der amerikanischen Politik durcheinander.

Trumps Gefolgschaft formiert eine neue politische Kraft innerhalb der Republikanischen Partei.

Sie ist größer, als die Vorwahlergebnisse nahelegen. 44 Prozent der befragten weißen Amerikaner sind autoritär orientiert, 19 Prozent sogar sehr hoch. Ihr Angstbarometer befürchtet Bedrohungen von außen, was die Botschaft von Fox News, Präsident Obama tue nicht genug für Amerikas Sicherheit, erheblich verstärkt. Aber es gibt auch andere Gefahren im Inneren des Landes. Sie sind größer, allerdings langsamer, mit noch nicht offensichtlichen, aber weiter reichenden Folgen: die Bedrohung durch den sozialen Wandel der amerikanischen Gesellschaft. Das gilt für den Wandel von Normen, Geschlechterrollen und für das Sichtbarwerden zunehmender Diversität, was von den Autoritären als Bedrohung des eigenen sozialen Status wahrgenommen wird.

Die Furcht vor »dem anderen« eint die autoritär orientierten Amerikaner. Sie unterstützen die Anwendung militärischer Gewalt. Sie verweigern Kindern illegaler Einwanderer die amerikanische Staatsbürgerschaft. Sie befürworten schärfere Kontrollen von Fluggästen, die aus dem Mittleren Osten kommen. Sie plädieren für eine Ausweispflicht und sind einverstanden mit dem Regime des Überwachungsstaats. Die Daten belegen, dass sich diese Gruppe autoritär orientierter Wähler in der amerikanischen politischen Landschaft als ernst zu nehmender Faktor verfestigt. Auch wenn Trump die Wahlen verliert, werde sich das nicht ändern. Trump könnte sich eines Tages nur als erster einer Reihe von politischen Kandidaten erweisen, die diesen Wählern auf den Leib ihrer Ängste geschriebene politische Angebote macht.[13]

Die Autoritären ernten die Saat der Tea Party

Ihr Protestpotenzial formierte sich um die Präsidentschaftskampagne des Kongressabgeordneten Ron Paul im Jahr 2008. Dem äußeren Anschein nach positioniert sich die Tea Party als eine Graswurzelbewegung. Wie Recherchen der Reporterin Jane Mayers[14] belegen, verdankt die Tea Party ihren organisatorischen Erfolg der umfassenden Unterstützung durch die Koch-Brüder, die nach Bill Gates und Warren Buffett die reichsten Amerikaner sind. Schon ihr Vater gehörte zu den Unterstützern der rechtsradikalen antisemitischen John Birch Society. Die Koch-Brüder sind ungebremste Marktradikale und haben in den vergangenen Jahrzehnten eine politische Maschinerie etabliert, mit der sie die Erfolge konservativer Republikaner im Kongress und in den Bundesstaaten ermöglichten. Die Tea Party ist vehement gegen Obamas Gesundheitsreform, leugnet den Klimawandel und wendet sich gegen Obamas Finanzmarktregulierung zur Behebung der Immobilienkrise.

Neben dem Feldzug der Koch-Brüder gehören zahlreiche konservative Thinktanks zur Infrastruktur der amerikanischen Rechten, an vorderster Stelle dabei stehen die Heritage Stiftung, das American Enterprise Institute und die Hoover Institution an der Stanford University in Kalifornien.[15]

Ein weiterer ökonomisch potenter Förderer der amerikanischen Rechten ist Richard Mellon Scaife, Erbe der Mellon-Dynastie und ein wesentlicher Förderer der Heritage Foundation. Sowie John M. Olin, dessen Chemieimperium Nutznießer von Rüstungsaufträgen war, konzentrierte sich darauf, im Wissenschaftsbetrieb konservative Hochschullehrer an prominenten Universitäten unterzubringen. Außerdem wären noch die Bradley-Brüder zu erwähnen, die mit dem Erlös aus der Fusion ihres Familienunternehmens mit Rockwell International eine Vielzahl von Publikationen und Forschungsvorhaben der Rechten finanzieren.

Schließlich gibt es noch einen institutionellen Brandbeschleuniger für rechte Fördergelder im Abschnitt 501(c)(4) des amerikanischen Einkommensteuergesetzes. Er erlaubt es vorgeblich sozialer Wohlfahrt gewidmeten Institutionen, Unmengen von Fördergeldern Organisationen, Instituten und Einzelpersonen zukommen zu lassen, ohne dass die Quellen und die tatsächlichen Nutznießer dieser Spenden ersichtlich werden. Ihre Philanthropie sät Menschenhass. Das Citizens-United-Urteil des Obersten Gerichtshofs sprach im Jahr 2010 Unternehmen und Verbänden den gleichen Rechtsstatus wie Zivilpersonen zu, was de facto alle bis dahin geltende Grenzen politischer Kampagnenfinanzierung über den Haufen warf.[16]

Die Bestimmung des Feindes

Im Jahr 1971 schrieb der Wirtschaftsanwalt und spätere Richter am Obersten Gerichtshof, Lewis F. Powell, ein Memorandum, das für die industriellen Förderer der Neuen Rechten die Basis für breite Attacken gegen das linksliberale Establishment lieferte. Die wahren Feinde seien Hochschullehrer, Medien, intellektuelle und literarische Zeitschriften, Künste und Wissenschaften sowie Politiker. Er brachte mit der Forderung nach Ausgewogenheit rechte Stimmen in die öffentliche Meinungsbildung, die vorsätzlich der Gegenaufklärung dienten.[17]

Weckruf eines publizistischen Aktivisten

In einem fulminanten Essay für das *New York Magazine* kehrt nach längerer Sendepause der Publizist Andrew Sullivan auf die politische Bühne zurück. Ist Amerika reif für eine Tyrannei? Seine Frage führt ihn zu Platon und den Leitideen der amerikanischen Gründungsväter. Hat die Demokratie erst eine gewisse Reife erreicht, schlage die Stunde des Tyrannen. Das sei dann der Fall, wenn das utopische Potenzial der Demokratie voll ausgereizt sei, wenn das Ideal der Gleichberechtigung durchgesetzt und selbst die tierischen Companions sich bald auf den Weg zur Erlangung von Bürgerrechten begeben. Der Tyrann beseelt einen ihm ergebenen Mob und greift seinesgleichen als korrupte Gegenspieler an. Sein Machthunger ist unersättlich. Er verspricht seinen Anhängern das Unmögliche. Er verkörpert alle Probleme der Demokratie und verspricht zugleich, sie zu lösen und die korrupten Eliten aus den Ämtern zu jagen. Ob Peak Trump schon hinter uns liegt, scheint allerdings nicht ausgemacht. Sein Erfolg illustriert den fragilen Zusammenhalt der amerikanischen Gesellschaft. Die späte Demokratie zeigt ihre Schwächen, obschon die Gründerväter so viele Absicherungen gegen die Ballung von Macht errichtet hatten. Jetzt drohe die Demokratie an der wachsenden ökonomischen Ungleichheit zu zerbrechen. Gleichzeitig wachse die Chance der Superreichen, politischen Einfluss direkt zu kaufen. Ganz so leicht, wie Jane Mayers Buch über die Koch-Brüder andeutet, scheint es allerdings nicht zu sein.[18] Selbst Mitt Romney, »der Avatar des Einen Prozents«, wie Sullivan schreibt, kam gegen die geballte Macht von Barack Obamas Kleinspendern nicht an. Die Tage der Parteimaschinen scheinen gezählt. Obama und Sanders haben Teile der Bevölkerung dazu motiviert, sich zu engagieren und der Demokratie neue Ressourcen erschließen. Auch die Kontrolle der politischen und ökonomischen Eliten über die nationalen Diskurse wird porös.

Als einer der reichweitenstärksten Blogger weiß Sullivan, wovon er spricht. Mit seinen Lesern hatte der von ihm ins Leben gerufene *Sully Dish Blog* eine überaus wirksame Gegenöffentlichkeit etabliert. Der Blick zurück zeigt gemischte Gefühle. Die vernunftgeleitete Erörterung geht online vor die Hunde, selbst das Gespür für eine angemessene Bewertung von Fakten schwindet dahin. Mit Sarah Palin tauchte 2008 eine Vorläuferin der Trump-Kandidatur auf. Ihr Stolz auf die eigene Ignoranz zerschoss das Rationalitätsversprechen einer durch Checks und Balances gefestigten Demokratie. Donald Trump erntet ihre Saat. Sein Buch *The Art of the Deal* und seine TV Show *The Apprentice* beleuchten eine Kultur der Führung durch kurzen Prozess: Du bist gefeuert. Trump zeigt keine Scheu vor nichts. Rücksicht und Takt gehören nicht zu seinem Repertoire.

Diesem von allen Bindungen entkoppelten Mogul steht sozialökonomisch eine immer dramatischere Unwucht gegenüber: stagnierende Arbeitseinkommen, das Ende des Traums von gesellschaftlichem Aufstieg, das zunehmende Auseinanderklaffen von guter Bildung und Karrierechancen. Das bewog schon vor über einem Jahr die Mainstreamökonomen der Demokratischen Partei zu einem starken Plädoyer für eine fiskalpolitische Umverteilung durch die nächste Regierung. Trumps Kandidatur antwortet auf diese Entwicklung nicht mit einer konsistenten Strategie. Er exponiert sich wie ein Chamäleon, situativ, bietet mit jeder groben Pore oder Frechheit Andockmöglichkeiten für den Mob. Die Ungleichzeitigkeit des sozialen Fortschritts hat ihren Preis. Schwule können in 50 Bundesstaaten heiraten, aber das soziale Überleben der Arbeiter hängt am seidenen Faden. Der Spätkapitalismus nährt überbordende Wut. Weiße Arbeiter erleben die Diskurse der intellektuellen Eliten wie eine Demütigung. Dass die tonangebenden intellektuellen Minderheiten sich über sie lustig machen, sie hinterwäldlerisch finden, bespielt eine Klaviatur von Gefühlen, auf der Trump spielt wie kein zweiter. Die Neue Linke betrachtet die Arbeiterklasse nicht als ihren Verbündeten. Unfassbare Ironie der Zeitgeschichte! Die Absurdität gipfelt darin, dass der um sein soziales Überleben kämpfende weiße Arbeiter sich von Studierenden der Ivy-League-Universitäten seine Privilegien unter die Nase reiben lässt. Das geht nicht gut aus.

Der Ausblick ist verheerend. Trump braucht für seine Kampagne keine ideologische Kohärenz wie der Faschismus des 20. Jahrhunderts. Seine Hetze gegen Muslime und Mexikaner reicht als Botschaft. Das sei der Weimar-Augenblick der amerikanischen Politik. Verhilft ihm der Nominierungsparteitag der Republikaner im Juli nicht zur offiziellen Kandidatur, droht Trump unverhohlen mit Straßenschlachten. Noch sei diese Gefahr nur zaghaft wahrzunehmen, aber sie sei da. Die Dynamik dieser Kampagne werde, so Sullivan, unterschätzt. Sie erzeuge ihr eigenes Momentum, wenn die Zeit reif ist. Dazu werde auch beitragen, dass Trump, anders als Marc Rubio oder Ted Cruz, keine Scheu davor hat, Zugeständnisse an Minderheiten zu machen oder sich für sozialpolitische Pfeiler stark zu machen, die den marktradikalen rechten Konkurrenten ein Gräuel sind.

Die Demokratische Partei ist mit ihrer mutmaßlichen Kandidatin Hillary Rodham Clinton in einer Zwickmühle. Sie steht für ein Amerika, das Trumps Anhänger satt haben. Sie kann bisher nicht hinreichend glaubhaft machen, für welchen Wandel sie steht, ohne sich in Widersprüche zu verstricken. Der Enthusiasmus, den Clinton, anders als ihr charismatischer Mann, auslöst, hält sich in Grenzen. Für die Demokraten biete Trumps Kandidatur, so Sullivans Fazit, keinen Anlass zur »Schadenfreude«. Jetzt stehen die Eliten und die institutionellen Checks and Balances der amerikanischen Demokratie auf der Probe. Zeigt sie sich der Gefahr gewachsen?[19]

Widersprüche zwischen den Rechten

Die Koch-Brüder stecken ebenso in einer Catch-22-Situation. Egal, was sie machen: Nach einer langen Strecke strategisch einflussreicher Etappensiege pfuscht ihnen mit Trump ein potenter Kandidat mit eigenen Ressourcen in das Geschäftsmodell. Zum ersten Mal kommt jemand mit Aussichten auf eine erfolgreiche Kampagne daher, der nicht auf ihre Unterstützung angewiesen ist. Hinter den Kulissen versuchen sie mit den ihnen zugetanen Parteigranden der Republikaner die Nominierung Trumps zu hintertreiben. Sie verweigern ihm den Zugriff auf ihre Ressourcen. Das betrifft nicht nur ihr Geld, sondern auch die institutionellen Apparate, die Datenbasis für das regionale Campaigning, das Netzwerk ihrer Unterstützer. Nicht einmal einen Auftritt bei ihren zweimal jährlich stattfindenden Konferenzen gönnen sie ihm. Die institutionelle Basis dieser Treffen ist die von den Kochs finanzierte Organisation »Americans for Prosperity«.[20]

Sie haben mit fast allen Unbekannten gerechnet und mit langem Atem auf den Tag hingearbeitet, dass ein von ihnen gezüchteter marktradikaler Kandidat ins Weiße Haus einzieht, Obamas Gesundheitsreform aus dem Weg schafft, die Klimaschutzverordnungen und die Umweltschutzpolitik der Bundesregierung in die Tonne tritt, die sozialstaatliche Sicherung privatisiert und ihr auf fossilen Energieträgern basierendes Hauptgeschäft um eine kleine Ewigkeit zu verlängern hilft.

Der Ingrimm darüber, dass mit Trump ein nicht zähmbarer Populist ihr Kalkül durchkreuzt, scheint fast so groß wie die Ohnmacht, daran bis zum Nominierungsparteitag noch etwas zu ändern. Dass sie bis dahin eine Kompromisslinie des Arrangements mit Trump finden oder er auf sie zugeht, ist nicht auszuschließen. Das weitet den Blick auf die strategischen Schwächen der amerikanischen Rechten. Sie sind – trotz fast unermesslicher Ressourcen – nur begrenzt bündnisfähig. Die marktradikalen Libertären haben kein Problem mit gleichen Rechten für Minderheiten und einer liberalen Haltung zum Abtreibungsthema. Ihre radikal libertäre Haltung ist für die Ultrareligiösen allerdings Teufelswerk. Auch in der Tea Party regt sich um den Abgeordneten Ron Paul Unmut über die geballte Macht von Corporate America. Sie scheinen alle Chancen auf ihrer Seite zu haben und können sie nicht nutzen. Das wirft die Frage auf, zu welcher Eskalation die Koch-Brüder bei der Verfolgung ihrer Interessen bereit sind. Donald Trumps Erfolg könnte sie auch auf die Idee bringen, ihn noch bedenkenloser mit einem Kandidaten ihrer Wahl zu kopieren.

Unterschätzte Gegenkräfte

In Verfolgung ihrer Interessen zeigt das heterogene Spektrum der amerikanischen Rechten mehrere blinde Flecken. 2008 und 2012 haben sie die Regenbogenkoalition Barack Obamas unterschätzt, die zusammengeführte Kraft der Vielen, den Enthusiasmus der Aktivisten in »Organising for America«. Es reichte nicht aus, die Tradition Saul Alinskys zu verteufeln, über den im Übrigen Hillary Clinton ihre Abschlussarbeit verfasste. Die intrikate Kenntnis Alinskys teilt Clinton mit Obama, der seine politische Laufbahn als Organiser in Chicagos Problemvierteln begann.[21]

Es lohnt sich schließlich, einen kurzen Blick auf die Kampagne von Bernie Sanders zu werfen. Es gibt bei ihm, wie bei Clinton, komplementäre Leerstellen. Sanders konzentriert sich auf die Arbeiterschaft, findet aber keinen Draht zu den Schwarzen und Hispanos, die Clinton ergeben sind, während ihre Erfolge bei den weißen Arbeitern durchwachsen sind.

Der Zuspruch für Sanders ist bei den jüngeren Wählergruppen sehr hoch. Erst der Nominierungsparteitag der Demokraten wird dazu beitragen, die Lücken zu schließen und erneut in der Nachfolge Obamas eine Regenbogenkoalition zu formen, die Klasse, Rasse und Geschlecht gemeinsam mobilisiert und nicht gegeneinander in Stellung bringt. Es gibt einen weiteren blinden Fleck im strategischen Kalkül der ansonsten so umsichtig planenden Rechten. Sie unterschätzen die disruptive Kraft einer digitalen Demokratie. Die Produktivkraft selbst organisierter Plattformen und Werkzeuge entfaltet auch jenseits von Marktmacht und Monopolstreben Potenziale politischer und organisatorischer Gegenmacht. Auf das Singularitäts- und Monopolrenditestreben der Digitalunternehmen antwortet die Zivilgesellschaft mit einer Logik der Polysingularität.[22] Sie versteht die gesellschaftliche Diversität als Produktivkraft, die einen anderen Gebrauch von Offenheit, Verbindung, vom Teilen und ungehindertem Zugang zu Ressourcen macht. Der digitale Bürger lässt sich nicht auf den Status einer Quelle von Datenströmen einhegen. Erkenntnis und Interesse finden in der Anwendung neuer Instrumente und Verfahren einen neuen Ausdruck, der aus der Ferne an einen anderen Strukturwandel der Öffentlichkeit erinnert. Die Erneuerungskraft der amerikanischen Gesellschaft ist trotz, vielleicht aber auch wegen der apokalyptischen Bedrohungsszenarien größer, als die machtversessene Rechte sie versteht. Es geht nicht nur um Cashburnrate und Marktanteile oder Kontrollstreben. Das hat der konservative Publizist Andrew Sullivan besser verstanden als solche Riesen wie die Heritage Foundation. Ihre Macht steht auf tönernen Füßen.

Die Leitfrage einer digitalen Demokratie würde lauten: Wie wäre Vernetzung als ein Begriff der politischen Soziologie und des zivilgesellschaftlichen Campaignings zu fassen? Die anfänglichen Diskussionen dieser Frage folgten bisher einer eher traditionellen politikwissenschaftlichen Betrachtung. Entweder man betrachtete sie mit utopischen Projektionen als Vorzeichen vertiefter Demokratisierung. Oder man sah dystopisch die erweiterte Reproduktion und Potenzierung von ökonomischer und politischer Macht am Werke. Diese »Neben- und Wechselwirkungen« neuer Produktivkräfte sind im Top-Down-Szenario der amerikanischen Rechten nicht vorgesehen, obwohl sie diese für die Durchsetzung der eigenen Interessen durchaus virtuos benutzen.

Die Kampfkraft einer lahmen Ente

Ein weiterer blinder Fleck der rechten Szenarien gelangte erst kürzlich in den Blick, als Präsident Obama die weltpolitische Kompetenz des Kandidaten Trump karikierte. Nun geschah das in einem Unterhaltungsformat, das seit jeher die politische Konkurrenz zum Gespött macht: dem White House Correspondents Dinner. Warum sollte Obama in der Zeit bis zum Wahltag im November gute Miene zu einem Spiel machen, das sein politisches Vermächtnis gefährdet? Die Zurückhaltung seiner Vorgänger ist für ihn kein plausibles Rollenmodell. Wer auch immer für die Demokraten am Ende ins Rennen geht, wird in Obama einen Joker finden, der auf Hass, Verdrehung und apokalyptische Szenarien mit der Stimme pragmatischer Vernunft antworten wird. Nicht der messianische »Yes We Can«-Prediger, sondern der im Amt an den erreichten Leistungen gemessene Präsident wird sein Gewicht als Redner und oberster Zweifelsäußerer in die Waagschale werfen. Das wird seine eingeborenen Feinde zur Weißglut reizen, aber es kann die moderaten Wählerinnen und Wähler an die eigene Vernunft und das eigene Bauchgefühl für das größere Gut verantwortlich geteilter Interessen erinnern.

Anmerkungen

1 Adrian Daub: »Wer der Regierung misstraut, ist ihr Mann«. In: *FAZ* vom 16. 04. 2016. http://www.faz.net/aktuell/feuilleton/bernie-sanders-treue-helfer-aus-dem-silicon-valley-14180748.html

2 Daniel Larison: »The Myth of ›Indispensability‹ and our Free Rider Problem« (18.04.2016). http://www.theamericanconservative.com/larison/the-myth-of-indispensability-and-our-free-rider-problem/

3 Hans Blumenberg: *Arbeit am Mythos*. Frankfurt am Main 1979.

4 G. William Domhoff: »The Left and the Right in Thinking, Personality, and Politics« (Oktober 2013). http://www2.ucsc.edu/whorulesamerica/change/left_and_right.html

5 Michael Webb: »On the rise of the radical religious right and the breakdown of democracy in the United States« (2003). http://www.sklatch.net/thoughtlets/pall.html

6 Greg Johnson: »Richard Spencer Launches Alernative Right« (März 2010). http://www.toq online.com/blog/richard-spencer-launches-alternative-right/

7 Stuart Stevens: »How Far Left Has America Moved«. In: *New York Times* (Februar 2016). http://www.nytimes.com/2016/02/12/opinion/campaign-stops/how-far-left-has-america-moved.html

8 Abkürzung für Lesbian, Gay, Bisexual und Transgender, für alle Arten von Sexualität, die von der so genannten Heteronormativität abweichen.

9 Kurt Eichenwald: »Right-Wing Extremists Are a Bigger Threat to America«. In: *Newsweek* (Februar 2016). http://europe.newsweek.com/right-wing-extremists-militants-bigger-threat-america-isis-jihadists-422743

10 Seymour M. Lipset: »The Sources of the Radical Right«. In: Daniel S. Bell (Hrsg.): *The Radical Right*. New York 1963, S. 259–312. https://archive.org/stream/radicalrightthen010584mbp/radicalrightthen010584mbp_djvu.txt

11 Richard Hofstadter: »The Paranoid Style in American Politics«. In: *Harpers Magazine,* November 1964. http://harpers.org/archive/1964/11/the-paranoid-style-in-american-politics/

12 Theodor W. Adorno et al.: *The Authoritarian Personality*. New York 1950.

13 Amanda Taub: »The rise of American authoritarianism« (März 2016). http://www.vox.com/2016/3/1/11127424/trump-authoritarianism

14 Jane Mayer: »Covert Operations. The billionaire brothers who are waging a war against Obama«. In: *New Yorker* (August 2010). http://www.newyorker.com/magazine/ 2010/08/30/covert-operations

15 James McCartney/Molly Sinclair McCartney: »The military-industrial-propaganda complex: The neo-con think tanks that drive policy and send us to war« (November 2015). https://www.salon.com/2015/11/02/the_military_industrial_propaganda_complex_the_neo_con_think_tanks_that_drive_policy_and_send_us_to_war/

16 Alan Ehrenhalt: »›Dark Money‹, by Jane Mayer«. In: *New York Times* vom 19. 01. 2016. http://www.nytimes.com/2016/01/24/books/review/dark-money-by-jane-mayer.html

17 Charles Kaiser: »Dark Money review: Nazi oil, the Koch brothers and a rightwing revolution«. In: *The Guardian* vom 17. 01. 2016. http://www.theguardian.com/us-news/2016/jan/17/dark-money-review-nazi-oil-the-koch-brothers-and-a-rightwing-revolutio

18 Jane Mayer: *Dark Money: The Hidden History of the Billionaires Behind the Rise of the Radical Right.* London 2015.

19 Andrew Sullivan: »America Has Never Been So Ripe for Tyranny« (01. 05. 2016). http://nymag.com/daily/intelligencer/2016/04/america-tyranny-donald-trump.html

20 Theda Skocpol: »What's Scarier than the Koch Brothers?« In: *Dissent* vom 03. 02. 2016. https://www.dissentmagazine.org/online_articles/jane-mayer-dark-money-review-koch-brothers-gop

21 Saul David Alinsky: *Reveille for Radicals.* Chicago 1946.

22 Dmitry Parabyushkin: »From Singularity to Polysingularity re publica«. Vortrag 2015. https://re-publica.de/session/singularity-polysingularity-evolutionary-approach

Armin Nassehi
Nicht nur die Rechten
Warum die Moderne so anstrengend ist

Die Bundesrepublik hat sich im europäischen Vergleich stets gerühmt, dass es hierzulande bis dato keiner rechten Partei gelungen sei, sich im parlamentarischen System zu etablieren. Vielleicht sind also die jüngsten Wahlerfolge der AfD als eine Art europäische Normalisierung zu verstehen, nachdem eine offenkundig rechte, wenigstens stark rechtskonservative politische Kraft sich in den Parlamenten einzurichten beginnt. Freilich ist das ebenso wenig ein Grund dafür, das Abendland untergehen zu sehen, wie es die Einwanderungs- und Fluchtfolgen der letzten Jahre gewesen sind. Die öffentliche Panik und der entsprechende Alarmismus in der öffentlichen Debatte verweisen denn auch auf etwas anderes als nur die Frage, was sich da im politischen Spektrum abbildet. Vielleicht ist es ein Hinweis darauf, wie anstrengend die Moderne ist – was übrigens ein Topos ist, der seit Beginn der sozialwissenschaftlichen Reflexion über Modernisierungsprozesse diskutiert wird. Vielleicht sollte man dieser »Angestrengtheitsdiagnose« einmal nachgehen, um zu verstehen, warum »rechte« Reflexe derzeit so gut funktionieren – und warum sie womöglich darin unterschätzt werden, gar nicht das »ganz andere« zu sein. Vielleicht ist das, was hinter dem AfD-Syndrom steht, repräsentativ für die Reaktion der Moderne auf sich selbst. Und womöglich sind die Verächter der rechten Kleinbürger diesen ähnlicher, als sie es sich in ihren schlimmsten Träumen ausmalen können. Die AfD sei dafür nur als Seismograf genommen, als eine Art Messgerät, ähnlich einem Hirnscanner, der auf Aktivität hinweist, ohne dass wir gleich wissen, was diese Aktivität konkret bedeutet, durch welche Wechselwirkungen sie zustande gekommen ist und ob sie tatsächlich das repräsentiert, was auf den ersten Blick darin zu sehen ist. Sehen kann man zunächst nur, wo es feuert (so jedenfalls scheint es sich bei den meisten Hirnscans zu verhalten, weswegen auch die Hirnwissenschaft eine Art hermeneutischer Wissenschaft ist, die mehr deuten als wahrnehmen und erklären kann).

Meine Argumentation wird, das sei hier schon angedeutet – besser: angedroht – geradezu ungerecht sein, übertreiben, angeblich Inkommensurables mit einem Maß vermessen. Und es wird sich zeigen: Es fügt sich demselben Maß.

Ein Debattenscan

Wo feuert es derzeit in der öffentlichen Debatte? Die Liste der Themen liest sich wie ein Angstszenario vor wachsender Unübersichtlichkeit – von der Angst vor dem »Bevölkerungsaustausch« durch Fluchtbewegungen und Einwanderung überhaupt über den Generalverdacht gegen alles Islamische bis zur Kritik am »Genderwahn«, wie es genannt wird; vom »Euro« als Symbol für den Verlust nationaler Souveränität über die Kritik an der Hochfinanz und der darin symbolisierten internationalen Verflechtung bis zur generellen Elitenkritik; von Klimaskepsis über Kritik an der kulturellen und militärischen Westbindung bis zur generellen Medienkritik (»Lügenpresse«); von der Abwertung traditioneller Familienbilder bis zur Aufwertung abweichender Lebens- und Liebesstile. Diese Liste ist tatsächlich eine Liste, deren Punkte sich auf typische Modernisierungserfahrungen kaprizieren – auf Widersprüchlichkeiten, auf Unübersichtlichkeit, auf die Unkalkulierbarkeit von Rollen, auf die Optionssteigerung von Lebensmöglichkeiten, auf sozialmoralischen Pluralismus, auf den Verlust kollektiver Selbstverständlichkeiten, auf Steuerungs- und Kontrolldefizite und auf ein allgemeines Unbehagen.

Sigmund Freud hat in seiner Schrift *Das Unbehagen in der Kultur* von 1929 einige dieser Überlastungsgefühle recht drastisch dargestellt.

Dabei geht es vor allem um die Dialektik von Liebesbedürfnis und kollektiver Handlungskoordination. Es geht also darum, ob das von Freud psychologisch beschriebene Bedürfnis nach Bindung und Befriedigung der eigenen Bedürfnisse in überindividuellen Einheiten aufgehoben werden kann – psychoanalytisch gesprochen: welche Abstraktionsmöglichkeiten das Über-Ich aushalten kann. »Kultur« wäre dann der Gegensatz zu individueller Freiheit in dem Sinne, dass höhere Abstraktion und Komplexität der Kultur auch eine höhere Abstraktionsform der Sublimierung erfordert.[1] Und »Kultur« im freudschen Sinne wäre dann ein steigerbarer Sachverhalt, der mit der Abstraktionshöhe dessen, was an Gemeinsamkeit zumutbar ist, wächst. Insofern könnte man es auf die Formel bringen: Je differenzierter eine soziale Einheit ist, das heißt, je unähnlicher ihre Teile sich sind, desto abstrakter lässt sich das Gemeinsame nur ausdrücken und desto stärker ist dann folglich das Unbehagen. So gesehen war noch nie mehr »Kultur« als heute und noch nie mehr Grund für Unbehagen.

Ähnlich aktuell scheinen heute die *Studien zum autoritären Charakter*[2] zu sein, dessen an Autoritäten und unbedingten Zugehörigkeiten orientierter Sozialtyp als einer beschrieben wird, der sich der individualisierenden Differenziertheit der Moderne nicht stellt und dafür kompensierende Formen des Aufgehobenseins in etwas Unbefragtem sucht, das eben nicht weiter problematisiert werden muss. Die Aktualität dieses Sozialtyps lässt sich an vielem rekonstruieren, was die heutigen Rechten auch ausmacht, vor allem aber: die Unbedingtheit der Zugehörigkeit und die Unterwerfung unter Autoritäten als eine Art Letztbegründung zu führen.

Sieht man sich den Themenkatalog der AfD nun als jene Aktivitätsstellen auf unserem Scan an, so verweisen diese tatsächlich allesamt auf diese Distanz zwischen Nah- und Fernraum, auf die Differenziertheit von Lebensformen und die Abstraktionsgrade von Beschreibungen. Mir ist es hier nun nicht um eine psychoanalytische Interpretation der Situation zu tun, zumal es umstritten ist, ob man Freuds Studie als Kritik an konkreten gesellschaftlichen Verhältnissen lesen kann oder ob sie eher als Dokument einer grundlegenden anthropologischen Zerrissenheit zu sehen ist. Mir kommt es hier eher auf ein Beschreibungsmotiv an, dessen Plausibilität sich historisch als eine Art »Burn-out-Geschichte« der Moderne lesen lässt – deren jüngstes Symptom die semantischen und praktischen Reaktionen derzeitiger europäischer Öffentlichkeiten sind, die sich die Wunden jenes Überlastungssyndroms lecken und genau das beklagen, was Freud in *Unbehagen in der Kultur* angedeutet hat: die Differenzerfahrung zwischen Nah- und Fernraum und die fehlenden Verarbeitungskapazitäten für diese Komplexitätssteigerungen.

Burn-out? Das Überlastungssyndrom, das gerade Erfolgsmenschen mit differenzierten Aufgaben außer Kraft setzt, tritt dann auf, wenn die Synchronisation zwischen eigenen Aufgaben und den Ressourcen (zeitlicher, organisatorischer, wirkungsmächtiger, technischer, kapazitativer Natur) zur Erledigung der Aufgaben nicht mehr gegeben ist und wenn das Gefühl entsteht, dass man nicht zum Ende kommt, weil jede Lösung die Grundlage eines neuen zu lösenden Problems ist. Burn-out tritt auf, wenn Dinge zusammengebracht werden, die nicht zusammengehören oder nicht zusammenpassen, aber deswegen nicht einfach verschwinden. Burn-out ist ein *Morbus desynchronisationis*. Es tritt, weil es nur als Berufskrankheit sozial anschlussfähig ist, diagnostizierbar und behandelbar nur in Organisationen auf – wird aber auch in Familien, im Freizeitverhalten und im alltäglichen Leben beobachtet. Und scheint so etwas wie ein allgemeines Lebensgefühl zu sein – wenigstens eine sehr plausible Selbstbeschreibung, die genau das kompensiert, was ich soeben mit Freuds Unbehagensdiagnose angedeutet habe. Dass die Dinge nicht zusammenpassen, nicht aus einem Guss sind, sich keiner plausiblen Gesamtgestalt fügen – das scheint die plausibelste Beschreibung des modernen Überforderungssyndroms zu sein. Und es ist nach meinem Dafürhalten die Grundlage dafür, dass der rechtspopulistische Themenkatalog trotz inhaltlicher Inplausibilität für viele so plausibel ist. Er ist nämlich so etwas wie ein Anti-Burn-out-Notkoffer, weil er eine Gesellschaft aus einem Guss verheißen will – wenigstens als Notdosis:

eine Gesellschaft aus eher Ähnlichen, ein Wirtschaftsraum nur für uns, Solidarität nur unter ohnehin schon Solidarischen, Männer, die wie Männer sind, vor allem aber Frauen, die wie Frauen sind, Liebe zu fremden Kulturen dort, wo sie hingehören, keine Verunsicherungen durch neumodische Kulturangebote, und bitte keine Lügenpresse, die einfach nicht schreiben will, was wir immer schon wussten. Es geht ein wenig darum, die Monster unterm Bett unsichtbar zu machen. Das hört sich wie Polemik an, ist aber gar nicht so gemeint, denn vielleicht hat die Moderne die Monster unterm Bett nur anders angeordnet. Zuvor waren sie durch moralisches Wohlverhalten, durch Ähnlichkeit, durch den Bann der Tradition und die rituelle Bändigung metaphysischer Unsicherheiten wenigstens in Schach zu halten. Jetzt laufen sie auf Augenhöhe überall herum – als das pluralistische andere, das nicht mehr gebannt werden kann, sondern nun arbeitsteilig zu integrieren ist. Der migrantische Fremde ist nur ein kleiner Teil dieser Bedrohung des anderen. Die Emanzipation der Monster unter den Betten – das scheint die Geschichte der Moderne zu sein. Es ist der Verlust jener Sicherheiten, mit denen wir unseren Kindern wider besseres Wissen abends gesagt haben, dass alles gut werden wird. Das produziert jene Überlastungserfahrungen, für die wir offensichtlich noch keine Geschichten haben, die die Monster unsichtbar werden lassen.

Kein Hauptseminar!

Nein, wirklich kein Hauptseminar – aber interessant ist, dass ein Blick in die erste Generation sozialwissenschaftlicher Theorien der gesellschaftlichen Moderne bereits eine Traditionsbildung für die Beschreibung der Moderne als Überlastungs- und Verlusterfahrung erkennen lässt. Die Beschreibungen setzen vor allem an den Strukturen einer Tradition an, die wenigstens so tun konnte, als sei die Welt aus einem Guss, und diagnostizieren eine Welt, die tatsächlich aus den Fugen geraten ist – sie beschreiben kaum neue Fugen und Anordnungen, sondern vor allem den Verlust der alten Fugen und kompensatorische Möglichkeiten, diese alten Fugen, sagen wir: Funktionen, wenigstens zu ersetzen.

Die Geschichte der sozialwissenschaftlichen Selbstreflexion der gesellschaftlichen Moderne ist wirklich voller solcher »Burn-out-Diagnosen«. Denn diese Reflexionsform war keineswegs so etwas wie eine Hurra-Bewegung, keine wirkliche Willkommenskultur der Moderne gegenüber, sondern eher eine skeptische Beschreibung von Verlusterfahrungen und Kompensationsmechanismen, die sich mit dem Untergang der alten Welt kalkulierbarer Nahräume eingestellt haben. Eine kleine, durchaus überzeichnete Tour d'Horizon möge das verdeutlichen. Emile Durkheim, der Begründer der frankophonen Soziologie, hat die Herausforderung so beschrieben:

»Tiefgreifende Veränderungen haben sich innerhalb sehr kurzer Zeit in der Struktur unserer Gesellschaften vollzogen. Sie haben sich mit einer Geschwindigkeit und in einem Ausmaß vom segmentären Typus befreit, für welche die Geschichte kein anderes Beispiel bietet. Folglich ist die Moral, die diesem Sozialtypus entsprach, verkümmert, ohne dass sich an deren Stelle die neue genügend rasch entwickelt hat. [...] Das individuelle Urteil hat sich vom Kollektivurteil gelöst. Andrerseits aber haben die Funktionen, die sich im Verlauf des Umschwungs voneinander getrennt haben, noch keine Zeit gehabt, sich einander anzupassen; das neue Leben, das sich plötzlich entfaltet hat, hat sich noch nicht vollständig organisieren können, und es hat sich vor allem nicht so organisiert, dass es das Bedürfnis nach Gerechtigkeit zu befriedigen vermöchte, das in unseren Herzen so glühend erwacht ist.«[3]

Durkheim hat seine Studie über die Struktur moderner Gesellschaften mit folgender Diagnose begonnen:

»Vergeblich hält man daran fest, dass sich das Kollektivbewusstsein zugleich mit dem der Individuen erweitert und festigt. Wir haben bewiesen, dass die beiden sich im umgekehrten Verhältnis verändern. Trotzdem besteht der soziale Fortschritt nicht aus einer stetigen Auflösung; im Gegenteil, je mehr man fortschreitet, desto mehr gewinnen die Gesellschaften ein tiefes Gefühl ihrer selbst und ihrer Einheit. Es muss also ein anderes soziales Band geben, das dieses Ergebnis nach sich zieht. Nun gibt es aber kein anderes als jenes, das sich aus der Arbeitsteilung ableitet.«[4]

Durkheim diagnostiziert also, dass frühere Gesellschaften über ein Kollektivbewusstsein verfügt haben, das soziale Solidarität vor allem aufgrund von Ähnlichkeit vermittelt hat. Jetzt braucht es ein solches Kollektivbewusstsein, das sich mit Arbeitsteilung, also Verschiedenheit versöhnt. Freilich entwickelt er weniger eine der Arbeitsteilung selbst entstammende Form des Kollektivbewusstseins. Das Problem ist, dass er an der Figur des Kollektivbewusstseins letztlich festhält – und wie wir historisch wissen, war es vor allem die Narration der starken Nation, die in der Lage war, das Unterschiedliche (also: die Arbeitsteilung einer Klassengesellschaft) unter die Einheit einer Kollektivität zu bringen. In der Nation simulieren Gesellschaften tatsächlich ein »tiefes Gefühl ihrer selbst und ihrer Einheit« – gerade weil diese Einheit eher eine Schimäre ist, eher ein Horizont als eine wirklich belastbare Tatsache. Die Nation ist damit also ein Kompensationsmechanismus zur Simulation früherer Nahräume – und ist eben mehr »Kultur« im Sinne von Freuds Diagnose der Abstraktion des Gemeinsamen, das Unbehagen in der behaglichen Bindungsmöglichkeit vermittelt.

Max Weber, Begründer der teutophonen Soziologie, setzt ganz anders an, und kommt auch zu Formulierungen, die Freuds »Unbehagen« geradezu vorwegnehmen. Er schreibt:

»Der versachlichte ökonomische Kosmos, also gerade die rational höchste Form der für jede innerweltliche Kultur unentbehrlichen materiellen Güterversorgung, war ein Gebilde, dem die Lieblosigkeit von der Wurzel aus anhaftete.«[5]

Auch Weber fragt nach der Kompensationsmöglichkeit für die »Entzauberung der Welt«. All das kulminiert in einer radikalen These des Sinnverlusts, die wieder eine geradezu freudianische Formulierung findet:

>»Die Sinnlosigkeit der rein innerweltlichen Selbstvervollkommnung zum Kulturmenschen, des letzten Wertes also, auf welchen die ›Kultur‹ reduzierbar schien, folgte für das religiöse Denken ja schon aus der – von eben jenem innerweltlichen Standpunkt aus gesehen – offenbaren Sinnlosigkeit des Todes, welcher gerade unter den Bedingungen der ›Kultur‹, der Sinnlosigkeit des Lebens erst den endgültigen Akzent aufzuprägen schien.«[6]

Radikaler kann man es kaum auf den Punkt bringen – und anders als Durkheim findet Weber keine Kompensationsmöglichkeit in einer neuen kollektiven Moral, die er eher als Ausdruck von Schwäche sieht:

>»Denn Schwäche ist es: dem Schicksal der Zeit nicht in sein ernstes Antlitz blicken zu können.«[7]

Das Schicksal der Zeit ist für Weber dann aber, dies »männlich« aushalten zu können und auf so etwas wie kollektive Integration und Versöhnung zu verzichten.

Keine Sorge, es soll wirklich kein soziologisches Hauptseminar werden – aber allein diese beiden hier angedeuteten Denkungsarten zeigen recht deutlich, in welcher Tradition die Kritik am Überlastungssyndrom der Moderne steht. Was wir heute als Unübersichtlichkeit, Komplexitätssteigerung, Leiden an Unkalkulierbarem usw. als Erklärung für eine Renaissance rechtspopulistischer Ideen in ganz Europa diskutieren, weist eine erstaunlich lange Kontinuität und Traditionslinie auf – und verweist auch darauf, dass sich trotz kultureller Öffnungen, trotz der Pluralisierung von Lebensstilen in den letzten zwei Generationen, trotz der Etablierung von Weltläufigkeit und einer beispiellosen Wohlstandsexplosion die semantische Lage und Plausibilität der Überlastungsbeschreibungen kaum geändert hat.

Die nachfolgenden, sehr erfolgreichen Sozialwissenschaften haben dann für diese Differenzerfahrung von individuellem Erleben und kollektiver Struktur immer neue, aber durchaus strukturähnliche Formeln gefunden. Im amerikanischen Pragmatismus, soziologisch begründet etwa von George Herbert Mead, hat man eine große Sensibilität dafür entwickelt, wie wir im konkreten interaktionsnahen Umgang zu wechselseitigen Erwartbarkeiten kommen und gemeinsam Bedeutung generieren – durch sprachliches Verhalten, Rollenübernahmen und gemeinsame Erfahrungen. Überhöht werden musste das Ganze aber dann über Figuren wie einen »generalisierten Anderen«, der ebenso abstrakt wie unbestimmt gesellschaftlichen Zusammenhalt symbolisieren sollte. Ähnlich ist der soziologische Strukturfunktionalismus verfahren, der die innere Differenziertheit und den Pluralismus von Gesellschaften anerkannt hat, dann aber mit starken kompensatorischen Funktionen wie einer »gesellschaftlichen Gemeinschaft« aufwartete – ebenso abstrakt wie am Ende universalistisch. Die Formulierung der »gesellschaftlichen Gemeinschaft« stammt von dem vielleicht einflussreichsten Soziologen des 20. Jahrhunderts, nämlich Talcott Parsons, der mit diesem Begriff ganz ähnlich wie Durkheim zweierlei versöhnen wollte: die Rollendifferenzierung einer Gesellschaft, in der gleichzeitig Unterschiedliches geschieht und in der die Menschen eben unterschiedliche Rollen erfüllen und damit unterschiedliche Leben führen, einerseits; die funktionale Notwendigkeit, dass die Differenz der gesellschaftlichen Rollen durch ein gemeinschaftliches Band aufgehoben wird, durch Zugehörigkeitschiffren, andererseits. Differenz und Homogenität sollten in einen Ausgleich gebracht werden – und je unterschiedlicher die Rollensets sind, desto universalistischer muss dann das Gemeinschaftliche ausfallen. Auch diese Beschreibung bewegt sich also in diesem Rahmen einer Kompensationsfunktion.

Eine ganz andere Soziologie betrieben Peter Berger und Thomas Luckmann in ihrem soziologischen Bestseller *Die gesellschaftliche Kon-*

struktion der Wirklichkeit von 1966.[8] Sie beschreiben mit großer Sensibilität und Nachvollziehbarkeit, wie wir uns durch konkrete Erfahrungen und durch immerwährendes Sinnverstehen in den anderen, vor allem in den Nächsten hineindenken können, dass das aber alles nur funktionieren kann, wenn es so etwas wie »symbolische Sinnwelten« gibt, die wie ein Baldachin über allem schweben und dem Inkommensurablen dann doch so etwas wie einen gemeinsamen Maßstab verleihen, eine Legitimationsfunktion erfüllen und die unterschiedlichen Sozialisationserfahrungen zu einem Gemeinsamen aufheben.

Baldachine und schützende Dächer

Es sieht so aus, als sei dieses Denken in Baldachinen, die Anrufung von gemeinsamen symbolischen Sinnwelten, die gemeinsame Moral einer Gesellschaft jene Sollbruchstelle, an der sich gelungene Vergesellschaftung von misslungener scheidet. Jedenfalls denken wir uns Gemeinwesen stets so, dass sie diese Gemeinsamkeitsfunktion erfüllen müssen, damit das Unterschiedliche zusammengehalten wird. Und tatsächlich kann diese Denkkonstellation die Moderne nur als eine überlastete Struktur denken, denn hier müssen gewissermaßen zwei verschiedene Kräfte miteinander versöhnt werden, die letztlich unversöhnlich sind. Genau deshalb hat sich die kompensatorische Funktion der Herstellung von ethnischen/nationalen Großgruppen bei der Etablierung moderner Ordnungen als eine funktional außerordentlich erfolgreiche Lösung herausgestellt, so viel Heterogenität wie nötig, aber auch so viel Homogenität wie möglich zu etablieren. Gerade weil diese Konstruktion von Großgruppen die innere Differenziertheit einer modernen Gesellschaft mit dynamischen Ökonomien, schnell wachsendem wissenschaftlichem Wissen, starker räumlicher und sozialer Mobilität, abstrakter rechtlicher Regulierung normativer Erwartungsstrukturen, medialer Unruhe und sogar religiösem Pluralismus, nicht zuletzt spezifischer Nähe und Ferne von Milieus kompensieren musste, musste sie ebenso unbestimmt wie kraftvoll konstruiert werden.

An den nationalen Selbstzumutungen kann man studieren, wie diese beiden Kräfte zusammengehalten werden mussten. Nationen mussten sehr abstrakte Narrative erzeugen, mussten eine gemeinsame Geschichte etablieren, eine eigene Religions-, Kultur- und Literaturgeschichte. Sprach- und Identitätspolitik insbesondere durch medienvermittelte Formate wie Zeitschriften, Bücher und später Rundfunk, vor allem aber durch Bildungsinstitutionen erschufen Öffentlichkeiten, in denen die Abstraktion der Großgruppenidentität mit konkreten Inhalten gefüllt wurde. Ihre Funktion, die Überlastung mit nun komplexer, intern differenzierter werdenden Lebenswelten zu kompensieren, konnten sie nur durch entsprechenden semantischen Kraftaufwand erfüllen. Die Erhabenheit kollektiver Narrative entstand parallel zur individualisierten Form, sich als unverwechselbares Exemplar eines unhintergehbaren Kollektivs darstellen zu müssen. Das machte aus den Großgruppenidentitäten eine geradezu genetische Prägung – weil sie die Genese jeglicher individuellen Selbstbeschreibung erst ermöglichte.

Großgruppenbaldachine sind es letztlich, die im Konfliktfall am besten ordnen. Sie ordnen so gut, dass sich die Orientierung am »Eigenen« sogar empirisch rekonstruieren lässt. Sozialpsychologische Untersuchungen, insbesondere experimentelle Untersuchungen mit spieltheoretischem Design können deshalb hervorragend zeigen, dass soziale Kohäsion und Zufriedenheit/Kalkulierbarkeit korrelieren und diese mit der Erfahrung von Homogenität, die freilich im Design selbst semantisch erzeugt werden muss. Untersuchungen zeigen, dass das Konfliktpotenzial steigt, sobald etwa Nachbarschaften oder Arbeitsgruppen heterogener besetzt sind, womit man erklären möchte, dass ethnisch diverse soziale Strukturen anstrengender und damit instabiler sind als homogene.[9] Solche Ergebnisse sind kaum in Abrede zu stellen, aber sie reproduzieren letztlich nur die Grunderfahrung der Moderne, die innere Diversität und Differenziertheit der Moderne mit eher abstrakten

Chiffren des Eigenen und des Fremden zu kompensieren. Dass dabei ethnische Differenzen besonders gut rekonstruierbar sind, liegt nur daran, dass es sich um besonders sichtbare Formen von Differenziertheit handelt – eine Differenz, die sich empirisch und vor allem semantisch besonders gut rekonstruieren und stabil erwarten lässt.

Nun sei auch nicht in Abrede gestellt, dass gerade solche sichtbaren Differenzen ein besonderer Ausdruck für die Überlastungs- und Unbehagenserfahrung in und mit der Moderne sind. Homogenität oder »Homophilie«, wie es in der Sozialpsychologie heißt, ist letztlich genau der Fokus, in dem sich die klassischen Selbstbeschreibungen der Moderne treffen. Sie sind gewissermaßen das Ventil dafür, dass die kompensatorische Funktion jener Baldachine nur dann funktioniert, wenn die Differenziertheit der Moderne und ihre Komplexität aus eigener Kraft so etwas wie einen Ausgleich schaffen. Anders formuliert: Wenn sich Differenziertheit und Diversität, komplexe Formen des Alltags usw. irgendwie Routinen fügen und zu genügend Indifferenz zwischen Gruppen, Milieus und unterschiedlichen Aufgaben führen, kann man getrost auf die Baldachine verzichten. Es reicht dann, wenn der eigene Alltag aus einem Guss ist oder wenigstens kalkuliert werden kann, wenn sich also Lebensformen finden lassen, in denen Leben gelebt werden können und genügend Indifferenz ausgehalten werden kann, sich für den anderen nur so weit zu interessieren, wie es nötig ist.

Lob der Indifferenz

Vielleicht wäre das schon genug der gelungenen Vergesellschaftung – ich habe das einmal das bürgerliche Privileg der Fremdheit[10] genannt, also eine Fähigkeit des Wegsehens, des Desinteresses am anderen, eine Art Austausch von Desinteresse. Urbane Handlungskoordination beruht genau auf diesem Prinzip – Solidarität unter Fremden hinzubekommen, ohne dafür eine komplizierte kulturelle Form finden zu müssen. Ist nicht die Kommunikation am interessantesten, in der wir uns auf bloße Teilaspekte beschränken können, in denen mich am anderen eigentlich nur das interessiert, worum es gerade geht? Sind nicht professionelles Handeln und beruflicher Kontakt nur so möglich? Hat das nicht eine kathartische Wirkung, dass der andere nicht als ganze Person interessiert – und ich den anderen genauso wenig? Ist das nicht eine Konstellation, in der man sogar auf Toleranz verzichten kann, weil das meiste einfach keine Rolle spielt? Ist es nicht befreiend, dass wir in unterschiedlichen Kontexten unterschiedlich sind? Ist es nicht einer modernen Lebensform angemessener, Kooperationsnotwendigkeiten minimieren zu können, um dort, wo es um Koordination geht, dann wirklich kooperativ sein zu können?

Ich stelle diese Fragen nicht als Suggestivfragen, auch nicht einfach als Geschmacksfragen, vielleicht sogar versehen mit dem Mittelschichtsbias eines Universitätsmenschen. Diese Fragen stecken eher den Horizont dessen ab, was in einer modernen Gesellschaft möglich wäre, strukturell angelegt und einer stark differenzierten Sozialform angemessen. Aber für diese Anstrengung gibt es offensichtlich nur wenig semantischen Kredit. Es ist viel einfacher, die Gesellschaft aus einem Guss zu fordern, Differenz nicht auszuhalten und Indifferenz für zu kalt und lieblos zu halten. Offensichtlich hat sich seit 100 Jahren Reflexion über die Moderne nichts wirklich grundlegend geändert. Der einzige Krisenverarbeitungsmechanismus scheint immer noch die Anrufung und Beschwörung einer Form von Kollektivität und Gemeinschaft zu sein, die die Moderne strukturell nicht hergibt. Helmuth Plessner hat schon in den 1920er-Jahren gerade uns Deutschen ins Stammbuch geschrieben, die *Grenzen der Gemeinschaft*[11] nicht zu kennen und als Gegenmittel gegen die anstrengende Moderne den beschaulichen Hafen der Kollektivität zu suchen, statt die modernen Distanzmöglichkeiten zwischen den Menschen auszunutzen – Distanzmöglichkeiten, die dann erst für Formen der Bindung sorgen können, die nicht zu »sozialem Radikalismus« führen. Ganz offensichtlich steht der kollektiven Selbstbeschreibung solcher Art Denken nicht zur Verfügung – und scheint im semantischen Haushalt in wahrgenommenen oder eingebildeten

Krisen nur auf diese Muster zurückgegriffen werden zu können, auf Muster, die letztlich auch die kompensationstheoretische Denkungsart der sozialwissenschaftlichen Reflexion über die Moderne ausmachen.

Horribile dictu: Ist der Ausnahmefall gar keine Ausnahme?

Meine These oder Frage lautet also versuchsweise: Sollte der neue Rechtspopulismus in Europa, sollte der semantische Überschuss von Gemeinschaftsideologien, sollte die ängstliche Reaktion auf eine unkalkulierbare Welt, in der Inkommensurables gleichzeitig vorkommt, womöglich gar nicht der Ausnahmefall sein, sondern geradezu der Normalfall der Moderne? Wären damit womöglich die Reaktionen im politischen Raum, sich mit aller Macht gegen die Komplexität der Gesellschaft zu stemmen, so etwas wie ein Normalfall? Um nicht falsch verstanden zu werden: Es geht mir nicht darum, diese Reaktionen zu legitimieren, sondern ihre für die Selbstbeschreibung der Moderne geradezu konstitutiven Elemente zu betonen. Seit dem Beginn einer methodisch kontrollierten sozialwissenschaftlichen Debatte um die Moderne jedenfalls sind es stets dieselben Chiffren, die einerseits den Verlust früherer Baldachine diagnostizieren, um dafür aber neue, modernere Baldachine zu entwerfen. Die Modernität dieser Baldachine ist die abstrakte Form einer kulturell, ethnisch oder national eingefärbten Einheitszumutung, die letztlich nur mit Gewalt gegen die Struktur der Moderne einzusetzen ist. Wir denken stets nur in Richtung einer solchen Steuerung der Gesellschaft durch zentrale Beschreibungsinstanzen.

Die rechtspopulistischen Parteien mit ihren derzeitigen Erfolgen hassen deshalb womöglich die EU noch mehr als Einwanderer aus der Levante. Diese sind ihnen ohnehin nur Fremde, die für sie nicht satisfaktionsfähig sind. Dies hat ihnen der »letzte Deutsche« Botho Strauß ins Stammbuch geschrieben. Dessen jüngst inszenierte Interventionen

(»Der Plurimi-Faktor«) leben von einem beleidigten Blick des alten Europa auf die Unverschämtheit des Neuen und des Fremden. Botho Strauß inszeniert einen Phantomschmerz, der davon lebt, dass man sich nicht mehr darauf verlassen kann, dass die Leute das tun, was ihrer Herkunft gemäß ist. Deshalb bleibt die Avantgarde nicht unter sich, deshalb wird Aristokratisches nachgerade anachronistisch (im wahrsten Wortsinne) – und deshalb hat es etwas durchaus Attraktives. Die Attraktion lebt davon, Kontinuität in eine diskontinuierliche Welt bringen zu wollen. Darin ähnelt der avantgardistische Habitus des uckermärkischen Schlossherrn der merkwürdigen Fixierung unserer Kultur auf Herkünfte – freilich nur dort, wo man sie vermeintlich sehen kann. Ist dies bei Strauß noch vom beleidigten Gestus dessen geprägt, der das Distinktionsbedürfnis der ehemaligen Eliten – Gaetano Mosca nannte sie die »herrschende Klasse« – gegen die nun unverschämten Massen pflegt, hat sich die öffentliche Fixierung auf die Herkunft von diesem Gestus längst emanzipiert. Sie ist immer schon mit der Normalität dessen zufrieden, was letztlich unbefragt gilt, und stellt ihre Normalität daran scharf, dass sie die Abweichung auf Sichtbares hin scharf stellt. Deshalb war die Flüchtlingskrise auch jener Stoff, der die politische Chemie so sehr zu Reaktionen gezwungen hat. Aber das war letztlich nur die Initialzündung.

Noch mehr hassen sie Europa – und zwar deshalb, weil es sich um einen ähnlichen Gegner handelt. An Europa kann man studieren, wie brüchig und wie voraussetzungsreich, wie verletzlich und dabei unheilbar abstrakt jener Baldachin ist, der über den komplizierten wirtschaftlichen, politischen, kulturellen und rechtlichen Interdependenzen der europäischen »Vaterländer« gespannt ist – und nach dem Konzept intellektueller Kosmopoliten auch sein soll. Schauen die Rechtspopulisten in das Antlitz Europas, sehen sie die Fratze jener Nationen, die nur unter größtem Energieeinsatz jene kalkulierbare Welt herstellen können, deren Misslingen in Europa nur die Kehrseite der Überschätzung ethnisch-nationaler Integration gesellschaftlicher Dynamiken in den europäischen »Vaterländern« ist.

All das steht in einer langen Tradition, deren Quelle die bis heute semantisch nicht eingeholte Frage der Dynamik und inneren Differenziertheit moderner Vergesellschaftung ist. In meinem Briefwechsel mit Götz Kubitschek[12] kann man das sehr deutlich nachverfolgen. In einer Diskussion um die Frage einer konservativen Denkungsart und ihrem Verhältnis zu einer unübersichtlichen Welt bleibt dem rechten Vordenker dann nichts anderes übrig, als einen konservativen *comment* am Ende zu verlassen und doch nur die Erhabenheit des Eigenen zu betonen. Volker Weiß hat in einem akribischen Artikel auf *Zeit online* an diesem Briefwechsel bemängelt, ich hätte darin diese rechte Denkungsart geadelt, weil sie nicht rechts, sondern konservativ genannt werde.[13] Leider bleibt hier völlig unbegriffen, wie typisch und mehrheitsfähig diese Denkungsart am Ende ist. Kubitschek bringt letztlich die Technik des Umschlags von der konservativen Rhetorik, an der Schwäche der Menschen anzusetzen und ihnen so etwas wie eine kalkulierbare Welt anzubieten, zu einer dann rechten und revolutionären Denkungsart gut auf den Begriff – nämlich dadurch, dass die Abstraktion dieses Gemeinsamen am Ende zu einem sozialen Radikalismus führen muss, der mit der Erhabenheit des Eigenen letztlich unbeobachtbare politische Theologie betreibt. Im Übrigen: Dass genau das in einer langen Tradition des völkischen Nationalismus steht und nicht »neu« ist, verweist darauf, welche Funktion es in der Selbstbeschreibung der Moderne tatsächlich hat. Dass Volker Weiß sich darüber ärgert, ich hätte angeblich behauptet, all das sei »neu«, ist sehr ärgerlich – und vielleicht doch nur Ausdruck jener Denkfaulheit derer, die auf der »richtigen« Seite stehen. Es kommt darin letztlich zum Ausdruck, dass die wohlmeinenden Beobachter des Rechtspopulismus dieses Problem allzu stark externalisieren, als hätten wir selbst damit nichts zu tun.

Summa summarum: Das Phänomen des Rechtspopulismus, der Wahlerfolge rechter Parteien, des unverhohlenen völkischen Nationalismus in öffentlichen Debatten – all das zu externalisieren und als das ganz andere zu brandmarken, ist letztlich ein Ausweichen vor dem Problem und auch Ausdruck der Hochnäsigkeit und des Hochmuts derer, die mit der Praxeologie universalistischer Rede vertraut sind. Das Antimoderne rechter Bewegungen findet im Zentrum der Grundkonflikte der Moderne statt.

Gemeinsame Bezugsprobleme

Ich möchte das zum Schluss an einer durchaus gewagten, aber notwendigen Parallele demonstrieren, nämlich an zwei Beispielen, wie sich sozialwissenschaftliche Theorie heute in die Tradition der Kritischen Theorie stellt. Ich wähle dafür zwei aktuelle Beispiele, nämlich Axel Honneths Anerkennungsphilosophie und Hartmut Rosas Resonanztheorie.

Die kritische Theorie eines Axel Honneth steht nicht mehr in der Tradition eines »universalen Verblendungszusammenhangs« eines Theodor W. Adorno, sondern versucht etwa in dem Buch *Das Recht der Freiheit* nachzuweisen, dass sich Formen der Anerkennung des anderen in den Institutionen der Moderne wiederfinden lassen.[14] Es hat also in den nachfolgenden Generationen der Kritischen Theorie längst eine Versöhnung mit der westlichen Moderne stattgefunden, was sich in Axel Honneths Denkungsart deutlich nachvollziehen lässt – so sei der liberale Verfassungsstaat ebenso davon durchdrungen wie Familien und das Bildungswesen. Sogar im Wirtschaftssystem macht Honneth Anerkennungsformen aus, die auf den Horizont gelungener Vergesellschaftung verweisen. *Eigentlich* sei auch das Wirtschaften abhängig von der Anerkennung der Subjekte untereinander und würde, setzte es sich durch, nicht jene Fehlanpassungen produzieren, wie es die »neoliberale« Ökonomie der Gegenwart betreibt. Honneth will also letztlich nur Handlungskoordination gelten lassen, die auf der Anerkennung des anderen basiert. In der wechselseitigen Anerkennung, so der Hegelianer Honneth, ereigne sich eine Form der Sozialität, in der so etwas wie wechselseitiges Einverständnis möglich sei.

Man muss es deutlich sagen: Ein solches Denken schreckt letztlich vor der gesellschaftsstrukturellen Verfasstheit moderner Gesellschaften zurück. Die interaktionsnah gebaute Anerkennungsphilosophie hat keinerlei Mittel, die komplexen Strukturen einer Moderne auch nur zu ahnen, in denen sich Ordnung und Reproduktion, Dynamik und Bewegung gerade nicht im Medium der persönlichen Interaktion ereignen.

Normativ hört sich das sehr plausibel und darin dann auch »kritisch« und wohlmeinend an – aber empirisch ist es eine geradezu ängstliche Absetzbewegung gegen alles, worum es in den Selbstbeschreibungskrisen der Moderne geht. Es ist kein Zufall, dass Honneth dem Begriff der Freundschaft eine solch große Aufmerksamkeit widmet. Letztlich baut er seine Gesellschaftsbeschreibung auf dem Ideal der Freundschaft auf und hat keinen Sensus für die Welt unpersönlicher Beziehungen – und kann übrigens auch deren Freiheitsquelle nicht schätzen. André Kieserling verdanke ich den – kürzlich auf einer Tagung über und mit Axel Honneth geäußerten – Gedanken, dass es sich bei Axel Honneths Beschreibung der modernen Gesellschaft letztlich um eine antike Figur handelt, die eher an der »nikomachischen Ethik« als an der »Politik« des Aristoteles orientiert sei. Dieses Denken sei ein für die Moderne »sozialstrukturell entwurzeltes Vokabular«. Treffender kann man es nicht sagen.

Worauf es mir ankommt, ist dies: Letztlich fällt sogar einem explizit linksliberalen »kritischen« Denken kaum etwas anderes ein, als an der Funktionsstelle anzusetzen, die der Überlastung durch die Differenziertheit der Moderne und ihrem Vorrang der unpersönlichen Beziehungen nur eine kompensatorische Chiffre entgegenzuhalten hat. Es laboriert damit auch am Problem, die plessnerschen »Grenzen der Gemeinschaft« auszuloten, und kann kaum die zivilisatorische Errungenschaft schätzen, dass immer weniger Sozialformen auf »Freundschaft« angewiesen sind. Das Bezugsproblem ist tatsächlich Fleisch vom Fleische jener Reaktionen auf das Überlastungssyndrom der Moderne, die für die Renaissance jenes rechten Denkens konstitutiv sind, das strukturell auch nichts anderes will: den Raum der Freunde abzustecken. Dass Honneth diesen Raum universalistischer abstecken würde, ist klar – aber bleibt am Ende im Rahmen dieser Denkungsart und kann deshalb nicht weiterhelfen.

Wohlgemerkt: Mein Argument lautet nicht, dass solches Denken gleichzusetzen sei mit den merkwürdigen Plausibilitäten der Rechten – aber das strukturelle Bezugsproblem ist dasselbe: die auf Unpersönlichkeit und Unähnlichkeit gebaute Moderne, ihre komplexe Differenziertheit und Eigendynamik durch funktionale Äquivalente für persönliche Nähe zu heilen. Wem nichts Besseres als das einfällt, muss sich mindestens sagen lassen, dass die Denkungsart mit der der verachteten Rechten verwandt ist – auch wenn es sich bei diesen Verwandten um jene Familienmitglieder handelt, die man nicht so gerne vorzeigt oder gar einlädt.

Über Hartmut Rosa habe ich schon öfter polemisiert, und auch über ihn will ich natürlich nicht sagen, dass seine Denkungsart irgendwie verdächtig ist, den rechten Vereinfachern in die Hände zu spielen – deshalb hier ganz ernsthaft: Rosa stellt sich letztlich auch mit einer aristotelischen Figur in die Tradition der Kritischen Theorie, nämlich mit der Frage nach dem »guten Leben«. Das ist eine ebenso legitime wie wichtige Frage. Und letztlich ist auch seine Diagnose nicht wirklich falsch. Seine These in den letzten Publikationen lässt sich so zusammenfassen: Das gute Leben ist von Resonanzen abhängig, das heißt davon, ob Ich und Welt in eine konvergente Schwingung zu bringen sind. Zufriedenheit und das Gefühl »guten Lebens« stelle sich dann ein, wenn die Welt zu uns spricht und uns anspricht – Beispiele liegen auf der Hand: ein Musikstück, ein gutes Gespräch, ein Lese- oder Naturerlebnis usw.

Nun weiß auch Rosa, dass die Welt nicht so gebaut ist, und so sucht er nach funktionalen Äquivalenten für »gütige« Resonanzen in den weniger interaktionsnah gebauten Sozialformen, also nach Resonanzräumen in anderen Bereichen des Lebens. Der Resonanzrahmen soll dann auch im politischen Raum oder bezogen auf Arbeitsformen abgesteckt werden. Worum es ihm geht, ist aber letztlich nichts anderes, als eine Kompensationsform für die Dissonanzen differenzierter, darin tatsächlich dissonanter Systeme zu suchen. Auch hier ist das Bezugsproblem, die unübersichtliche Moderne dadurch zu heilen, dass die

Dinge wieder zusammenpassen. Und es ist auch kein Zufall, wie viel Energie Rosa in seinem neuesten Buch[15] darauf verwenden muss, zu betonen, dass es sich *nicht* um eine esoterische Theorie handelt, sondern wirklich als Soziologie gemeint ist, als eine Theorie, die den kritischen Maßstab dafür abgeben soll, die moderne Gesellschaft wirklich zu treffen. Das Getriebe einer funktional differenzierten Gesellschaft und ihrer eigensinnigen Stabilitäten und Instabilitäten verstehen zu wollen, kann dann gar kein Thema mehr sein. Soziologie wird dann zur Befindlichkeitswissenschaft und kann – trotz gegenteiliger Beteuerung – nicht einmal mehr den eigenen Mittelschichtsbias reflektieren – mit dieser Reflexion hatte übrigens, um daran zu erinnern, Max Horkheimer schon in den 1930er-Jahren die Tradition der Kritischen Theorie begründet.

Die Resonanzsache ist ebenso plausibel wie die Theorie der Freundschaft. Man kann nichts dagegen sagen, aber auch sie ist sozialstrukturell entwurzelt, um noch einmal die gelungene Formulierung meines Bielefelder Kollegen André Kieserling aufzugreifen. Zur Struktur der modernen Gesellschaft gehören gerade die Interdependenzunterbrechung und die Verhinderung zu starker Resonanzen – zwischen Milieus und Lebensformen ebenso wie zwischen Tätigkeiten und gesellschaftlichen Funktionen. Sie scheitern letztlich beide in ganz ähnlicher Weise wie die öffentliche Plausibilität der rechten Vereinfacher, die ebenfalls die Integration der Gesellschaft auf Freundschaft bauen wollen und nach mehr kollektiver Resonanz gieren.

Diese meine Interpretation wird beiden nicht gerecht, Honneth nicht und Rosa nicht – wenigstens im Hinblick auf ihre Intentionen. Im Hinblick auf die Konsequenzen entlarven sie freilich gerade die rechten Denkungsarten als etwas, das viel tiefer im Zentrum der gegenwärtigen gesellschaftlichen Selbsterfahrung liegt, als es das linksliberale Establishment sozialwissenschaftlicher Geistesarbeiter auch nur ansatzweise ahnen kann. Es ist Fleisch vom eigenen Fleische – es macht dieselben Diagnosen und zieht daraus unterschiedliche, aber durchaus strukturähnliche Schlüsse. Beide sind weit entfernt davon, irgendwie »rechts«

zu sein, ich kann es nicht oft genug betonen – aber beide schrecken davor zurück, sich darauf einzulassen, dass die moderne Gesellschaft eben explizit nicht aus einem Guss ist. Auch das wissen beide – aber ihre Diagnoserichtungen finden nichts anderes, als nach funktionalen Äquivalenten für eine solche Gussschablone zu suchen. Es bleibt alles kompensatorisch und lässt sich nicht einmal versuchsweise darauf ein, worin der Gewinn gerade der Interdependenzunterbrechungen gesehen werden könnte.

Das Beunruhigende dieser Diagnose ist, dass auch die linksliberalen, kosmopolitischen, neoprotestantischen Milieus etwas ganz Ähnliches suchen wie die abgrundtief gehassten Apologeten des Eigenen. Auch sie suchen nach der Widerspruchsfreiheit der Gesellschaft aus einem Guss. Ich übertreibe das Argument nur ein wenig, wenn ich behaupte, dass diese *gusseiserne* Denkungsart des Distinktionskampfes gegen die ungebildeten Wähler der Rechten, gegen die ängstlichen Kleinbürger und gegen die regional verhafteten Traditionsmilieus auch einen Aspekt von Selbsthass enthält. Es ist ein vielleicht uneingestandenes Erleben dessen, dass auch die eigenen Universalismen nur Kleingärten bedienen. Die streng durchethisierten bildungsnahen Milieus ökologischer, feministischer und kosmopolitischer Bekenntnisgruppen leben vor allem von der Distinktion gegenüber jenem Pöbel, dem für seine gusseisernen Argumente nicht dieselbe universalistische Ästhetik zur Verfügung steht. Es ist ihr »Unbehagen in der Kultur«.

Wie groß ist doch der Wunsch danach, alles als aus einem Guss bestehend beschreiben zu können? Das gilt freilich auch für vieles andere – überall ist der starke Wunsch zu beobachten, die Dinge mögen irgendwie aus einem Guss sein, sich einer Gesamtgestalt fügen und möglichst durch Kommunikation auf Augenhöhe handhabbar werden. Unternehmen erschreiben sich *mission statements* mit bekenntnisfähigen Zugehörigkeitsmustern, *corporate identities* sollen die interne Komplexität von Organisationen heilen, Forschung und Krankenbehandlung werden mit zum Teil absurden ethischen Anforderungen überzogen, der gesamte Alltag gerät unter die Knute ethischer Zusammengehörigkeitszumutungen. Essen und Trinken, Lieben und Transport, Konsum und Körperpflege, Kleidung und Kultur – fast nichts ist sicher davor, dass man Widersprüche beklagt und Bekenntnisse zu gemeinsamen Zielen einfordert, geschlechter-, alters-, kompetenz- und herkunftsgerecht.

Interessant sind etwa die Fraternisierungen, die allerorten Flüchtlingen entgegenschlagen – emotionsökonomisch der Ablehnung nicht ganz unähnlich, in der Bilanz nur in der gegenüberliegenden Spalte stehend. Promoviert wird der sprechende Flüchtling, der, den man zum Reden bringt, am besten über sich selbst und sein Schicksal. Hier kann man Freundschaft simulieren, organisiert Resonanz – und mutet womöglich traumatisierten Geflüchteten Selbstauskünfte zu, die wir uns gegenseitig im modernen Alltag niemals zumuten würden. Dass Solidarität eher die Organisation unpersönlicher Strukturen braucht – von der Wohnungsfrage über die Anbahnung von Arbeit bis zu therapeutischer und medizinischer Versorgung – steht dem gar nicht entgegen, ist dann aber nicht annähernd so interessant wie das, was sich hier als Distinktionsmittel anbringen lässt.

Gegen all das ist kaum etwas zu sagen, normativ schon gar nicht. Und dennoch stellt sich, wenigstens bei mir, ein merkwürdiges Unbehagen ein, weil ganz offenbar der Sinn für Differenz ebenso verschwindet wie die Einsicht darein, dass man über die moderne Gesellschaft und ihre Organisationsformen alles sagen kann, nicht aber, dass sie aus einem Guss sind. Der Sensus für die zivilisatorische Errungenschaft der Differenzierung gesellschaftlicher Funktionen und ihrer Emanzipation voneinander, auch für die Errungenschaft der Indifferenz gegenüber anderen Orientierungen und Denkungsarten, sogar der Sensus für den Gewinn aus Widersprüchen und Spannungen scheint verschwunden zu sein. Dagegen gibt es eine Anspruchsinflation auf universalistisches Gehör und einheitliche normative Standards, gepaart mit einer Denkfaulheit darüber, dass das Anstrengende der Moderne, ihr unumkehrbarer Trend zur Perspektivdifferenz, nur unter hohen Kosten weggearbeitet werden kann.

Ich habe manchmal den Eindruck, dass diese Ansprüche auf Konsistenz und Widerspruchsfreiheit und die Orientierung an Gemeinsamkeit und der Traum von dem einen Guss das funktionale Äquivalent für die Enge jener Rechten sind, deren Denkfaulheit sich der kulturellen Gleichförmigkeit von Gesellschaften verschrieben hat. Wie die Wiedergänger der nationalen Selbstbeschreibungen sich eine Welt ohne das kulturell und ethnisch Fremde vorstellen, machen die Agenten der Anspruchsinflation auf Einsicht in gemeinsame Lösungen die Rechnung ohne die innere Differenziertheit der Moderne. Nicht dass ich in einen Topf werfen wollte, was ganz unterschiedlichen Herden entstammt, aber die Grundrezepte sind sich ähnlicher, als es zunächst erscheint. Jedenfalls ergibt sich daraus, dass die rechte Seuche nicht mit ihrem funktionalen Äquivalent geheilt werden kann – durch andere Formen der Gemeinschafts- und Einheitszumutung. Das wäre übrigens nicht nur eine Herausforderung für die Theorie gesellschaftlicher Komplexität und Differenziertheit, sondern auch für die politische Frage nach Gegenmitteln.

Vielleicht ist das die eigentliche Krise: die Denkfaulheit gegenüber der Eigenkomplexität der modernen Gesellschaft, die sich um diese Formen der Selbstbeschreibung kaum scheren muss, weil diese aufs Operative gar nicht durchschlagen. Sie schützt sich in ihrem Operieren selbst – wird dann aber auch immun gegen Eingriffe, weil sie sich nicht auf die Eigenkomplexität einstellt. Und alles nur wegen der Denkfaulheit. Solche Formen hätte man früher Ideologie genannt. Das trifft es vielleicht auch heute noch.

Anmerkungen

1 Vgl. Sigmund Freud: *Das Unbehagen in der Kultur*. Stuttgart 2010, S. 32 ff.

2 Vgl. Theodor W. Adorno: *Studien zum autoritären Charakter* (hrsg. von Ludwig von Friedeburg). Frankfurt am Main 1973.

3 Emile Durkheim: *Über soziale Arbeitsteilung*. Frankfurt am Main 1988, S. 479.

4 Ebd., S. 228.

5 Max Weber: *Gesammelte Aufsätze zur Religionssoziologie*. Tübingen 1972, S. 568.

6 Ebd., S. 569.

7 Max Weber: *Wissenschaft als Beruf*. In: *Studienausgabe der Max-Weber-Gesamtausgabe, Band I/17* (hrsg. v. Wolfgang J. Mommsen und Wolfgang Schluchter). Tübingen 1994, S. 152.

8 Peter Berger; Thomas Luckmann: *The Social Construction of Reality. A Treatise in the Sociology of Knowledge*. Garden City, NY 1966.

9 Für viele andere vgl. nur: Ruud Koopmans; Susanne Veit: »Ethnic diversity, trust, and the mediating role of positive and negative interethnic contact: A priming experiment«. In: *Social Science Research* 47 (2014), S. 91–107; Ozan Aksoy: »Effects of Heterogeneity and Homophily on Cooperation«. In: *Social Psychology Quarterly* 78 (2015), S. 324–344; James Laurence; Lee Bentley: »Does Ethnic Diversity Have a Negative Effect on Attitudes towards the Community? A Longitudinal Analysis of the Causal Claims within the Ethnic Diversity and Social Cohesion Debate«. In: *European Sociological Review* 2015, S. 1–14.

10 Vgl. Armin Nassehi: *Differenzierungsfolgen. Beiträge zur Soziologie der Moderne*. Opladen 1999, S. 227 ff.

11 Helmuth Plessner: *Grenzen der Gemeinschaft. Eine Kritik des sozialen Radikalismus*. Frankfurt am Main 2002.

12 Armin Nassehi: *Die letzte Stunde der Wahrheit. Warum rechts und links keine Alternativen mehr sind und Gesellschaft ganz anders beschrieben werden muss*. Hamburg 2015, S. 296 ff.

13 Volker Weiß: »Ab wann ist konservativ zu rechts?« In: *Zeit online* vom 19.02.2016. http://www.zeit.de/kultur/literatur/2016-02/rechts-konservativ-nassehi-kubitschek

14 Axel Honneth: *Das Recht der Freiheit. Grundriß einer demokratischen Sittlichkeit*. Berlin 2013.

15 Hartmut Rosa: *Resonanz. Eine Soziologie der Weltbeziehung*. Berlin 2016.

Rainer Joedecke
Willkommen in Hoyerswerda

*Die folgende Ausgrabung stammt aus dem Jahre 1992
und wurde erstmals im Kursbuch 107 veröffentlicht.
Nichts Neues, 24 Jahre später!*

Sechs Tage ist es jetzt her, daß man sie weggeschafft hat. Wegschaffen mußte, besser gesagt. Zu ihrer eigenen Sicherheit. Am Montag dem 23. September 1991 hat man sie in Busse verfrachtet, Schwarze aus Ghana, braune Vietnamesen und Rumänen, fast alle weiß, bis auf ein paar Zigeuner. Zweihundertunddreißig waren es insgesamt. Ihr bißchen Hab und Gut konnten sie mitnehmen, ihre Kinder natürlich auch. Dann setzte sich unter dem Beifall einer tausendköpfigen Menge der Konvoi in Bewegung – mit unbekanntem, aus Sicherheitsgründen geheimgehaltenem Ziel.

Obwohl der Abtransport von einer Hundertschaft Bundesgrenzschutz gesichert wurde, flogen bei der Abfahrt doch noch einige Steine gegen die Scheiben der Busse. Aber bis auf einen Vietnamesen, einen »Fidschi«, wie man hier sagt, wurde dabei niemand ernsthaft verletzt.

Heute ist Sonntag der 29. September, der Sonntag danach, und die Hoyerswerdaer feiern ihren Erntedank. Die dreitägigen Festlichkeiten haben schon am Freitag begonnen mit der Eröffnung durch Bürgermeister Ahrendt und Superintendent Vogel, anschließend Bläsermusik des Posaunenchors der evangelischen Kirche. Gestern, so das Festprogramm, war dann um acht Uhr der Beginn des Markts, um zehn Uhr im Bierzelt der Beginn des Ausschanks und auch des Kinderfests, um fünfzehn Uhr gab es »Musik und Bräuche der Sorben mit den Bröthener Blasmusikanten, dem Kinderchor Hoyerswerda und der Trachtengruppe der OS IX«.

Ich bin heute um halb zehn in Hoyerswerda angekommen, zu spät, um den »Festzug mit der Erntekrone zur Johanneskirche« noch mitzuerleben. Der feierliche Gottesdienst hat auch schon angefangen. Superintendent Vogel ist mitten in der Predigt, als ich die Kirche betrete, »... und wir können das nur immer wieder einüben, dieses Leben als Antwort des Dankes. Aber es muß doch in dieser Stadt zu spüren sein, daß hier Christen leben, evangelischen und katholischen Glaubens, diesseits und jenseits der Elster, die eine andere Meinung haben als die, die in diesen Tagen über Hoyerswerda verbreitet wurde. Ein Leben als Antwort des Dankes, Gott zu danken und sein Leben zu teilen ...« Die Kirche ist voll, Alte, Junge, ein paar Sorben in Festtracht.

Durch Kamera und Notizblock als Journalist erkennbar, ernte ich mißtrauische Blicke. Böse Blicke, auch halb böse: etwas ängstlich Angespanntes, Geducktes ist in den Gesichtern und läßt die bösen Blicke verschwimmen. Wenn man zurückblickt, wenden sie sich sofort ab, blicken nach unten, aufs Gesangbuch.

Nach der Predigt verliest der Pastor noch einen Hirtenbrief des Bischofs. »Viele reagieren mit Betroffenheit und Besorgnis auf die immer neuen Nachrichten von gewaltsamen Auseinandersetzungen zwischen Deutschen und Ausländern. Wir bedauern, daß Ausländer und Asylsuchende bei uns auf soviel Feindschaft stoßen und ihnen mit Gewalt begegnet wird. Wir bitten, in einem jeden Menschen zuerst den Mitmenschen und nicht den Fremden zu sehen. Vorgänge wie die in Hoyerswerda schaden uns allen in den neuen Bundesländern. Sie untergraben das notwendige Vertrauen und setzen unsere Menschlichkeit und Politikfähigkeit in den Augen der übrigen Öffentlichkeit herab.« Superintendent Vogel muß husten, einige Gläubige husten gleich mit. Dann fährt er fort: »Sie werfen aber auch die Frage auf, ob man bei der Unterbringung der Ausländer hier verantwortlich genug vorgegangen ist. War es verantwortlich, fast dreihundert Asylsuchende unterschiedlichster Nationalität inmitten der Wohnblocks unterzubringen?« Der Bischof bittet die Politiker, doch zu bedenken, daß die »Situation« hier in Hoyerswerda eine Belastung durch Ausländer einfach nicht vertrage. »Nicht Mauern und Stacheldraht um Asylantenheime werden Lösungen bringen, sondern nur das sehr sensible Wahrnehmen der wirklichen Situation der Bevölkerung!« Nach diesen tröstlichen Bischofsworten drängt es die Gemeinde fast geschlossen zum heiligen Abendmahl.

Vor dem Kirchenportal steht eine bunte Stelltafel mit dem Festprogramm. Jemand hat noch ein DIN-A4-Blatt dazugeklebt, einen Aufruf zu einer antifaschistischen Demonstration, heute um 14 Uhr in Hoyerswerda. Ein langer Text: »In der letzten Woche erlebte dieses Land in Hoyerswerda faschistischen Terror – getragen von weiten Teilen der Bevölkerung und unter den Augen einer schweigenden Mehrheit. Nun, nachdem ein großer Teil der AusländerInnen aus der Stadt vertrieben ist, glauben die BürgerInnen aus Hoyerswerda wieder in Ruhe und Ordnung zur Tagesordnung zurückkehren zu können ...«

Als die Gemeinde aus der Kirche strömt, gibt es neugierige Blicke auf das Manifest. Die meisten lesen nur bis zur zweiten Zeile und wenden sich dann abrupt ab, ohne ein Wort. Einige bleiben länger stehen, studieren den Text zu Ende. Keiner sagt was dazu. Doch in den Mienen steht manches geschrieben. Man sieht förmlich, was ihnen auf der Zunge liegt. Aber hier vor der Kirche und nach dem Abendmahl ...

Auf dem Platz vor dem Rathaus, hundert Meter von der Johanneskirche entfernt, ist der Markt, ein paar Stände mit Obst, Gemüse, Billigkleidung, Modeschmuck, Kosmetik, zwei Bratwurstbuden. Ein Drückerpaar, im allerwindigsten Schick gekleidet, versucht Versicherungen zu verkaufen: »Entschuldigen Sie bitte, wir machen hier eine Umfrage ...« Im Rathauseingang ist eine Musikanlage aufgebaut und bedudelt den Platz mit Kaufhausmusik. Und von der gegenüberliegenden Seite, aus dem Bierzelt, dröhnen die Bröthener Blasmusikanten. Trotzdem liegt eine bleierne Stille über dem Platz. Im Bierzelt sitzen sie stumm und starr vor dem Bier und der Blasmusik. Und draußen sind diese trostlosen jungen Paare mit Kinderwagen. Um die zwanzig erst und schon verhärmt und verblaßt wie die Rentner.

Kein lautes Wort ist zu hören. Bis auf den Holländer, der Trauben verkauft. In einer Ecke des Platzes hat er seinen Lastwagen stehen, vollgeladen mit Puglia-Trauben. Zwei Paletten mit Kilogebinden stehen auf dem Pflaster vor dem Lastwagen. Der Holländer, Mitte fünfzig, steht daneben und kommandiert in scharfem Rudi-Carrell-Deutsch: »Zwei Mark das Kilo Trauben hier. Und hier das Geld hinlegen! Hier hinlegen das Geld!« Er deutet dabei auf seinen Tisch, auf dem schon ein kleiner Silbersee liegt. Die Trauben sind schön und preiswert, die Leute drängeln sich darum. »Los, Leute! Hier das Geld hinlegen!« ruft der Holländer. Und er schaut auf sie mit einem Blick – vielleicht hat er ja mal etwas erlebt, damals im Reich? »Und abgezählt das Geld! Hier hinlegen!«

Manche möchten ja ein bißchen aussuchen, sich ein extra schönes Körbchen ergattern. Aber da gibt es was vom Holländer: »Finger davon weg!« Es ist nicht mehr der geringste Rest Scherzhaftigkeit in seinem Ton. »Nicht aussuchen! Früher haben Sie doch auch genommen, was da war!« Da zucken sie zusammen, nehmen ganz schnell das nächstbeste Körbchen und legen das abgezählte Geld auf den Tisch des Holländers. Der schaut gar nicht hin auf das Geld. Und durch die Leute schaut er durch, glatt durch.

Und keiner muckst. Und keiner wagt ihm in die Augen zu sehen, dem Holländer.

Sie haben da neulich so ein kleines Pogrom veranstaltet, die Leute von Hoyerswerda. Das heißt, die Leute selbst eigentlich nicht, die Bürger also. Weil, das ist ihnen allen klar, und das bekennen sie auch öffentlich und ungefragt: »Ausländer sind ja auch Menschen!« Und gegen Gewalt sind sie alle, die Bürger hier. Nur, da gibt es eben jetzt diese Rechtsradikalen, die Skinheads, die »Glatzen«. Mal abgesehen von den Modeglatzen sind das, nach zuverlässigen Schätzungen, etwa 20 Mann, die man zum harten Kern zählen kann.

Und diese 20 Mann haben das in die Hand genommen, die Sache mit den Ausländern.

Angefangen hat es am Dienstag dem 17. September, im Zentrum vor dem »Haus der Berg- und Energiearbeiter«. Da haben sie zuerst einmal die Fidschis gejagt, die dort immer geschmuggelte Zigaretten verkaufen. Die kriegten es mit Baseballschlägern und mit Tischbeinen. Und als sie die dann weggeputzt hatten, ohne irgendeine Behinderung durch Bevölkerung oder Polizei, sind sie weitergezogen zur Albert-Schweitzer-Straße, mit Steinen und Brandflaschen bewaffnet, um dort das Ausländerheim zu stürmen. Die Vietnamesen und Moçambiquaner haben sich aus den Fenstern verteidigt, sie hielten dem Angriff zwei Stunden stand. So lange dauerte es nämlich, bis schließlich die Polizei eintraf und in letzter Minute die Erstürmung des Hauses verhinderte. Am nächsten Tag ging der Krieg weiter in der Albert-Schweitzer-Straße, und dann waren auch die Asylanten in der Thomas-Müntzer dran. Eine ganze Woche ging das so, dann hatten die Glatzen gesiegt: Polizei und Bundesgrenzschutz sahen sich außerstande, die Ausländer in Hoyerswerda noch weiterhin zu schützen. So hat man sie eben weggeschafft an einen unbekannten Ort. Von einem kräftigen »Sieg Heil!« begleitet. Da war dann Hoyerswerda praktisch ausländerfrei.

Der unschöne Vorfall brachte die Stadt in die Medien – international –, es wimmelte hier von Journalisten aus aller Welt. Deshalb sah sich die Stadtverordnetenversammlung veranlaßt, eine Presseerklärung herauszugeben, die diese »Ereignisse« (so das Papier) ins rechte Licht rückte. Kernsatz der Erklärung: »Alle Fraktionen der Stadtverordnetenversammlung stehen hinter der Entscheidung, die ausländischen Bürger zunächst aus unserer Stadt in Sicherheit zu bringen. Wir sehen es nicht als ein Nachgeben gegenüber den rechtsradikalen Gruppierungen oder gar einen Sieg der Gewalt. Diese in Abstimmung mit allen politische Verantwortung Tragenden in Stadt, Kreis und Land getroffene Maßnahme diente dazu, eine weitere Eskalation zu vermeiden und Ruhe sowie Sicherheit wieder herzustellen.« Das Papier ist unterzeichnet von allen Fraktionsvorsitzenden: CDU/DSU, PDS, SPD, FDP, Grüne ...

Die Bürger von Hoyerswerda haben sich an den Ausschreitungen natürlich nicht beteiligt. Nur Sprechchöre haben sie dazu gemacht: »Brennt die Bude doch ab!« und »Ausländer raus!« und »Kalaschnikow her und reinhalten!« Und geklatscht natürlich. Aber an den eigentlichen Gewalttaten waren die Bürger hier nicht beteiligt. Sie haben sich das Spektakel halt angeschaut. »So eine Randale war ja für die Leute hier was Neues. Sowas gab's ja früher nicht, weil da die Stasi alles im Griff hatte«, sagt Herr Zeidler, Lehrer an der Polytechnischen Oberschule (POS) 23. »Und da sind sie eben alle hingepilgert, als das in der Thomas-Müntzer losging, mit Familien und Kinderwagen und Bier, so wie sonntags früher in den Wald.«

Heute, zum Erntedankfest, haben sich die Autonomen angesagt. Und sie kommen auch, gegen halb drei, mit Bahn und Bussen und PKWs, aus Kreuzberg, aus Frankfurt, aus der Hafenstraße. An die dreitausend Leute. Sie ziehen durch die Stadt und sagen diesen Bürgern hier die Meinung, daß es fetzt. »Barbaren seid ihr! Die Ausländer habt ihr beleidigt! Eine Schande ist das!« kommt es über Lautsprecher. »Da denkt mal drüber nach!« Und die Sprechchöre: »Nazis vertreiben / Ausländer bleiben«, »Haut die Naziglatzen / bis sie platzen«. Wie die Racheengel kommen sie über Hoyerswerda, die Autonomen. Und fassungslos hören und sehen die Bürger sich das, aus den Fenstern hängend, in Hauseingänge gedrückt. Und sie müssen mit ansehen, wie ihre Häuser beschmiert werden mit »Nie wieder Deutschland!« und »Nazis raus!«. Dann wird auch noch Pflaster aufgerissen, als der BGS den genehmigten Zug einfach abblocken will. Da fliegen Steine. Und Autos werden beschädigt. Autos! Und ein paar Glatzen fischt man sich auch aus den Hauseingängen, die kriegen kräftig was auf die Mütze.

Ein wilder Junge um die sechzehn springt auf eine Gruppe Bürger zu, die sich in sicherer Entfernung postiert haben, brüllt sie an: »Was gibt's denn hier zu glotzen! Ihr habt lange genug zugeschaut, ihr Wichser!« Ob die denn wohl diese Demo verstehen, die braven Bürger, frage ich den Jungen. »Das ist doch unwichtig«, sagt er. »Hauptsache, sie vergessen diese Demo nicht. Die sollen da noch lange dran denken!« Irgendwann höre ich, wie eine Zuschauerin in den Vierzigern zu ihrem Begleiter sagt: »Ich verstehe das nicht, Heinz, wieso randalieren die denn jetzt noch? Die Ausländer sind doch jetzt weg!«

Am Montag ist dann wieder Ruhe in der Stadt. Es grummelt nur noch so ein bißchen im Volk, wegen gestern. Hier und da sieht man sie grüppchenweise vor den beschmierten Fassaden stehen, kopfschüttelnd die Schäden begutachtend. »Das darf doch nicht wahr sein«, ist da zu hören, und: »Das sind doch keine Menschen mehr, das sind Tiere! Tiere sind das!« Und von »Totschlagen« ist einige Male die Rede. Aber das sind halt so Reden, unbedacht, im Affekt.

In der Liselotte-Hermann-Straße fotografiere ich ein Verkehrsschild mit Autonomen-Aufkleber. Ein Alter auf dem Fahrrad hält neben mir, starrt mich stumm an. Ich frage ihn, was anliegt. »Die sollten sie alle zum Teufel jagen!« bricht es aus ihm heraus. »Wen zum Teufel jagen?« – »Na die aus Hamburg und Berlin! Was geht denn die das an! Das ist hier unsere Sache.«

Es gibt auch andere. Auf dem Lausitzer Platz sehe ich eine alte (deutsche) Frau, die eine junge Vietnamesin herzlich begrüßt und umarmt. Fünfzig Meter weiter tanzen zwei Dreikäsehochs mit Schulranzen auf einem niedrigen Mäuerchen herum, auf dem ein Fidschi seine Ware ausgelegt hat. »Ausländer raus! Ausländer raus!« krähen sie fröhlich, als wäre das ein gelungener Spaß. Es beachtet sie aber niemand, und so wird ihnen das Spiel bald langweilig.

Am späten Vormittag beginnt man mit der Säuberung der Stadt. Mehrere Putzkolonnen sind unterwegs mit Hochdruckspritzen, Bürsten und »Graffiti-Ex« und säubern die Fassaden von den antirassistischen Parolen. Die Nazi-Sprüche, die Hakenkreuze in Toreinfahrten und an anderen geschützten Orten läßt man da, wo sie sind. Die stören hier niemand groß. Nur in der Einfahrt zum Wohnheim in der Albert-Schweitzer-Straße werden das Hakenkreuz und das »Neger raus!« übertüncht. Aber da treiben sich ja auch den ganzen Tag die Journalisten herum und filmen und fotografieren die verbliebenen Neger vor dem »Neger raus!«.

Nachmittags bin ich im Rathaus mit Ulf Scholz verabredet, dem Pressereferenten der Stadt. Herr Scholz beklagt sich über den »Presserummel« und die »Sensationsberichterstattung«, die dem Ansehen der Stadt schweren Schaden zugefügt hätten. »Überhaupt«, meint Herr Scholz, »wenn da nicht jeden Tag in den Medien so groß und breit darüber berichtet worden wäre, dann wär das alles ganz anders gelaufen. So hat doch der letzte Penner in Berlin gewußt, was hier los ist.« Herr Scholz zählt mir die Schäden des gestrigen Tages auf: Schäden an Verkehrszeichen, Werbevitrinen, Autos, Fassaden, Pflasterung, Grünanlagen – eine halbe Million an Schaden soll insgesamt entstanden sein. Wieviel Schaden denn die Rechten angerichtet hätten, frage ich ihn. »Da kann ich Ihnen jetzt keine Summe nennen«, sagt Herr Scholz. »Jedenfalls sind die Nazischäden verschwindend gering dagegen.«

Dann sprechen wir ein bißchen über Ausländerfeindlichkeit und wie das alles hier so kam. »Es gab hier schon immer Spannungen, schon seit den siebziger Jahren«, sagt Herr Scholz, »Spannungen dahingehend, daß die Bürger durch eine gesetzlich verordnete Ausländerfreundlichkeit gesehen haben, daß Ausländer Privilegien genießen, Privilegien dahingehend, daß sie Visa besaßen und im Westen einkaufen konnten. Und dieser Frust von damals kommt jetzt raus. Die Leute hier sind nicht nachtragend, aber sie können eben nicht vergessen.« Ob er sich denn vorstellen könne, daß wieder einmal Asylanten in Hoyerswerda untergebracht würden? »Selbstverständlich!« sagt Herr Scholz im Brustton. »Ich hoffe sogar, daß wieder welche kommen. Wir sind doch keine ausländerfeindliche Stadt! Es müßten dann allerdings schon anerkannte Asylanten sein. Und zur Zeit wäre das wahrscheinlich unklug, politisch unklug.«

Die Gemüter müßten sich zuerst beruhigen, meint Herr Scholz. »Wir müssen jetzt einfach mal Ruhe in die Stadt reinbringen. Da muß Ruhe rein, damit der ganz normale Alltag wieder läuft, der ewige Trott.« Ulf Scholz ist zuversichtlich: »Ich bin fest davon überzeugt, in einer Woche hat die Stadt das vergessen, was hier passiert ist.«

Beim Bürgermeister, Herrn Ahrendt, einem Wessi aus Bad Münstereifel, bin ich dann auch noch kurz. Der sagt mir ebenfalls, daß Ruhe die erste Pflicht sei. »Es muß jetzt einmal eine Zeit der Ruhe kommen, wo man sich mit den allgemeinen Aufgaben dieser Stadt beschäftigen kann.« Sonst sagt der Bürgermeister nicht viel. Nur daß das eigentlich niemand so gewollt hat hier.

Am Honoratiorenstammtisch im Ratskeller wird wieder einmal laut über die ganzen Niggers räsoniert. Und über die Fidschis und die Kameltreiber und die Schneebällchen und wie sie hier alle heißen. Jedes ausländische Volk nach seiner Art. Ich sitze am Tresen und bemühe mich, nicht so genau hinzuhören. Da fliegt plötzlich die Schwingtür am Eingang auf, und eine Parfumwolke fetzt in den Raum. Es ist die Superblonde im kleinen Schwarzen, offen bis zum Nabel, die ich vor zwei Tagen schon einmal im City-Hotel gesehen habe, zusammen mit ihrem Kerl.

Der Bezirksschornsteinfegermeister samt der übrigen Schar verstummt auf der Stelle, überwältigt, wie abgewürgt, als die Blonde auf high heels, wiegend und wippend an den Tresen geht und sich auf den Hocker neben mir setzt. Wir kommen ins Gespräch. Lilli heißt sie und ist Grazerin. Ihr Hobby, sagt sie, sind Männer. Und ihr Beruf auch. Sie bestellt sich eine Gulaschsuppe mit einem Glas Schampus und lacht so gurrend und girrend, daß den zwei Jungs neben mir am Tresen fast die Augen rausfallen vor Andacht, und sie müssen ganz trocken schlucken. Lilli hat zuletzt in Pirmasens gearbeitet. Dann ist ihr »Finanzberater«, so nennt sie ihn, weg in die Bautzener Gegend. Und in Pirmasens war's nichts Rechtes mehr, zwanzig Clubs für nur vierzigtausend Einwohner. So ist sie schließlich, vor drei Wochen, hier gelandet, im neueröffneten Beate-Uhse-Laden mit angeschlossenem Puff im ersten Stock eines Einfamilienhauses, in der Altstadt von Hoyerswerda.

Das Geschäft floriert, wie Lilli erzählt. Da wären nur noch Personalprobleme. »Des is a totaler Schmarrn, wie es amal in der Zeitung g'heißen hat, daß mir da drei Thailänderinnen hätten! Solche falschen Berichte in der Presse sind echt geschäftsschädigend. Weil da kommt der Gast und will Gott weiß was erleben, aber da bin nur ich und die Chefin und a Aushilfe am

Mittwoch und am Freitag. Und da ist keine Thailänderin oder a Rumänin, wo's doch so scharf drauf wärn. Das kann man mit dem Gast nicht machen. Weil dann ist der enttäuscht und kommt vielleicht nimmer.«

Die Gäste seien in Ordnung, meint Lilli, »alles liebe, brave Bürger, charmant, zugänglich und liebenswert«. Bessere Leute meist, weil oben im ersten Stock – mangels Konkurrenz – die Preise auf Weltstadtniveau liegen. Die Flasche Sekt kostet 300 Mark inclusive kleiner Gefälligkeiten, und dann geht's weiter ... »Aber«, sagt Lilli, »mir hamm ja unten im Parterr auch was für den kleinen Mann von der Straße. Da haben wir Videokabinen und hinten noch so a Sexkino. Da kann der kleine Mann sich auch fühlen.«

»Es geht doch hier eigentlich gar nicht um die Ausländer, das ist doch nur ein Ventil«, sagt Herr Bialas. Herr Bialas ist Handwerker, 53 Jahre alt. Ich treffe ihn auf der Straße vor dem Ausländerwohnheim, im Gespräch mit einer Bekannten, Frau Streckel, 54, Angestellte bei der Wohnungsgenossenschaft. Beide wohnen seit etwa fünfzehn Jahren hier, Herr Bialas direkt neben dem Wohnheim, Frau Streckel schräg gegenüber.

»Die Ausländer sind doch nicht schuld an der ganzen Misere«, meint Herr Bialas, »es geht doch um viel tiefere Dinge. Die Menschen hier sind in eine Situation geraten, wo sie nicht mehr ein noch aus wissen. Da suchen sie einen Sündenbock, und das sind nun die Ausländer. Und wenn die Ausländer weg sind alle, soll ich Ihnen sagen, was dann kommt? Da kommen die alten Leute dran, dann kommen die Gehbehinderten dran, und wenn man die auch weghat, dann wird man sich andere suchen.«

Ich hätte gehört, sage ich, daß die Ausländer hier die deutschen Frauen und Mädchen belästigt hätten.

»Wie bitte!« sagt Frau Streckel und holt tief Luft. »Wer hat Ihnen denn das erzählt!« – »Eine Gruppe junger Mädchen hier aus dem Viertel«, sage ich. »Ich werd verrückt«, sagt Frau Streckel. »Jetzt wohn ich doch schon an die fünfzehn Jahre hier, und ich hab immer nur gesehen, wie die Mädels den Schwarzen hinterhergekrochen sind. Im Staub sind die gelegen für ne Westmark – *so* ist das doch gewesen! Und jetzt haben sie's auf einmal vergessen!«

Ob sie selber einmal etwas Unangenehmes mit Ausländern erlebt habe, frage ich. »Ein Ausländer ist mir noch nie blöde gekommen«, sagt Frau Streckel, »aber unsere Jugend mehr als öfter! Wenn die da bei uns im Block was kaputtgemacht haben und ich sage: muß das sein, bring das wieder in Ordnung, da krieg ich dann zu hören: ›Halt die Schnauze, Alte, sonst kriegste eene druff!‹ Bei Ausländern, ob's die Vietnamesen sind, ob's die Schwarzen sind, die Polen oder die Tschechen oder die Ungarn – nicht einer! Immer höflich, immer nett!«

»Genau so ist es«, sagt Herr Bialas. »Trotzdem ist dieser Ausländerhaß bei den meisten Leuten hier drin. Das sind doch nicht nur die Neonazis hier, die sind nur die nützlichen Figuren für Herrn Kohl und all die anderen. Weil diese Nazis, diese paar Mann, die tun doch nur für uns die schmutzige Arbeit. Und wenn man wollte, dann könnte man die zertreten wie ne kleene Laus. Warum hat man das hier alles geduldet? Da stand die Polizei, und keiner hat was gemacht. Niemand hat was gemacht dagegen!«

Er lag einmal neben einem Moçambiquaner im Krankenhaus, »und mit dem hab ich mich dann angefreundet. Der hat mir von seiner Heimat erzählt, daß sie dort im Krieg leben, nur Krieg und Hungersnot. Da wurde mir klar, daß wir viel zuwenig von diesen Menschen wissen.«

Vor der Wende lebten etwa tausend Ausländer in Hoyerswerda. Sie teilten sich in zwei Gruppen mit unterschiedlichem Status. Da waren zum einen die »Werksvertragsarbeitnehmer« aus befreundeten Staaten der Dritten Welt, aus Angola, Moçambique, Algerien und Vietnam. Diese Gruppe war in Wohnheimen untergebracht, in der Albert-Schweitzer-Straße etwa, streng kaserniert, mit Ausgangsbeschränkung und Besuchskontrolle durch den Pförtner. Diese Ausländer brauchte man für die Schmutzarbeit in den Phenolbereichen von »Schwarze Pumpe« und im schlimmsten Dreck der Braunkohletagwerke – Arbeiten, für die kein Deutscher zu kriegen war, es sei denn die Jungs aus dem »Haftarbeitslager Schwarze Pumpe«, die mußten auch ran an das Phenol und den Dreck. Ein Teil des Lohns dieser Arbeiter wurde direkt an ihre Herkunftsstaaten gezahlt, so eine Art sozialistischer Sklavenhandel. Die zweite Ausländergruppe bildeten Facharbeiter und Ingenieure aus den »sozialistischen Bruderländern«, vor allem aus Polen und Ungarn. Diese Gruppe unterlag nicht der Kasernierung und konnte auch die Familie mitbringen. Ungeachtet solcher Unterschiede aber hatten alle Ausländer, Dritte Welt wie Bruderländer, Visa für den Westen und somit auch Devisen. Und alle standen unter dem besonderen Schutz des Staates.

»Wenn es da Auseinandersetzungen mit Ausländern gab, dann hat man das ganz schnell unterdrückt«, sagt Frau Hypko, Ausländerbeauftragte des Kreises. »Weil das sonst Verwicklungen gegeben hätte auf Regierungsebene, weil die ja auf Regierungsabkommen hier waren. So hat man versucht, diese Ausländer ein bißchen zu schützen, damit es keinen diplomatischen Ärger gibt.«

Zum Zeitpunkt der »Vorkommnisse« lebten noch etwa 350 Ausländer in Hoyerswerda, 230 davon Asylanten. 350 in einer Stadt von 70 000 Einwohnern – ein lächerlich niedriger Prozentsatz. Gleichwohl waren das anscheinend immer noch 350 Ausländer zuviel für die Hoyerswerdaer, waren die

Einheimischen dieser seelischen Belastung nicht mehr gewachsen, wie der Bischof sagte. Und wie alle Parteien hier einmütig meinen.

Frau Kettwig (nennen wir sie so) klagt über die Schüler, die morgens zum Unterricht ihre Lehrer mit »Sieg Heil« und »Heil Hitler« begrüßen. Frau Kettwig ist Rektorin an einer Oberschule hier und macht sich Sorgen, was da noch alles draus entstehen könnte. »Sicher«, meint sie, »sind das meistens nur dumm nachgeplapperte Sprüche«, aber trotzdem, irgend etwas müsse man schon dagegen unternehmen. Das sächsische Kultusministerium habe sich auch schon dazu geäußert, sagt mir Frau Kettwig, und zwar anläßlich des allgemeinen Rundschreibens an alle Schulleiter zu Beginn des Schuljahres 1991. »Mit Sorge betrachte ich die extremistischen Tendenzen innerhalb der Jugend in Sachsen«, schreibt da die Ministerin Stefanie Rehm. »Dieses Problem muß in aller Öffentlichkeit diskutiert werden. Deshalb habe ich die Durchführung eines Aktionstages zum Thema ›Extremismus‹ an allen sächsischen Schulen für Ende Oktober angeregt. In dieser Angelegenheit werde ich mich in Kürze nochmals an Sie wenden ...«
Das Rundschreiben stammt vom 19. August. Inzwischen ist der 10. Oktober ins Land gegangen. Und allerlei passiert ist hier inzwischen auch. Die Ministerin aber hat sich nicht mehr gemeldet. (Übrigens auch nicht bis zum 8. November, als ich nochmal nachfrage.) Wäre wohl auch »politisch unklug«, jetzt so einen Aktionstag zu veranstalten.
Frau Kettwig fühlt sich ziemlich alleingelassen von ihrem Dienstherrn. Sie würde ja gerne was tun, »gerne mit den Schülern darüber ins Gespräch kommen«, aber: »Wir sind Lehrer, ehemalige DDR-Lehrer noch dazu, und da gibt es so eine Distanz von den Schülern her, die fast unmöglich zu überbrücken ist. Das müßten eigentlich Außenstehende machen, so eine Veranstaltung.«
»Woher, glauben Sie, kommt diese Ausländerfeindlichkeit bei den Bürgern von Hoyerswerda«, frage ich die Rektorin. Frau Kettwig schweigt ein paar Sekunden, und in diesen Sekunden geht in ihr eine sichtbare und dann auch hörbare Verwandlung vor. Aus der papiertrockenen braven Lehrerin Frau Dr. Jekyll wird im Augenblick die Putzfrau Mrs. Hyde, in die unscheinbaren Augen kommt Glanz, in die dünne Stimme Klang. Und sie hebt an:
»Wir haben miterlebt diese Reisefreiheit bei den Ausländern. Ich meine, ICH hab's geschluckt! ICH hab darüber nicht gesprochen. Und dann waren sie auch im Besitz der sogenannten Devisen – WIR nicht! ICH hab's weggesteckt!«
So ganz wohl nicht. Von Satz zu Satz kommt immer mehr der Putzfrauen-O-Ton. Und das alles in das laufende Tonband vor ihr gesprochen, in An-

wesenheit eines Kollegen auch noch. »Ha!« sagt sie, und man ahnt das scharfe »ß«, das sie gerade noch unterdrückt, »was denken Sie, was da mit den Frauen war! Bei mir im Haus, da hat doch eine gewohnt, die ist nur mit denen ins Bette gegangen! Die hat sich die Ausländer haargenau ausgesucht, die über Devisen verfügten. Hab ich ihr auch gesagt. Sie wollt es nicht wahrhaben. Ich sag, Frau Lühe, sag ich...« Sie sagt das dann doch nicht, kann's gerade noch verschlucken. »Und dann weiter«, fährt sie fort, »ich wohne seit '64 hier, ich hab das erlebt, wie die Wohnblöcke hochgezogen worden sind. Als da dieser hübsche Wohnblock gegenüber dem »Centrum« fertig war, wer ist da reingesetzt worden?!« Dramatische Pause. »Die *Ungarn*! Mit ihren Familien! Die haben dieses Haus dann später geräumt und übergeben in einem saumäßigen Zustand! Meine Freundin wohnt drinne, also ich weiß, wovon ich spreche. So, das spricht sich rum. Also ich, mein Gott, ich äußere mich in der Familie dazu, aber dann war das ansonsten erledigt irgendwie. Nicht daß ich da gegen diese Ungarn jetzt losziehe! Aber solche einfachen Leute, die als Maschinisten hier arbeiten und jahrelang um eine Wohnung gekämpft haben: Da staut sich was auf!«

Frau Kettwig schaut mich an, und ich schaue sie an. Dann verwandelt sie sich wieder, findet ihre normale dünne Stimme wieder, ihren normalen dünnen Blick. »Ist ja nicht in Ordnung, was hier passiert ist«, sagt sie leise, »aber...«

Aber... Aber die Mehrheit hier denkt und fühlt so wie Frau Kettwig. Manche können sich nur besser beherrschen, zeigen ihren Haß auf die Ausländer nicht so deutlich. ›Haß‹ muß man schon sagen, ›Feindlichkeit‹ wäre zu wenig. Ausländerfeindlich sind die Deutschen ja schon immer gewesen. In der ehemaligen DDR ist daraus blanker Haß geworden. Und der Grund dafür tritt offen zutage, wird in jedem Gespräch sichtbar: die Privilegien der Ausländer hier zu DDR-Zeiten, die Reisefreiheit, die Kauffreiheit.

Natürlich hätten sie ihren Staat dafür hassen müssen, die Partei, die ihnen diese selbstverständlichen Freiheiten vorenthalten hat. Aber wie soll man einen Staat hassen, so ein amorphes, unfaßbares Gebilde? Und dann noch den eigenen Staat, sich selbst also letztlich? So hat man eben stellvertretend die Ausländer gehaßt. Im stillen und klammheimlich. Denn öffentlich durfte man sie ja nicht hassen damals. Da war die »Völkerfreundschaft« vor und die »internationale Solidarität«.

Dann war dieser Staat hier weg und damit auch alle Dämme, die dreißig Jahre lang diesen Haß mühsam in den Herzen verschlossen hielten. Natürlich nennt hier keiner seinen Haß beim Namen, von ein paar Glatzen mal abgesehen. Man hat inzwischen schon seine ganz sachlichen Argumente, warum man, nicht gegen Ausländer im allgemeinen, aber gegen die Auslän-

der hier in Hoyerswerda ist. Es sind immer die gleichen Dinge, die da kommen, immer die gleiche Litanei, wie auswendig gelernt: Die Ausländer nehmen uns die Arbeit weg. Die Ausländer leben von unseren Steuergeldern. Die Ausländer sind laut. Die Ausländer sind schmutzig. Die Ausländer sind anders. Die Ausländer stillen ihre Kinder auf der Straße ...
Wenn man dann, ein bißchen nur, dagegen argumentiert, stößt man schnell auf Hilflosigkeit, Gestammel. Doch dann kommt, als letzter Trumpf (wie oft ich das hören mußte hier in Hoyerswerda!): »Sie haben ja keine Ahnung, wie das mit den Ausländern hier war! Die haben doch auf einer Wiese sogar mal Schafe geschlachtet!« Darauf folgt regelmäßig der triumphierende Blick. Und wirklich, was soll man diesen braven Deutschen hier, denen es schon als Sakrileg erscheint, wenn man mit Straßenschuhen ihre Wohnung betritt, was soll man ihnen darauf noch erwidern?

Vor etwa tausend Jahren waren sogar die Deutschen mal Ausländer hier. Sofern ein Deutscher überhaupt Ausländer sein kann. Jedenfalls war dieser Landstrich um Hoyerswerda, die Lausitz (von slawisch ›Luza‹, Sumpfland) vor tausend Jahren im Besitz der Sorben, eines slawischen Volksstamms. Waldmenschen waren das, Heiden, Götzenanbeter. Ihre Götter wohnten in den Wäldern, in den Sümpfen, an silberglänzenden Wasserläufen, in tiefschwarzen Moorseen: »Siwa«, die Lebenspendende, oder »Mara«, die Schwarze, die Todesgöttin. Sie hatten einen Gott der Bienen, einen Gott der Fische und eine – blauäugige – Kuhgöttin.
Dann kamen die Deutschen, Christen mit Kreuz und Schwert. Im Jahre 923 brach ein deutscher Heerhaufen, unter Führung Kaiser Heinrichs I. und des Herzogs von Sachsen, in das Sorbenland ein. Und in einer großen Schlacht, der »Wendenschlacht« am Koschenberg, wurden die Sorben ein für allemal geschlagen. Die »Christianisierung« dauerte dann rund hundert Jahre. Die Kirche hatte ihre Not mit den unterworfenen Heiden, die es immer wieder zu ihren Heiligtümern in Wald und Heide zog. Überliefert ist die Klage des Bischofs Boso von Merseburg: »Ich habe sie das ›kyrie eleison‹ gelehrt. Aber hartnäckig singen sie ›kyrku olsa‹ statt dessen, das heißt in ihrer Sprache ›im Busch die Erle‹.« Um die Mitte des 11. Jahrhunderts war dann »die deutsche Kultur und christliche Religion hier endgültig gesichert«, wie es in einem Heimatbuch aus den zwanziger Jahren heißt. Die eingewanderten – freien – Bauern aus Franken, Bayern, Hessen und Thüringen hatten das Land in Besitz genommen und die Sorben als Leibeigene dazu.
Die Lausitz war deutsch hinfort. Und aus der ehemaligen wendischen Wasserburg Wojerec, an einer sanften Biegung der schwarzen Elster gelegen, wurde das Dorf, der Markt und – 1423 – die Stadt Hoyerswerda. Im Jahre

1293 erließen die Deutschen ein Verbot der sorbischen Sprache. Doch das war nicht durchsetzbar, scheiterte am zähen Widerstand der Wenden, die auch als Leibeigene unbeugsam waren. Auch die Christianisierung der Sorben blieb oberflächlich. Aus Mara, der Schwarzen, wurde eben eine – ebenfalls schwarze – Maria. Und aus Siwa machten sie Sibylla. So bewahrten sie ihre Götter vor den deutschen Christen. Im Busch die Erle.

Die Leibeigenschaft in der Lausitz bestand bis 1832. Dann wurden die Sorben, als letzte im deutschen Raum, schließlich auch zu Freien. Doch richtig deutsch mochten sie trotzdem nicht werden, auch nach 900 Jahren deutscher Herrschaft nicht. Sie hielten an ihrer Sprache fest, einer sanften, wohlklingenden Sprache, behielten ihre Sitten und Gebräuche, trotz der fortdauernden germanischen Repression. Um 1912 hatten sie gar die Chuzpe, hier, in Hoyerswerda, einen Verband der Sorben zu gründen, die Domowina, ›Heimat‹ zu deutsch, mit dem Fernziel, aus der Lausitz wieder Sorbenland zu machen. Doch derlei Bestrebungen wurde bald ein Ende gesetzt. Als 1933 die Nationalsozialisten an die Macht kamen, wurde die Domowina aufgelöst; der Gebrauch der sorbischen Sprache und jedwede sorbische Kultur in Sprache, Schrift und Sitten wurden verboten, die Sorben zum »führerlosen Arbeitsvolk« erklärt und aufs neue germanisiert.

Die – deutschen – Hoyerswerdaer waren so gute Faschisten, wie man es sich nur wünschen konnte. Bis zum bitteren Ende. Wegen des heftigen Widerstandes bombardierten die Russen noch am 18. April 1945 die Stadt und legten ein Drittel der Häuser in Schutt und Asche. Am 20. April wurde Hoyerswerda von den Russen erobert, »brachte die ruhmreiche Sowjetarmee dem deutschen Volk die Befreiung vom Joch der Naziherrschaft«. So die offizielle Geschichtsschreibung. Es gab ein paar Verhaftungen, ein paar Erschießungen von exponierten Nazis, dann war Hoyerswerda nazifrei und – bis zum nächsten bitteren Ende, im Jahre 1989 – »antifaschistisch«. So wie die gesamte sowjetische Besatzungszone, die spätere DDR.

Ein Jahr nachdem so die Russen die Nazis befreit hatten, kriegten die Deutschen hier auch wieder ihre Partei. Eine einzige Einheitspartei, der Einfachheit halber. Wie gehabt und gewohnt. Sie übernahm die Führung des Volkes, Arbeiterklasse jetzt genannt, und das Denken dieser Arbeiterklasse übernahm sie auch gleich wieder.

Nur die Sorben, die »Wendischen«, machten wieder Ärger. Kaum war der Krieg vorbei und der Russe im Haus, da gründeten sie – am 10. Mai 1945 – in Hoyerswerda ihre alte Domowina neu, noch bevor die deutsche Partei wieder Tritt gefaßt hatte. Die Wendischen hatten natürlich gute Karten durch ihre russischen Brüder, da war nichts zu machen diesmal. Als ein Jahr später die deutsche Partei wieder da war, blieb ihr nichts anderes übrig, als die

Domowina anzuerkennen, zu umarmen gar. »Das deutsche Volk beweist hier in der Lausitz, daß es sich losgesagt hat von jeglichem Völkerhaß, zu dem es jahrzehntelang erzogen ward, daß es bemüht ist, gemäß den Prinzipien der Partei der deutschen Arbeiterklasse mit allen Völkern in Freundschaft und gegenseitiger Achtung zu leben.« So sagt es eine Broschüre aus dem Ministerium des Inneren, Hauptabteilung Sorbenfragen.

Am 23. März 1948 erließ die Partei dann, im Gegenzug gewissermaßen, ein »Gesetz zur Wahrung der Rechte der sorbischen Bevölkerung«. Ein gutes deutsches Gesetz. Da heißt es im § 5: »Zur Lenkung und Förderung des sorbischen Kulturlebens wird ein sorbisches Kultur- und Volksbildungsamt mit Sitz in Bautzen errichtet, das dem Ministerium für Volksbildung untersteht.« Vor diesem Gesetz mußte allerdings erst die Führung der Domowina ausgetauscht werden, eine Führung, so die Broschüre, »die ihre Mitgliedschaft zum nationalen Haß gegen alles Deutsche erzog«, eine Führung, die obendrein »nichts aus der Vergangenheit gelernt hatte«. Denn: »Selbst als im Jahre 1927 die Fraktion der KPD im sächsischen Landtag eine Gesetzesvorlage zum Schutz der nationalen Rechte der Lausitzer Sorben einbrachte, reagierte die Leitung der Domowina mit provokatorischen Ausfällen.« So sind sie nun einmal, die Wendischen. Schließlich fand die Partei dann doch den rechten Sorbenführer. Krenz hieß er, Kurt in diesem Fall, nicht Egon. Und der Kurt, der machte das dann. So gut, daß schon im Jahre 1951 der erste Staatspräsident der DDR, Wilhelm Pieck, auf dem Marktplatz zu Bautzen ausrufen konnte: »Es lebe das sorbische Volk!« Auf sorbisch, wie die Broschüre zu bemerken nicht vergißt. Herr Krenz erklärte bei seiner feierlichen Inauguration, daß er »keine separatistischen Ziele« mehr verfolge und in Zukunft bemüht sein werde, »aktiv zum Aufbau unserer gemeinsamen deutschen Heimat« das Seine beizutragen. Und wirklich, die Sorben des Kurt Krenz gaben ihr Bestes. »Zahlreiche Sorben sind Aktivisten und verdiente Aktivisten«, vermerkt die Broschüre von 1955. »Die Brigade ›Kurt Krenz‹ des Schamottewerks Wetro trägt den Titel ›Brigade der ausgezeichneten Qualität‹.«

Jetzt sind ja die Russen weg, die Wendenbrüder. Und die Partei auch. Die Hoyerswerdaer Straßen kriegen, wie überall, neue Namen. Ganz ohne Sorben-Schnickschnack: Mit der verordneten Zweisprachigkeit ist es vorbei. Ich frage die Ausländerbeauftragte der Stadt, ob es jetzt Reibereien gebe mit den Sorben. »Momentan noch nicht«, sagt Frau Hypko. »Aber man weiß natürlich nicht, wer als nächster dran ist.«

»In den Nachmittagsstunden des 10. August 1955 vollzog die Vorsitzende des Rates des Kreises, Genossin Gertrud Grauer, den ersten Spatenstich.« Mit diesem Spatenstich hatte Genossin Grauer die Ehre, ein »gigantisches nationales Aufbauwerk« symbolisch in Gang zu setzen, den Aufbau der neuen »sozialistischen Wohnstadt« Hoyerswerda, »fest eingebettet in die letzte Entwicklungsetappe der Übergangsperiode vom Kapitalismus zum Sozialismus in unserem Lande«. Der IV. Parteitag der SED hatte nämlich beschlossen, für die bessere Brennstoff- und Energieversorgung das Braunkohleveredelungswerk Schwarze Pumpe zu bauen und die dafür benötigten Arbeiter im benachbarten Hoyerswerda anzusiedeln. »Schöpferische Träume – von Partei und Staat zum Beschluß erhoben – formulierten den Aufbau des Kombinats Schwarze Pumpe und der Wohnstadt Hoyerswerda.« Die schöpferischen Träume wurden in »Großplattenbauweise« realisiert. Gegenüber der Altstadt, am anderen Ufer der schwarzen Elster, entstand – gleichzeitig mit dem 15 km entfernten Energiekombinat Schwarze Pumpe – die neue »Wohnstadt« Hoyerswerda, wurde »erfolgreich der Nachweis erbracht, daß es möglich ist, eine ganze Stadt in industrieller Bauweise zu errichten«.

Genauso sieht Hoyerswerda aus, und so sollte es auch aussehen. Die industriell gefertigte Wohnplattenstadt begeisterte die Führer der Partei. »Ich habe bei Ihnen den Anfang einer neuen Stadt gesehen«, rief Otto Grotewohl am 4. August 1959 den Hoyerswerdaern zu. »Das wird eine glückliche Stadt sein! Was hier wächst, ist auch der Anfang eines neuen menschlichen Glücks!«

1955, vor dem Beginn des neuen Glücks, zählte Hoyerswerda etwa 7000 Einwohner. Fünfundzwanzig Jahre später hatte sich die Einwohnerzahl auf 70 000 verzehnfacht. Die Menschen kamen aus allen Gebieten der Republik, angelockt von den Spitzenlöhnen und der Aussicht auf eine Wohnung mit Bad und Innenklo. Es kamen vor allem junge Leute, wie das Durchschnittsalter zeigt (1966: 26,4 Jahre), Menschen ohne Geschichte, den Trabi und die Wohnung fest im Auge. Die materiellen Anreize reichten allerdings nicht aus, um das Arbeitskräftesoll planmäßig zu erfüllen. Als Lückenbüßer dienten Brigaden aus dem Haftarbeitslager Schwarze Pumpe und, nach 1961, die Aufmüpfigen aus der Hauptstadt, die »Berlinverbot« kriegten und sich hier an der Arbeitsfront bewähren mußten.

Ein paar Probleme gab's dann schon noch auf dem Weg zum neuen menschlichen Glück. Die Scheidungsrate etwa verdoppelte sich von 1958 bis '63, in fünf Jahren. Und in allen Treppenhäusern mußte man Fangnetze installieren, wegen der Todesspringer. Die Partei sah sich sogar bemüßigt, von sich aus auf gewisse Schwierigkeiten hinzuweisen und die Werktätigen sanft zu ermahnen. Ein Artikel in der *Lausitzer Rundschau*, dem »Organ der Bezirksleitung Cottbus der SED«, beklagte 1956 das »Wildwest« in Hoyerswerda:

»In der bis vor kurzer Zeit ruhigen Stadt Hoyerswerda ist die Ruhe gestört. Gestört, weil diese Stadt und ihre nähere Umgebung zum größten Bauplatz unseres Arbeiter- und Bauernstaates geworden ist.

Es gibt Störungen dabei, die nicht zu sein brauchten. Solche Störungen kommen meist an Lohntagen vor und werden hervorgerufen von Radaubrüdern und Halbstarken, die noch nicht erkannt haben, daß die vielen Bauarbeiter, die zur Zeit in Hoyerswerda sind, eine neue Zukunft, ein besseres Leben aufbauen.

So war es Ende Juli, als einige Radauhelden in der HO-Gaststätte ›Bahnhofshotel‹ die Musikbox von ihrem Platz in der Gaststätte hin und her schoben. Sie gingen in skandalöser Weise mit diesem wertvollen volkseigenen Inventarstück um. Ermahnungen und Aufforderungen der Angestellten der HO-Gaststätte fruchteten nichts, Streit, Schlägerei und Zuführung zur VP waren das Ergebnis. Der größte Teil unserer Arbeiter sucht nach angestrengter, schwerer Arbeit Entspannung in unseren HO-Gaststätten. Ist es aber Entspannung, wenn fünf oder sechs solcher ›halbstarken‹ Radaubrüder sich wie die Irren aufführen? Wir sagen diesen Radauhelden, daß die übergroße Mehrzahl der Bauarbeiter solche ›Heldentaten‹ verabscheut.

Einige der anwesenden Gäste machten – als der inzwischen eingetroffene Volkspolizist die Radauhelden aufforderte mitzukommen und diese sich der Aufforderung sogar tätlich widersetzten – die Bemerkung: ›Die Polizei ist ja doch zu schwach, die hat ja Angst.‹ Ich habe diesen Gästen sagen müssen, daß unsere VP immer so stark war und ist, wie sie sein muß! Unsere Volkspolizisten werden nicht auf Arbeiter einschlagen, gerade darin unterscheiden sie sich von der Knüppelgarde Westdeutschlands, die Arbeiterdemonstrationen auseinanderprügelt ...« Gezeichnet »Grähsler«, vermutlich VP Grähsler.

»Willkommen in Hoyerswerda – Witamy Was do Woyerec«. Egal aus welcher Richtung man sich der Stadt nähert, an allen Ortseingängen stößt man auf die Willkommenstafel. Trotz des ansehnlichen Formats von etwa zweifünfzig mal einsfünfzig kann man diese in unauffällig lehmigem VEB-Braun gehaltenen Schilder leicht übersehen. Doch kurz danach, nicht mehr als 50 Meter meistens, taucht dann der erste Cowboy auf, der erste Marlboro-Cowboy. Den kann keiner mehr übersehen. Der knallt schon farblich – Grundfarbe rot –, und der schaut dir so in die Augen, ganz knapp unter dem tiefgezogenen Stetson hervor, die Zigarette zwischen die sonnenverbrannten Lippen geklemmt. Kein blasser Honni, kein Marx mit Bart – das Lied vom Tod ist da zu hören. Und die Zigarette, die Marlboro, ist grad so gut wie ein 45er. Und keinen läßt der neue große Bruder aus dem Westen hier aus den Augen. Im Stadtzentrum steht man alle 50 Meter vor dem Cowboy, und der ist nicht von Plast und Pappe. Die mannshohen Vitrinen sind in massivem Marmor oder Aluminium gefaßt und wirken hier, in dieser bröselnden Schäbigkeit, eher wie Heiligenschreine als wie Werbeschilder. Nachts gar, wenn die Stadt in trübem Funzellicht versackt, strahlt nur einer hier, von innen hell erleuchtet, da weist nur einer den Weg, gibt Halt im Dunkel: der Marlboro-Mann.

Wie dieser Cowboy über die Stadt kam, will ich von Herrn Böhme wissen, dem städtischen Baudezernenten.

»Tja«, sagt Herr Böhme, »da ist eben so eine Werbefirma an uns herangetreten mit dem Vorschlag, an allen markanten Punkten der Stadt Werbevitrinen aufzustellen, elektrische Wechselvitrinen. In denen sollte im Sieben-Sekunden-Rhythmus für die verschiedensten Produkte geworben werden. Wir haben dann mit denen einen Vertrag gemacht, und die zahlen jetzt der Stadt einen gewissen Betrag.« Die Vitrinen, Stückpreis 17 000 Mark, stehen seit fünf Monaten. Ob denn schon mal gewechselt wurde, frage ich Herrn Böhme. »Eigentlich nicht«, sagt er leicht gequält. »Ich fände es ja auch besser fürs Stadtbild, wenn nicht überall nur der Cowboy zu sehen wäre. Aber da sind uns die Hände gebunden. Was in den Vitrinen gezeigt wird, ist ausschließlich Sache der Werbefirma.« So kam der Cowboy in den Besitz der Stadt, Marlboro City.

Die Marlboro-Cowboys sind nicht die einzigen Freireiter, mit denen die Stadt jetzt ihre Not hat. Da gibt's zum Beispiel die mächtige »Massa«-Gang, die sich hier breit gemacht hat und mit der demnächst ein Show-down ansteht. Auch mit »Massa« hat die Stadt einen Vertrag gemacht, und zwar dergestalt, daß der Konzern drei provisorische »Mobilmärkte« im Stadtgebiet errichten durfte, befristet auf einen Zeitraum von zwei Jahren. Eine dieser riesigen Bauhallen steht auf einer Freifläche mitten im Zentrum und sieht so aus, wie sowas eben aussieht. Die Aggregate für Heizung und Kühlung stehen an drei Seiten des Blechschuppens einfach so offen im Freien, an der vierten Seite ist der Eingang. Und rundum liegt der Müll von »Massa«. Nächsten Herbst muß das alles verschwinden, laut Vertrag. »Nur«, sagt Herr Böhme, »Massa will bleiben! Und da werden wir noch echte Schwierigkeiten kriegen mit denen. Sie haben uns schon angekündigt, daß sie nicht freiwillig gehen werden. Das Spiel wird so aussehen: Die zwei Jahre sind um, sie räumen nicht von alleine; dann werden wir sie auffordern zu gehen, und darauf werden sie nicht reagieren beziehungsweise Widerspruch einlegen. Das hat erst einmal aufschiebende Wirkung, und das geht dann Jahre um Jahre ... Aber«, sagt Herr Böhme schließlich mit einem schlauen Lächeln, »wir werden uns schon was einfallen lassen, wie wir die wieder rauskriegen aus der Stadt. Notfalls nachts, mit der großen Raupe. Die Halle einfach wegschieben über Nacht. Das ist wohl unsere einzige Chance. Und wenn die Halle weg ist, ist sie weg. Dann geben die vielleicht auf, die Massa-Leute.«

Herr Böhme ist für die Stadtplanung hier verantwortlich. Er klagt ein bißchen, daß er in der Planung nicht den nötigen Vorlauf habe, weil die Politiker unter Erfolgsdruck stünden. »Und dann kommen die Investoren hier an und sagen mir: ›Wir haben den Fuß zwar in der Tür, aber wenn ihr uns nicht bald reinlaßt, gehen wir wieder nach Hause.‹ Die pokern da brutal!« Und mit den besseren Karten, wie Herr Böhme weiß. »Wenn die bei mir 'ne Abfuhr kriegen, weil ich sage, daß wir mit der Planung noch nicht so weit sind, wo gehen die hin? Die gehen in 'ne andere Tür rein. Und von dort aus krieg ich dann wieder eins drauf. So geht das Spiel hier.«

Da darf man nicht so pingelig sein, das ist Herrn Böhme klar. Wichtig ist in erster Linie, die Investoren bei der Stange zu halten, sie nicht zu vergrämen. Da hatte er schon einige Befürchtungen angesichts der letzten »Ereignisse«, wie er das nennt. »Aber dazu habe ich bislang noch keine Negativmeinung von Investoren gehört. Im Gegenteil. ›Braucht man doch jetzt niemand mehr zu erklären, wo Hoyerswerda liegt‹, hat mir gestern ein Investor am Telefon gesagt. Da ist genau das Gegenteil von dem eingetreten, was wir befürchtet hatten. Diese Ereignisse mit den Ausländern haben sich geradezu positiv ausgewirkt. Und wenn das so weitergeht und sich nicht noch irgendwas ändert, können wir eigentlich über diesen Ausgang sehr glücklich sein. Ich hab das auch von Dresden, vom Ministerium und vom Regierungspräsidium her, genauso bestätigt bekommen.«

Nicht nur die privaten Investoren haben auf die Ereignisse hier positiv reagiert, wie Herr Böhme erzählt. »Wir waren ja vorher schon voll im Städtebauförderungsprogramm drin. Und jetzt, durch diese Ereignisse, haben wir große Chancen, auch ins Bund-Länder-Programm reinzukommen. Ich kriegte vor zwei Tagen einen Dringlichkeitsanruf diesbezüglich. Sowas war vor einer Woche noch nicht denkbar!«

»Dann war das also eine positive Reklame, die Ausländerhatz hier?«

»Aber 'ne unbeabsichtigte«, sagt Herr Böhme und lächelt zufrieden. Unbeabsichtigt wohl.

Es gibt hier keine Liebespaare zu sehen. Trotz des traumhaften Spätsommerwetters wird nirgends geknutscht oder geküßt oder auch nur mal einander tief in die Augen geschaut. Lieblos und leer die Gesichter, blicklos, wie abwesend. Selten, daß mal jemand lacht, wirklich lacht, von Herzen. Als mich einmal bei »Massa« im Gang zwischen den Teigwaren und den Gemüsekonserven eine junge Frau anlächelt, einfach nur so anlächelt, haut mich das fast um, dieses Lächeln hier in Hoyerswerda.

»Zukunftsangst?« steht dick auf den signalgelben Plakaten, mit denen ein »Finanzdienstleistungsunternehmen« die ganze Stadt bepflastert hat. Die Jungs von den Finanzen wissen wohl, wovon sie reden, mit der Angst hier lassen sich trefflich Geschäfte machen. »Keine Angst« heißt denn auch eine neue LP, für die hier groß geworben wird. Sie haben vor allem Angst, am meisten vor der Zukunft. Denn Zukunft, im eigentlichen Sinn des Wortes, das hat es bis zur Wende hier gar nicht gegeben. Die Zukunft der werktätigen Massen war, von der Wiege bis zur Bahre, durch die Partei vorgefertigt, vorgeplant, vorprogrammiert. Da mußte sich niemand »einen Kopp machen« um die Zukunft. So etwas wie Arbeitslosigkeit war unbekannt und unvorstellbar. Und viel mehr noch als im Westen war in der DDR die Arbeit Inhalt und Sinn des Lebens der Werktätigen. Die Beschäftigungsquote in Hoyerswerda betrug 1985 bei Männern 99 Prozent und bei Frauen gut 94 Prozent. Da wird dann schon eine bescheidene Arbeitslosenrate von 7,5 Prozent, wie hier in Hoyerswerda, als existentielle Bedrohung empfunden.

Die Ängste kriechen aus allen Ecken. Ängste vor den steigenden Mieten, Ängste vor den Stasi-Akten, Ängste angesichts der schier unendlichen Möglichkeiten des plötzlich ganz real existierenden Kapitalismus, Ängste vor dem neuen freien Leben ganz allgemein. Alle müssen sie nochmals in die Schule gehen, den Kapitalismus büffeln. Draußen vor »Massa« etwa wird das kleine Markeneinmaleins geübt. Die Firma »Kraft« bemüht sich da, einer geduldigen Menge die neuen Produktnamen einzutrichtern, spielerisch. »Jetzt sind die schlauen Füchse dran«, so heißt das Spiel, eine Art Bilderlotto mit den Produkten des Konzerns auf bunten Leuchttafeln. »Miracoli« sollen sie lernen und »Scheibletten« und »Philadelphia« und »Käsevariationen«. Zu gewinnen gibt's auch etwas, Scheibletten oder Miracoli zum Beispiel. Und eine Reise nach Teneriffa wird verlost, für einen ganz schlauen Fuchs.

Die Ängste hier sind allumfassend, der Mangel an Zivilcourage erschreckend. Gut die Hälfte aller Leserbriefe in den lokalen Zeitungen erscheint anonym. »Bei mir gibt's eine Tür, die zerfällt bald. Angeblich haben sie kein Geld dafür. Es wird sich hier wohl nichts ändern« (anonym). – »Nicht so gut ist, daß man jetzt für Kindergartenplätze so viel bezahlen muß. Plötzlich diese Umstellung« (anonym). – »Wir haben nichts gegen Ausländer, wenn sie sich anständig benehmen« (ein etwas älteres Ehepaar) ...

Angst macht Streß, und Streß muß ab und zu mal abgebaut werden, egal wie. Und je größer die Ängste sind, desto mehr ist man darauf bedacht, diesen Abbau risikolos zu bewerkstelligen, damit nicht neue Ängste drohen. Am 4. September 1991 fand hier in Hoyerswerda so ein kollektiver Streßabbau statt. Ich weiß nicht, wie viele Male ich diese Geschichte erzählt bekam. Von sich aus fingen sie immer davon an, ungefragt, und fast wie eine Beichte klang es, mit ein bißchen Abscheu in der Stimme, ein bißchen Gruseln. Aber auch mit so einem gewissen Vibrato und einem seltsamen Glitzern in den Augen.

Am 4. September also, nachmittags um fünf, stand auf dem Dach eines Hochhauses in der Schöpsdorfer Straße ein Mann und machte Anstalten, sich in die Tiefe zu stürzen. »Ich war einkaufen gewesen«, erzählt Frau Weinert, »und da sah ich den Menschenauflauf und dachte, was ist denn hier wieder los, kommt hier Prominenz oder was? Und dann seh ich den da oben sitzen, am Rand.« In kürzester Zeit hatte sich vor dem Haus eine vielhundertköpfige Menge angesammelt. »Die saßen da und standen, und reichlich Bier ham'se getrunken und immer wieder geschrien: ›Spring doch!‹ Da war 'ne Stimmung, da hat wirklich nur noch die Bratwurstbude gefehlt, dann hätten die ihr Volksfest gehabt. Und nichts wie Witze gemacht über den da oben, und gegrölt, entsetzlich! Und neben mir so ein Steppke, der sagt zu seiner Mutter: ›Wann springt der denn endlich, Mutti, ich will sehn, wie der aufklatscht.‹ Und immer wieder ›Springen, springen!‹, die wollten den alle springen sehn.«

Das Volksfest dauerte Stunden, Frau Weinert hat bis zum Ende ausgeharrt, obwohl sie eigentlich gleich wieder weg wollte. »Ich wollte den nicht fallen sehn, ganz ehrlich gesagt. Das vergißt man sich ja nicht.« Nach drei Stunden hat die Feuerwehr den Mann irgendwie zu fassen bekommen. »So unmittelbar bedauern konnte ich den ja nicht«, meint Frau Weinert, »das ist doch keene Sache, da raufzugehen und dann runterzumachen. Das ist ja ooch keene Art.«

Das war der Vorgeschmack, die Generalprobe für die »Ereignisse« zwei Wochen später.

»Das ging ja hier alles seinen sozialistischen Gang«, sagt Felix, »und darauf konntest du dich verlassen.«

»Genau!« sagt Winne. »Also ich hatte mein Leben, und ich hab gut gelebt dabei. Und im Betrieb, ob ich da was gemacht hab oder ob ich mir nur den ganzen Tag die Nüsse geschaukelt hab, das war vollkommen egal. Mein Geld hab ich so oder so gekriegt.«

Felix, 63, pensionierter Bauingenieur, und Winne, 51, Rohrleitungsbauer, treffe ich ab und zu abends beim Feierabendbier am Tresen vom »Gästehaus«. Da reden wir über die alten und die neuen Zeiten.

»Ich hab mir da früher keen Kopp gemacht«, sagt Felix. »Wenn das von der Partei aus hieß, das und das ist zu machen – zack! Wurde das eben gemacht,

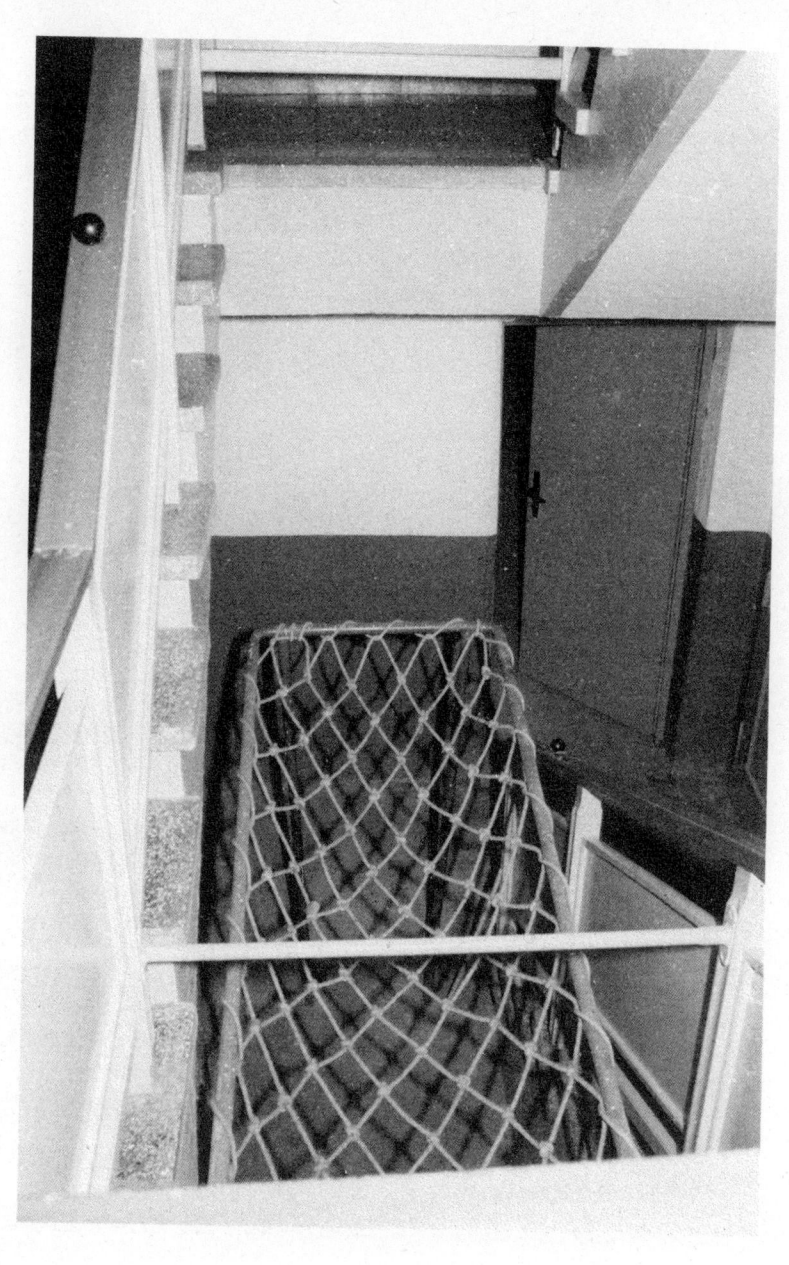

wurde das abgenickt.« – »Wie abgenickt?« – »Abgenickt eben«, sagt Felix und macht die Kopfbewegung. »Alles was von der Partei kam, das wurde eben abgenickt.«

Ich schau den Felix wohl etwas verwundert an. Das amüsiert ihn, er lächelt nachsichtig. »Gedacht hat man natürlich ganz was anderes, als was man gesagt hat.« Jetzt könne man ja sagen, was man denkt. »Obwohl«, meint Winne, »vor der Wende konnt ich zu meinem Vorgesetzten sagen: du bist 'n Arschloch. Ist mir gar nichts passiert. Der konnte mir gar nichts, solange das nur persönlich war und nichts gegen die Partei. Jetzt kann ich zwar sagen: die Partei ist Scheiße, aber meinem Chef kann ich nicht mehr sagen: du bist ein Idiot. Das kann ich jetzt nicht mal mehr denken!«

»Gab ja doch eigentlich alles Lebensnotwendige hier«, meint Felix, »hungern und frieren mußte hier keiner. Und Bier und Schnaps war auch immer reichlich da.«

»Du mußtest nur den Bogen raushaben, und dann lief das«, sagt Winne. »Ich hab mein Scheiß gemacht, und die konnten mich mal alle am Arsch lecken. Ich hab meine Arbeit gemacht, ich hab mein gutes Geld verdient, mein Auskommen gehabt, also ich konnte nicht meckern.«

»Und wenn da von oben mal was kam, da hat man eben abgeduckt«, sagt Felix. »Und da ging das alles normal weiter.«

So ging das seinen sozialistischen Gang über die Jahre und die Jahrzehnte, abgeduckt und abgenickt. Und dann kamen schließlich die Helden von Leipzig, der Heldenstadt; die haben, immer montags nach Feierabend, laut gerufen: »Wir sind das Volk!« Und siehe, sie *waren* das Volk, waren dann sogar *ein* Volk.

»Vor vier Wochen haben sie ja in Schwarze Pumpe schon mal eine Baracke angesteckt«, erzählt Winne. »In der Nacht war das, ne große Holzbaracke, wo Rumänen drin geschlafen haben mit Kindern und allem Drum und Dran. Also det ist natürlich ooch keene Art und Weise. Und gestern ham'se nen Rumänen abgestochen im Wald. Zwar nich tot, aber in Rücken ham'se den gestochen.«

Es gab damals noch keinen Presserummel, als in der Nacht vom 24. auf den 25. August 1991 die Rumänenbaracke abgefackelt wurde. Ist ja auch mitten im Wald passiert, im Kiefernwald bei Schwarze Pumpe, wo noch das alte Barackenlager steht aus den fünfziger Jahren, das Arbeiterlager. In zwei dieser Baracken waren rumänische Asylanten untergebracht. Eine war aus Holz, die andere, 300 Meter entfernt, ein Ziegelbau. Von der Holzbaracke ist nur noch ein verkohlter länglicher Haufen übrig. Verkohltes Holz, verkohlte Koffer, verkohlte Matratzen.

Herr Hansche, der Heimleiter, erzählt: »Die kamen nachts an, die Glatzen, generalstabsmäßig organisiert, mit zwei LKWs, mit Personenwagen, mit Krädern. Vierzig Mann etwa, mit Baseballschlägern und Brandflaschen. Und dann sind die rein in die Baracke und die Brandflaschen geschmissen in den Flur. Das brannte ja wie Zunder. Wie durch ein Wunder konnten sich die Leute alle retten. Sind in den Wald gelaufen mit ihren Kindern, in alle Richtungen auseinander. Und die Glatzen waren gottseidank so zufrieden, daß es brannte, daß sie die nicht weiter verfolgt haben.«

Die Ziegelbaracke – zwanzig rumänische Insassen – steht noch, heute am 9. Oktober 1991. »Das Glück, das wir haben«, sagt Herr Hansche, »ist, daß wir hier keine Anwohner im Umfeld haben, die die Geschichte anheizen könnten. Die haben wir gottseidank nicht. Aber wenn sie sich das Gelände hier anschauen, nur Wald ringsum, dann ist das schon eine tödliche Falle.«

Am Montag dem 30. September 1991, einen Tag nach der Autonomen-Demo, gab es Erkenntnisse im Landratsamt, daß die Glatzen hier in Schwarze Pumpe einen Rachefeldzug planten. So kamen dann nachmittags sechs Polizisten an, zum Schutz des Heims. »Die blieben nur nicht lange«, erzählt Herr Hansche. »Nach einer Stunde sagte mir der Einsatzleiter, sie müßten nochmal zurück, um sich Ausrüstung und Verstärkung zu holen. Die ließen sich aber nicht wieder blicken. Da sind dann von den Leuten hier die Hälfte geflüchtet, als es dunkel wurde. Und die anderen haben sich verbarrikadiert mit Schränken und Tischen. Aber was hilft das schon hier, mitten im Wald!« Es ist dann nichts passiert in der Nacht.

Als ich am Gehen bin, wollen mir noch zwei junge Rumänen ihr Zimmer zeigen. »Alles ordentlich, alles sauber!« sagt der eine stolz. Und so ist es. Herr Hansche begleitet mich nach draußen zu meinem Auto. An der Baracke sind zwei große Hakenkreuze aufgemalt. Ich frage Herrn Hansche beiläufig, wann denn die Skins das drangemalt hätten. »Das waren keine Skins«, sagt Herr Hansche, »das waren die Rumänen hier. Die Hakenkreuze haben sie selbst angemalt in dieser schlimmen Nacht. Als Schutz.«

Am Samstag nachmittag ist Teenie-Tanz im Jugendklubhaus. Eine lange Schlange vor dem Eingang, vierzehn bis sechzehn die meisten. Man hat mir gesagt, der Börner würde hier verkehren, der Kopf der Hoyerswerdaer Glatzen. Ich frage den Zapfer am Tresen nach dem Börner. Er sagt, der sei noch nicht da, er werde ihn mir zeigen, wenn er auftauchen sollte. Die Musik ist laut, der Saal ist voll, und alles tanzt. Bis auf eine Reihe Jungs an den Saalrändern, meistens Geschorene. Tanzt sich wohl schlecht in Tom Myer boots.

Ich mache ein paar Fotos von den Teenies beim Tanz. Da kommt eine von den Glatzen auf mich zu, baut sich breitbeinig vor mir auf und fragt, ob ich ihn fotografiert hätte. »Nicht daß ich wüßte«, sage ich. Aber das könnten wir schon machen, so ein Foto von ihm. »Kein Foto!« sagt er. »Na gut«, sage ich, »aber unterhalten könnten wir uns vielleicht ein bißchen, draußen im Vorraum, wo es ruhiger ist.« Wir gehen in den Vorraum, gefolgt von einem ganzen Trupp seiner Kumpels. Ich ziehe mein Tonbandgerät heraus. »Kein Tonband!« sagt er. »Gut«, sage ich und hole meinen Notizblock aus der Tasche. »Keine Notizen!« sagt er. »Gut«, sagte ich, »wie heißt du denn?« – »Kein Name!« sagt er. Gut, also auch kein Name. Heißt er halt Glatze.

»Ich bin ein Rechter«, sagt die Glatze. Was denn darunter zu verstehen sei, frage ich. »Alle Ausländer müssen raus hier. Die nehmen uns Deutschen die Arbeit weg. Und dreckig sind sie …«, und dann kommt die ganze Litanei bis zu dem obligatorischen Schafeschlachten auf der Wiese.

Er ist eigentlich ein hübscher Junge, athletisch gebaut, gutgeschnittene regelmäßige Züge, kantig, männlich. Schöngeschwungene Lippen, fast mädchenhaft. Das Blondhaar auf zwei Millimeter geschoren. Achtzehn Jahre etwa. Weißes T-shirt, Bomberjacke, Kampfanzughosen, Schnürstiefel. Und der Sticker natürlich an der Jacke: »Stolz Deutscher zu sein«. Ich schaue ihn mir genau an, während er seinen Ausländerkanon herbetet, und das macht ihn sichtlich nervös. Er senkt den Kopf immer mehr, spricht fast nach unten, nur ab und zu ein kurzer Blick zu mir hoch. Er ist auch etwas kleiner als ich.

Ich sage ihm dann, was man zu solchem Unfug sagen muß, versuche ihn dazu zu bringen zu argumentieren. Da kommen aber nur Sprüche, wie auswendig gelernt. »Die Ausländer sind einfach anders. Die passen nicht zu uns Deutschen, die müssen weg!«

Sein Gesicht wird immer starrer, während ich ihm meine Vorhalte mache, immer maskenhafter, wobei manchmal kleine Wellen von Unsicherheit über seine Züge laufen, die er kiefermahlend zu unterdrücken versucht. Man sieht förmlich, wie er seine Ohren verschließt und sein Denken dazu, vor Angst, als das zu erscheinen, was er ganz augenscheinlich ist: ein armer, kleiner, unglücklicher Junge. Durch die Glatze wirkt er wie verstümmelt, selbstverstümmelt.

»Wenn wir da nichts gemacht hätten hier, wär nichts passiert. Und wir werden weitermachen. Und wenn wir ein paar abschlachten müssen!«

Jetzt hat er seine Maske im Griff. Aber in die Augen schaut er mir immer noch nicht. Ab und zu wirft er einen schnellen Blick nach links, wo neben mir, stumm und aufmerksam, ein hochaufgeschossener pickelgesichtiger Jüngling steht, in schwarzer Lederjacke und ungeschoren.

»Die Roten werden von einem reichen Kreuzberger bezahlt und kriegen Geld für ihre Demos«, sagt er nach so einem Blick. »Und die Hausbesetzer in Kreuzberg werden von der Polizei gefördert.«

Er muß dann weg, wie er sagt. Ich gehe zurück in den Saal, trinke ein Bier am Tresen und frage dort den Zapfer, ob der Börner inzwischen aufgetaucht sei. »Ja«, sagt er, »schon vor ner Weile. Da drüben steht er, der mit der Lederjacke.« Es ist das Pickelgesicht. Ich gehe rüber und sage, daß ich gerne mal kurz mit ihm gesprochen hätte. »Ich spreche nicht mit der Presse«, sagt Börner. »Die Presse, mit der ich spreche, die gibt es noch nicht.«

Zwei Tage später treffe ich im Kulturzentrum einen Schulkameraden von Börner, aus der POS 14. »Der Börner war mal 'n guter Kumpel früher«, sagt Frank. »Hat sich in der Schule immer gut geführt. FDJ-Vorsitzender war der an der Schule. Und dann ist er wohl auf der falschen Seite geblieben.« – Wieso »geblieben«? – »Na ja«, sagt Frank, »auf der falschen Seite eben. So wie ich das sehe.« Dann sagt Frank: »Der Börner hält sich da raus aus dem Treiben. Der mag keine Gewalt. Der hat noch nie einen Stein geschmissen.«

Die beiden Negerhuren haben Angst, sich fotografieren zu lassen, und sie haben allen Grund dazu. Wir einigen uns dann darauf, daß sie die Arme vors Gesicht legen für das Foto.

So richtige Negerhuren sind sie ja eigentlich nicht, die beiden, Ines (15) und Yvonne (14). Aber das spielt hier keine Rolle. Für ihre Mitschüler in der POS 23 sind sie es eben. Und das reicht.

Ines und Yvonne sind jetzt seit vier Monaten mit Moçambiquanern befreundet. Ines mit Manuel aus Napola, Yvonne mit Albin aus Kaliman. Die beiden Schwarzen sind in der Albert-Schweitzer-Straße untergebracht, gegenüber der Schule von Ines und Yvonne. Sie sind seit vier Jahren hier, arbeiten im Tagebau und müssen Ende Dezember hier weg. Zum neuen Jahr soll Hoyerswerda endlich ausländerfrei sein.

Als eine Freundin die beiden zum ersten Mal in das Wohnheim mitnahm, waren sie sofort »total begeistert von dieser unwahrscheinlich guten Atmosphäre dort«.

Yvonne: »Das war so absolut locker da, und alle waren fröhlich und gut drauf. Im Gegensatz zu unseren Jungs hier, die alle so brav und langweilig sind. Und dann noch diese Wahnsinnsmusik dazu!«

Ines: »Man kann mit den Afrikanern einfach ganz anders reden. Da gibt es viel mehr Gesprächsthemen, über alles kann man mit denen reden. Und richtige Gespräche sind das. Da kommen nicht nur so dumme Sprüche wie bei unseren Jungs.«

Nach einigen Besuchen dort haben Ines und Yvonne ihren Eltern davon erzählt. Da war bei denen zu Hause »die Hölle los«. »War mir natürlich klar, daß das Terror gibt«, sagt Ines, »aber ich wollte das nicht heimlich machen. Weil ich dazu stehe.«

Als dann am Dienstag dem 17. September die »Ereignisse« begannen, waren Ines und Yvonne gerade bei ihren Freunden in der Albert-Schweitzer-Straße. »So um halb sieben fing das an«, erzählt Yvonne. »Da hörten wir plötzlich das Grölen unten. Wir sind ans Fenster, und da standen unten acht Glatzen mit Bierflaschen in der Hand, und die brüllten: ›Ausländer raus!‹ und ›Juden raus!‹. Wieso ›Juden‹, hab ich nicht verstanden, aber das war denen wohl eins. Da standen auch noch total viele Leute rum und haben geguckt und geklatscht. Und dann flogen die Steine durch die Fenster, und wir sind voll in Deckung gegangen.«

Die Moçambiquaner wollten sich das nicht gefallen lassen, »unsere Freunde wollten runter zu den Skins, aber da haben wir die festgehalten und sie angefleht, daß sie da nicht runtergehn. Und total in Tränen sind wir ausgebrochen, wir Mädels. Wir waren total fertig. Das war wie im Krieg.«

Die Moçambiquaner haben die beiden dann über die Feuerleiter aufs Dach gebracht, und Ines und Yvonne sind über die Dächer geklettert, zwei Blocks weiter, und dann wieder über die Feuerleiter in das Treppenhaus und runter auf die Straße.

Am nächsten Tag ging der Krieg in der Schule weiter. »Das war in der ersten Hofpause«, erzählt Yvonne, »da standen wir Mädels, die wir uns kennen von der Schweitzer-Straße, zusammen und haben darüber geredet. Und auf einmal sahen wir da drei Kerle ankommen, die schnappten sich eine von uns, und auf die gingen sie los. Einer hat die festgehalten, die anderen beiden haben geprügelt. Ich wollte mit denen reden, wie sie zu dritt auf ein Mädel losgehen können, aber die haben mich bloß angeguckt, und dann haben sie weiter geprügelt, in den Bauch geboxt und überall hin. Und der ganze Schulhof lief zusammen, weil, das war ja ein willkommenes Ereignis. Und dann fing auch noch alles an zu brüllen: ›Ja, schlagt sie tot!‹ Jeder hat sich hingestellt und hat gebrüllt: ›Schlagt sie tot, die alte Negerhure!‹ Uns haben so die Knie gezittert, wir sind heulend davongerannt.«

Ines und Yvonne haben dann ihre Klassenlehrerin gesucht auf dem Hof, damit die was unternimmt. »Da kam aber gleich alles an, und da ging's weiter mit Negerhure und Totschlagen und so. Unsere Lehrerin hat dann gesagt: ›Macht das bitte außerhalb des Schulgeländes aus!‹ Da haben wir uns schnell verdrückt.« – Wie bitte? – »Sie müssen das richtig sehen«, sagt Yvonne. »Da haben fünfzig halbstarke Kerle rumgestanden, und unsere Lehrerin stand da – was sollte sie denn machen?«

Ines und Yvonne sind bis jetzt noch heil davongekommen. Drohungen aber erhalten sie fast täglich. »Wenn wir dich nochmal in der Schweitzer-Straße sehen, bist du tot!« Ines und Yvonne gehen trotzdem noch in die Schweitzer-Straße. »Wir stehen zu unseren Freunden«, sagt Ines, ein zartes, zerbrechliches Mädchen, ein Kind noch fast. »Nur auf die Straße trauen wir uns nicht mehr mit ihnen, so wie früher. Da haben die Leute zwar auch schief geguckt, aber nie hat jemand was gerufen oder ist tätlich geworden. Nur die Blicke eben immer. Aber jetzt...«

Jetzt ist Krieg in Hoyerswerda, das Coming-out der Geduckten.

Krieg oder nicht, seit dem Sonntag der Autonomen ist wieder Ruhe eingekehrt in Hoyerswerda, geht das Leben hier weiter in all seiner Harmlosigkeit.

Am Samstag dem 5. Oktober besuche ich die alljährliche Ausstellung des Kreisverbandes der Rassekaninchenzüchter Hoyerswerda und Umgebung e. V. Die Käfige mit den »166 Kaninchen in 22 Rassen und Farbschlägen« sind in der Aula der Pablo-Neruda-Oberschule aufgebaut. Ich komme kurz vor der Eröffnung. Trotzdem will sich der Vorsitzende vorher noch die Zeit nehmen, mir die Karnickelzucht zu erklären. Allerdings möchte er den Bezirksverbandsvorsitzenden Karl Nowak mit dabeihaben, und so ziehen wir uns denn zu dritt in die Garderobe zurück, um dort ungestört reden zu können.

»Ich bin der Vorsitzende des Rassekaninchenzüchtervereins Hoyerswerda und heiße Jürgen Hartmann«, sagt Jürgen Hartmann, »und in Hoyerswerda gibt es nach der Wende nur noch einen Verein, wogegen wir vor der Wende, da hatten wir zwei Sparten, mit... mit...« Er schaut hilfesuchend nach dem Bezirksverbandsvorsitzenden, und der greift dann auch helfend ein. »Hör mal, Jürgen, du mußt ihm dazu gleich sagen, daß wir jetzt mit dem Ganzen sind, daß wir jetzt zum Zett De Ka gehören, mit allem Drum und Dran.« – »Natürlich! Danke, Karl, ganz richtig«, sagt Herr Hartmann. »Also wir gehören jetzt dem Kreisverband der Kaninchenzüchter Hoyerswerda an, und dieser Kreisverband gehört dem Landesverband Sachsen an, und dieser Landesverband Sachsen gehört jetzt wieder dem Zett De Ka an, dem Zentralen Kaninchenzüchterverband Deutschlands, also Gesamtdeutschlands, weil ja jetzt wieder alles eins ist. Und unser züchterisches Ziel ist es, den Urtyp zu verbessern, immer wieder, und so... wie soll ich das jetzt sagen, ist gar nicht mal so einfach...« Ein Blick zum Bezirksverbandsvorsitzenden. Der hilft auch diesmal wieder: »Also ich werd Ihnen das mal ganz genau sagen: Unser Ziel ist die Verbesserung und die Verbreitung der Kaninchenzucht, insbesondere die Förderung und Verbesserung der Kaninchenzucht, insbesondere die Pflege und Liebe zum Tier, und insbesondere die Gewinnung der Jugend, um bei ihr das Verständnis für das Tier und dessen Pflege zu fördern. Das ist unser Anliegen.«

Schon zu DDR-Zeiten hatte Henry Köhler nichts als Ärger, und daran hat sich auch nach der Wende nichts geändert. Henry, 17, »Krücke« genannt, hat sich diesen Ärger immer selber eingebrockt. »Ich wollte den Leuten zeigen, es gibt noch andere Menschen. Ich wollte nie so ein stinknormales Schaf sein.«

Mit dreizehn ist Henry Punker geworden, »Grufti«, mit Irokesenschnitt und den dazugehörigen wilden Klamotten. Dann hat er auch noch seine »Meinung offen gesagt« in der Schule, seine eigene Meinung. »Da bin ich dann in der siebten Klasse von der Schule geflogen. Meine Lehrer haben gesagt, sie wollen mich nicht mehr unterrichten wegen meiner Haare und wegen meiner Einstellung.« Henry hat dann eine Lehre als »Teilfacharbeiter« angefangen. Da ist er aber nach zwei Jahren auch wieder geflogen. Wieder wegen eigener Meinung. Dann war er ein Jahr arbeitslos, und jetzt hat er einen Förderlehrgang am Computer ergattert, mit 135 Mark Taschengeld im Monat.

»Ich war damals gegen die DDR wegen dieser Verfolgung von allen Leuten, die anders waren. Nur wegen der Haare wurdest du ja früher von der Straße gekascht und von den Bullen zusammengeschlagen.«

Henry war nicht links und nicht rechts vor der Wende, Henry wollte nur Henry sein. »Links bin ich erst nach der Wende geworden, als hier diese ganze Nazischeiße hochkam. Da wollt ich was dagegen tun.«

Etwa fünfzig Köpfe zählt die aktive Anti-Nazi-Szene in Hoyerswerda. Halbe Kinder oft noch. Mutige Kinder. Thomas, 14, Freund von Krücke, ein stiller, fast zerbrechlich wirkender Junge, traut sich zum Beispiel in einem T-shirt »Gegen Nazis« auf die Straße zu gehen. Ein wahrlich heldenhaftes Verhalten, wenn man die Verhältnisse hier kennt.

Thomas und Krücke haben nach der Demo am Sonntag, wo sie natürlich dabei waren, ihre Morddrohungen gekriegt, wie andere Teilnehmer auch. »Wenn sie mich umbringen, ist mir egal«, sagt Krücke mit jugendlichem Pathos. »Ich weiß, wofür ich sterbe. Aber ich hab um meine Mutter Angst, wenn sie meine Bude stürmen. Sie waren ja schon da bei mir zu Hause.«

Zu Hause bei Henry, zu Hause bei Mutter Köhler in der Ratzener Straße, sieht es irgendwie anders aus als in den gängigen Hoyerswerdaer Puppenstuben. Bei Mutter Köhler ist man sofort zu Hause, auch als Fremder. Bei Mutter Köhler ist es sauber, aber nicht steril; da darf man die Schuhe anbehalten, wenn man die Wohnung betritt. Bei Mutter Köhler sind die Möbel zwar etwas verschlissen, aber dafür wird man gleich zum Essen eingeladen. Als ich sie nach dem Rezept für Thüringer Klöße frage, kocht sie die dann prompt zu Mittag für mich und Henry. Und ein bißchen Braten hat sie auch noch dazu vom Vortag.

Aber vorher unterhalten wir uns. »Wir haben uns ja manchmal ganz schön in der Wolle, der Henry und ich«, sagt Mutter Köhler. »Aber ich hab das immer akzeptiert, in welche Richtung er gegangen ist. Ich weiß, er ist nicht gewalttätig, und ich weiß, er setzt sich für eine gute Sache ein. Und die Dresche, die er dafür gekriegt hat, das hat mir zwar weh getan als Mutter, aber er muß sich halt die Nase selber waschen. Man muß für seine Ansichten eintreten.«

Mutter Köhler ist jetzt sechzig, Frührentnerin mit Herzschaden. Sie kommt aus Barchfeld in Thüringen, ist 1952 mit ihrem Mann hierher gezogen und hat dann in Schwarze Pumpe als Kranfahrerin gearbeitet. Seit 1968 ist sie geschieden, hat ihre fünf Kinder alleine großgezogen, und das alles in Drei-Schicht-Arbeit. Drei Kinder sind jetzt aus dem Haus, Henry und Anja wohnen noch hier. Mutter Köhler schläft auf der Ausziehcouch im Wohnzimmer, Anja und Henry haben ihr eigenes Zimmer. Anja, sie lernt Bürokaufmann, lebt in einer Bonbonsuperplüschhöhle, bei Henry geht's ganz stark zur Sache: ein karges, mönchisches Punkerzimmer, Antifa und Antibla.

Neulich waren also die Glatzen bei Mutter Köhler. »Henry hat mir erzählt, daß sie uns ausheben wollen hier. Da hatte ich schon ein bißchen Angst. Dacht ich, mein Gott, was wird das werden, wenn sie kommen. Aber das nützt nichts, das muß durchgestanden werden. Dann war ich doch erschrocken, als am Mittwoch nachmittag drei vor der Tür standen mit Glatzen und Bomberjacken. Als ich durch den Spion geguckt hab, da dachte ich erst: Nein, da wirst du besser nicht aufmachen, wirst dich nicht rühren. Dann dachte ich: Das ist auch keine Lösung, du wirst aufmachen und wirst fragen, was sie wollen. Hab ich die Tür aufgemacht: Hallo, wo wollt ihr denn hin? Da waren sie erst mal erstaunt, daß ich sie begrüßt habe. Dann fragten sie, ob der Henry da ist, und da sagte ich: Nein, der ist nicht da, der ist arbeiten, der kommt nur am Freitag abend nach Hause und fährt am Sonntag wieder weg. Da wollten sie wissen, wo. Das hab ich aber nicht gesagt. Das heißt, ich hab gesagt: Das ist verschieden. Da wollten sie noch wissen: Stimmt das wirklich, daß der Henry weg ist? Da hab ich gesagt: Na, Jungs, wollen wir nicht mal reingehen und uns drinnen unterhalten? Da läßt sich besser reden als draußen. Sind sie mit reingekommen und haben sich auf die Sessel geflegelt, die Stiefel auf die Couch drauf. Ich hab aber nichts gesagt, hab mir gesagt: Wirst dich nicht aufregen, man weiß ja nicht, was die vorhaben. Dann hab ich mich eigentlich nett mit denen unterhalten. Sie sagten, sie wären der Meinung, der Henry hätte die Kreuzberger hierhergebracht am Sonntag. Und da hab ich gesagt, das kann gar nicht sein, weil, er ist die ganze Woche nicht zu Hause. Da haben sie untereinander beratschlagt und kamen zu der Ansicht: Dann war's der Henry nicht, müssen wir einen andern suchen. Fragte ich sie, warum sie das alles machen. Ich sag: Ich hab das früher alles mitgemacht, mein Vater war im KZ viele Jahre, und ich bin als Kind im Kreise gelaufen, und das ist schlimm, diese Gewalt jetzt wieder. Sagten sie: Wir sind die stärkste Truppe und die bestorganisierte, und die Ausländer nehmen uns die Arbeit weg, und sie würden jetzt hier in Hoyerswerda für Recht und Ordnung sorgen. Da sind sie nicht abgegangen davon. Schließlich aber haben sie gesagt: Mensch Oma, du fetzt! Solche Omas müßten wir mehr haben. Und da hab ich gesagt: Jeder Jugendliche hat jetzt so seine Sorgen, ihr habt die, und andere haben andere Sorgen. Aber wir wollen doch keine Gewalt haben, die Gewalt ist das Schlimmste. Dann hab ich denen mal erzählt, wie bei uns, bei den Juden, die Synagoge gestürmt wurde und wie viele Tote es gegeben hat. Da haben sie aber nicht mehr zugehört.«

Dann macht Mutter Köhler Thüringer Klöße, leicht wie Watte. Mutter Courage.

Das Ehepaar Berger wohnt unmittelbar neben dem geräumten Asylantenheim in der Thomas-Müntzer-Straße. Mit den Bergers habe ich das erste längere Gespräch hier geführt, am Erntedanksonntag, vor ihrer Haustür. Da bekam ich zum ersten Mal die Ausländersündenliste zu hören, von »laut« und »dreckig« und »Wäsche übern Balkon gehängt« bis zu den abstrusesten Dingen, eine gute Viertelstunde lang. Doch dann, nach ein bißchen Bohren, haben sie auch von den wirklichen Dingen gesprochen, von ihrem Frust und von ihrem Neid auf »Negerarbeiter«, die im Westen einkaufen konnten, und das war sehr ehrlich und offen. Ich habe dann mit ihnen ausgemacht, daß ich sie noch einmal besuche zu einem Gespräch.

Am nächsten Freitag stehe ich vor der Tür und klingle. Zuerst tut sich eine Weile gar nichts, dann sind von drinnen leise, vorsichtige Schritte zu hören, ist ein Auge zu sehen am Spion. Dann verschwindet das Auge, entfernen sich die Schritte wieder leise. Ich klingle nochmal. Wieder die gleiche Prozedur. Diesmal bleibt das Auge etwas länger am Spion. Dann wird schließlich die Tür geöffnet, langsam, zögernd, und Frau Berger schaut mich an, fremd, hilflos, abweisend. Ich erinnere sie an unsere Verabredung, und sie läßt mich ein, resignierend, ohne eine Regung im Gesicht. Wir gehen ins

Wohnzimmer. Da sitzt ihr Mann am Tisch, die Ellbogen aufgestützt, den Kopf gesenkt, brütend. Er steht nicht auf zur Begrüßung, zeigt nur auf den Stuhl neben ihm ums Eck, wo ich mich setzen soll. Seine Frau setzt sich neben ihn, auf die andere Seite. Es ist wie Blei alles. Zum Ersticken.

Dieter Berger, 54, geschieden, kommt aus dem Erzgebirge und ist 1970 nach Hoyerswerda gezogen, »weil das lukrativer für mich war«. Er ist Kraftfahrer und hat hier bei Schwarze Pumpe sofort 800 Mark statt wie vorher 500 Mark verdient. Margarete Berger, 53, verwitwet, kommt aus dem Kreis Herzberg. Sie ist Köchin und auch »wegen dem Verdienst« 1980 hierher gezogen. Ihr Verdienst hat sich hier verdoppelt. In der Kantine von Schwarze Pumpe bekam sie statt 430 sofort 900 Mark, in Schicht allerdings. In Hoyerswerda haben sich die beiden dann kennengelernt und sich schließlich 1984 zusammengetan.

Das Gespräch kommt nur schleppend in Gang. Die beiden wirken abwesend, wie gelähmt. »Ich habe seit Montag wieder Arbeit«, sagt Dieter Berger jetzt. »War seit 9. Mai arbeitslos, hab 860 Mark gehabt, wo ich nur hier gesessen bin, nur rumgesessen und zum Fenster rausgeguckt. Oder rumgefahren oder was weiß ich.« Er spricht schwer, wie unter einer Last. Die Worte fallen wie Steine. »Ich möchte richtig ausdrücken, was ich denke«, sagt er, immer wieder stockend, nach Worten suchend. Ganz anders jetzt als neulich, als wir über die Ausländer geredet haben. Das ging fließend.

»Das Rumsitzen ist das Schlimmste«, sagt Frau Berger. »Das bringt den Menschen um. Und dann das Nachdenken.«

Langsam kommt das Gespräch in Gang, ein wirkliches Gespräch. Wir reden dann vier Stunden miteinander, bis eine Stunde vor Herrn Bergers Schichtbeginn um zehn.

Er: »Wir sind doch ganz anders großgeworden, das muß man doch mal sehen. Die waren ja froh, wenn sie uns hatten, die waren froh, wenn wir gekommen sind zur Arbeit. Wenn du mal krank warst, da hat ja schon die Säge geklemmt im Betrieb. Du wurdest immer gebraucht, sie haben immer auf dich gewartet. Und auf einmal bist du ne tote Hose.«

Sie: »Ein Schock ist das für uns.«

Er: »Ist ja nicht nur das Geld, da hängt doch alles dran. Da hängt dein Charakter dran, alles. Man hat kein Ziel mehr, man hat absolut kein Ziel mehr, weil man in der Luft hängt jetzt. Ich habe nichts gegen die Wiedervereinigung, aber . . .«

Sie: »Wir haben früher halt so vor uns hingemacht. Wir sind ja nicht dämlich gewesen, aber da war jeder gleichgültig. Ich meine, es hat jeder gearbeitet und Geld verdient, aber es hat sich keener 'n Kopp gemacht über irgendwas.«

Er: »Nur so plapper, plapper, plapper.«

Sie: »Und alles, was vor der Wohnungstür passierte und war, das ging einen nichts an.«

Er: »Wir haben unsere Tür zugeschlossen, wir hatten unsere Schicht gemacht, unsere Arbeit gemacht, und da warst du erst mal innerlich zufrieden.«

Sie: »In der Familie hat jeder gesehen, daß er zurecht kam. Und alles andere hat einen nicht interessiert.«

Ob sie die Freiheit denn nicht vermißt hätten, frage ich.

Sie: »Nee. Weil wir sie doch überhaupt nicht gekannt haben.«

Er: »Wir brauchten uns doch keine Sorgen zu machen, keine Gedanken.«

Ob es sie nicht bedrückt habe, daß sie nicht offen reden konnten?

Er: »Da war schon irgend so ein innerlicher Druck. Da haben wir halt im Schlafzimmer darüber gesprochen.«

Sie: »Ja, das Schlafzimmer war der einzige Ort, wo man offen reden konnte. Mein Schwager, der war Lehrer, der hat mal gesagt: Dasselbe Theater, nur andere Schauspieler. Wie bei Hitler, meinte er.«

Er: »Wir brauchten uns doch gar keine Sorgen mehr zu machen, keine Gedanken. Absolut keine Gedanken.«

Sie: »Nischt! Um nischt brauchten wir uns zu kümmern!«

Er: »Das hast du morgens in der Zeitung gelesen, und dann ging das alles seinen Gang.«

Ob sie da nichts vermißt hätten?

Er: »Nee. Es ging ja alles seinen Gang.«

Sie: »Pfingsten haben sie mal in Schwarze Pumpe ne halbe Banane gekriegt. Eine halbe, braune Banane, am Pfingstsonntag. Und da haben sie sich noch drum gekloppt, um diese vergammelte halbe Banane. Die haben sie gehütet wie nen Schatz und noch mit nach Hause genommen.«

Ob sie sich vorstellen könnten, daß das vielleicht Absicht war, diese halbe Banane?

Sie: »Könnte man meinen. Damit niemand über das Eigentliche nachdenkt. Doch, ich glaub jetzt auch, daß das Absicht war.«

Er: »Wir sind ja so auf Trab gehalten worden durch diesen Mangel, diese Jagd nach allen möglichen Sachen. Wir sind ja gar nicht auf den Gedanken gekommen, uns Gedanken zu machen!«

Sie: »Der Trabi, das war unser Lebensziel.«

Das Gespräch eskaliert von Minute zu Minute. Sie öffnen sich, geben sich rückhaltlos preis, wie auf der Couch des Analytikers. Herr Berger vor allem bemüht sich, mit Händen und Füßen fast, den richtigen Ausdruck zu finden, stockend immer wieder auf der Suche nach dem genauen Wort. »Das ist wie Balsam für mich, so richtig offen mit jemand zu reden, mit jemand von außerhalb«, sagt er. »Immer nur wir beide, die Gretel und ich, das geht nicht.«

Sie: »Wir waren überzeugt, daß unser System Scheiße war. Aber damit haben wir gelebt.«

Er: »Man kann nur nicht das eine denken und das andere tun. Und die Persönlichkeit hat sich ja nicht entwickelt, konnte sich gar nicht entwickeln. Da waren ja so viele da, die dir gesagt haben, was du machen mußt. Persönlichkeit! Was war denn deine Persönlichkeit? Arbeiten gehn! Damit warst du ja auch schon zufrieden.«

Sie: »Und dann gab's ja jede Weihnachten wie gesagt Apfelsinen. Da hat man sich wieder gefreut.«

Er: »Und wissen Sie, und da muß ich jetzt ganz ehrlich sein: So dumm, wie man sich jetzt selber vorkommt, so dumm waren wir auch. Das haben wir doch alles mitgemacht!«

Sie: »Ja, wir haben alles mitgemacht. Stimmt!«

Er: »Und jetzt müssen wir fertigwerden damit. Ich könnte mich ja jetzt hinstellen und schimpfen. Aber ich hab's doch mitgemacht! Ich war selber irgendwie mit dran beteiligt. Denn ohne uns hätte das doch nicht funktioniert.«

»Wir haben ja mitmachen müssen«, sagt Frau Berger, und dann, nach einer kleinen Pause: »Oder wollen.«

Wir sprechen auch nochmal über die Ausländer. Frau Berger gerät wieder in das alte Fahrwasser. Aber da greift ihr Mann ein: »Jetzt muß ich dir mal was sagen, Gretel! Die sind nicht dran schuld, die Ausländer. Aber wir machen denen das Leben heiß, unbewußt, völlig unbewußt. Kannste mir glauben!«

Ich verabschiede mich. Herr Berger bringt mich zur Tür. »Das Gespräch, das wir heute geführt haben, war für mich eine Stütze, das hat mir Luft gemacht«, sagt er dann noch. »Wir müssen ja mal eine Meinung haben, wir können doch nicht ohne Meinung leben. Man muß doch mal das sagen, was man denkt!«

Als ich ihm die Hand schüttle zum Abschied, nimmt er mich plötzlich in den Arm, ungeschickt, linkisch. Drückt mich.

Dann gehe ich.

Angela Wierig
Nazis in Sicht
Persönliche Betrachtungen einer Prozessbeteiligten

Durch einen dummen Zufall bin ich in das NSU-Verfahren gerutscht. Türkische Freunde hatten um Hilfe gebeten, weil ihr Bruder vom »Nationalsozialistischen Untergrund«, bestehend aus Uwe Böhnhardt, Uwe Mundlos und wohl auch Beate Zschäpe, im Sommer 2001 erschossen wurde. Von Haus aus Strafverteidigerin bin ich kein großer Fan der sogenannten »Nebenklage«. Ein weites Feld, das zu vertiefen hier den Rahmen sprengen würde. Und fand mich auf einmal wieder in einem der sogenannten Jahrhundertprozesse – wobei das Jahrhundert gerade mal angefangen hat, und wenn ich die menschliche Natur nur halbwegs kenne, erwarte ich von der islamistischen Hardcore-Fraktion noch Großes für die Zukunft. Optimistisch wie ich bin, gehe ich davon aus, dass hinterher noch ein Gericht vorhanden ist, das die dann begangenen Taten aburteilen kann.

Wir versuchen dort in München mit knapp 60 Nebenklägervertretern, inzwischen zwölf Verteidigern, fünf Angeklagten, drei Bundesanwälten und unter der Verhandlungsführung durch den Staatsschutzsenat des Oberlandesgerichts die Taten des sogenannten NSU aufzuklären. Allen Angeklagten wird die Unterstützung eben jenes NSU zur Last gelegt. Natürlich spielt dabei ihre politische Einstellung eine Rolle. Die sehr weit rechts außen ist. Da geht es um die Reinhaltung der Rasse. Das Hochhalten des Deutschtums. Erstaunlicherweise gar nicht so sehr um den Hass auf Ausländer. Man hat nichts gegen Ausländer. Solange der Ausländer im Ausland bleibt. Erst wenn der Ausländer seine Gene auf deutschem Boden verteilt oder gar mit deutschen Genen mischen will – dann versteht man keinen Spaß mehr. Was viel niederträchtiger ist als offene Ablehnung. Für Leute mit dieser Haltung gibt es einen Begriff: Das sind Nazis. Als Deutsche habe ich ein besonderes Verhältnis zu Nazis. Sie sind ein Fluch, mit dem ich geboren wurde, eine Bürde und ein Vermächtnis, ein böser Traum, aus dem ich nicht erwachen kann. Was wahrscheinlich unter anderem daran liegt, dass ich auf Auslandsreisen dann, wenn ich erwähnte, Deutsche zu sein, so oft gefragt wurde: »Are you a Nazi?« Und das durchaus auch von Menschen, denen ein gewisser Bildungsgrad nicht abzusprechen war. Die lebten nur sehr, sehr weit weg von Deutschland. Wahrscheinlich ist es dieser besondere Umstand, der diesen Prozess für mich so schwierig macht. Ich sitze da auch zu Gericht über meine eigene Vergangenheit; über die Dinge, an denen ich keine Schuld trage, die mich aber bis heute beschämen, und so muss die Scham ohne Schuld getragen werden. Bemakelt von Geburt an für eine Geschichte, die sich fortschreibt. Denn darum sitzen wir da. Weil Nazis in Deutschland getötet haben. Nicht 1943, sondern 2000. Und dann immer wieder.

Eine alte Rechnung

Es wäre so viel einfacher, wenn sich das Thema mit den Nazis erledigt hätte. Man könnte mit Fug und Recht sagen, dass Nazis in die Mitte des letzten Jahrhunderts gehören; dass inzwischen mehrere Generationen zwischen den Mördern in Braun und den heutigen Deutschen liegen und dass die ewigen Vorwürfe gegen die Nazi-Deutschen doch mal bitte aufhören könnten. Ich fühle mich als Deutsche unter Generalverdacht, rechtem Gedankengut nahezustehen. Wobei das Deutschsein allein für diesen Generalverdacht schon ausreicht. Dem Deutschen an sich ist nicht zu trauen. Wenn man ihn nicht immer scharf im Auge behält, dann bricht bei der ersten Gelegenheit der Nazi in ihm durch und schwingt sich wieder auf, Herrenrasse sein zu wollen. So mein Eindruck. Denn im Zusammenhang mit diesem Verfahren werden

Äußerungen innerer Einstellungen öffentlich gemacht, für die mir jedes Verständnis abgeht. Ich werde später noch ausführlich darüber berichten.

Zu meinem größten Bedauern gibt es sie tatsächlich noch. Die »Rechten«. Als Synonym für Nazis. Was natürlich allen jenen, die die Deutschen ohnehin misstrauisch beäugen, neue Nahrung gibt. Und so bin ich nicht ganz glücklich, Deutsche zu sein. Was sich aber nicht ändern lässt. Der Preis ist zu zahlen. Die alte Rechnung aus der Mitte des letzten Jahrhunderts ist noch lange nicht beglichen und kein Deutscher, der auf sich hält, darf stolz sein, Deutscher zu sein. Was ärgerlich ist, denn der Nationalstolz gibt einem ja auch eine gewisse Sicherheit. Zu wissen, wo man herkommt und wo man hingehört. Diese Geschichte mit den Wurzeln. Ich finde auch den Gedanken schön, dass meine Ehre Treue heißt. Aber weil die SS diesen Gedanken ebenfalls schön fand, ist er für immer besudelt. Und sagt nun viel mehr aus, als die Worte bedeuten. Einmal pervertiert wird nie wieder gut. Und dann findet auch noch praktizierender Nationalsozialismus in Deutschland statt. Da hilft es wenig, dass die vermutlich praktizierenden Nationalsozialisten nun vor Gericht stehen; dass mitten in Deutschland Menschen einzig aufgrund ihrer geografischen Herkunft ermordet wurden, zeigt, wie lebendig der menschenverachtende, ausländerhassende, hässliche Deutsche ist.

Wo ist das Loch im Boden, in dem ich versinken kann?

Eine neue Wirklichkeit

Ich sage es Ihnen ganz offen: Entweder ich war vor diesem Prozess unglaublich ignorant oder aber dieser Prozess schafft eine neue Wirklichkeit. Vor dem Prozess hatte ich keine verschärfte Wahrnehmung von irgendeiner Problematik zwischen mir und »Menschen mit Migrationshintergrund«. Seitdem ich jede Woche mit dem Taxi zum Flughafen fahre – ärgerlicherweise wohne ich in Hamburg und verhandelt wird in München –, mache ich meine eigene kleine Privatumfrage und bitte meine Taxifahrer mit »Migrationshintergrund«, mir auf einer Skala von 1 (gar nicht) bis 10 (extrem) eine Einschätzung zu geben, wie ausländerfeindlich die Hamburger ihnen gegenüber auftreten. Das treibe ich seit drei Jahren und üblicherweise läuft die Einschätzung so auf eine 2 hinaus. Meistens mit der Bemerkung versehen: Dumme Menschen gibt es überall. Wobei ich auch einmal einen grausamen Fehler gemacht zu haben schien: Der asiatisch anmutende Taxifahrer war über die Frage geradezu entsetzt und berichtete mir, dass sein Bruder bei den Ausschreitungen in Rostock-Lichtenhagen ums Leben gekommen sei. Im Gebäude lebendig verbrannt. Was er den Deutschen nie verzeihen werde. Ich war unglaublich beschämt, diese alte Wunde bei ihm aufgerissen zu haben, und habe das ohnehin schon üppige Trinkgeld noch mal großzügig verdoppelt, um mit gesenktem Kopf aus dem Taxi meiner Schande zu flüchten. Ehrlich gesagt hatte ich zwar mitbekommen, dass 1992 dort eine Wohnunterkunft gebrannt hatte und Menschen dazu applaudiert hatten, aber über die Einzelheiten war ich nicht im Bilde. Also machte ich mich noch am Flughafen an die Recherche und war ziemlich erstaunt zu lesen, dass glücklicherweise kein Todesopfer zu beklagen war. Bis heute stelle ich mir die Frage, ob es wirklich nur eine Masche des Taxifahrers war, um üppige Trinkgelder zu kassieren, oder ob er an einer schwerwiegenden psychischen Störung litt. Es blieb also bei der Kernaussage, dass zumindest in Hamburg ein gepflegter Umgang zwischen Menschen mit und ohne Migrationshintergrund stattfindet. Wie problematisch die Situation in Gesamtdeutschland ist, offenbarte der Prozess in München. Selbiger ist der Berichterstattung zufolge ein Musterbeispiel für den institutionellen Rassismus. Sofern man denn der Berichterstattung glauben mag. Was einige Menschen offenbar sehr gerne glauben möchten – bedienen doch die Schlagzeilen die eigenen Ressentiments. Wobei sich mir eine der unerwarteten bitteren Wahrheiten dieses Prozesses nicht in, sondern außerhalb der Verhandlung offenbarte: Eine gute Schlagzeile ist die Modifikation der Wahrheit allemal wert.

Der Knall, der nicht gehört wurde

Der Prozess ging bereits mit einem Knall los. Oder besser gesagt, es gab einen Knall und dann ging eben nichts los. Der Knall war, dass einige Journalisten den Schuss nicht gehört hatten. Den Startschuss. Zur Akkreditierung. Der verhallte ungehört in ihren E-Mail-Postfächern, die Akkreditierungsfrist war abgelaufen und sie hatten sie verpennt. Da es vorwiegend türkische Medienvertreter waren, denen dieser kleine Fauxpas unterlief, war letztlich kein einziger türkischer Journalist im NSU-Verfahren akkreditiert. Was selbstverständlich nicht an der verpennten Frist lag, sondern daran, dass man davon ausgegangen war, dass türkische Medienvertreter reservierte Plätze im Verfahren bekommen. Zur Begründung dieses Gedankenganges wurde die Argumentation bemüht, dass die Opfer türkischstämmig waren und der türkische Staat daher ein zu berücksichtigendes Interesse daran hat, unmittelbar den Prozess gegen die mutmaßlichen Täter zu beobachten. Wobei diese Argumentation ins Leere läuft, denn die Angehörigen der Opfer haben dasselbe Interesse und sind sämtlich anwaltlich vertreten im Verfahren dabei. Und zwar im Gegensatz zu Journalisten nicht in der Rolle des stillen Beobachters, sondern als aktive Teilnehmer des Prozesses. Der wirkliche Grund dürfte ein anderer sein. Der Grund ist das Misstrauen gegen den deutschen Staat. Angesichts des unterstellten institutionellen Rassismus wird davon ausgegangen, dass für Türken vor deutschen Gerichten keine Gerechtigkeit zu erwarten ist. Wobei mir bis zu diesem Zeitpunkt nicht bewusst war, dass das türkische Verständnis von Rechtsstaatlichkeit dem deutschen so sehr überlegen ist, dass ohne die ständige strenge Dienstaufsicht türkischer Medienvertreter nicht gewährleistet wäre, dass der Staatsschutzsenat des Oberlandesgerichts München ein auch nur annähernd faires Verfahren führt. Oder so. Jedenfalls bemüht die türkische Tageszeitung *Hürriyet* – das Äquivalent zur deutschen *Bild* (»Angst, Hass, keine Titten und der Wetterbericht«, um die grandiose Beschreibung des Blattes durch die Band »Die Ärzte« zu zitieren) – das Bundesverfassungsgericht, und die diesbezügliche

Verfassungsbeschwerde geht durch. Mit der Folge, dass das OLG verpflichtet wird, eine »angemessene« Zahl von Sitzplätzen an Vertreter ausländischer Medien mit »besonderem Bezug zu den Opfern der angeklagten Straftaten« zur Verfügung zu stellen. Was bitte ist hier mit »besonderem Bezug« gemeint? Mir wäre es neu, dass irgendein ausländischer Medienvertreter einen besonderen Bezug zu dem Bruder meiner Mandantin gehabt hätte. Oder er zu jenen. Der besondere Bezug beschränkt sich auf die Tatsache, dass ihr Bruder Süleyman irgendwann in grauer Vorzeit in der Türkei geboren wurde und noch ein paarmal im Urlaub dort war. Inwiefern das rechtfertigt, in einem Strafprozess reservierte Plätze zur Verfügung zu stellen, erschließt sich mir nicht. Zumal Platzreservierungen im deutschen Strafprozess nicht vorgesehen sind. Ebenso wie es nicht vorgesehen ist, während der Verhandlung gekühlte Getränke und kleine Snacks bestellen zu können. Wobei ich die Erste bin, die Letzteres von Herzen bedauert – nur steht die diesbezügliche Änderung der Strafprozessordnung noch aus. Ist es denn zu viel verlangt, sich mit den gesetzlichen Gepflogenheiten vertraut zu machen, bevor harsche Kritik geäußert wird? Noch weniger erschließt sich mir, warum in diesem Zusammenhang Bekir Bozdağ, damals stellvertretender türkischer Ministerpräsident, öffentlich Zweifel an der Unparteilichkeit des Gerichts äußern muss. Was die oben erwähnte *Hürriyet* dazu veranlasst, den institutionellen Rassismus in Deutschland als Tatsache von der Titelseite zu kreischen. Jedenfalls nimmt das Bundesverfassungsgericht liebevoll Rücksicht auf die verletzte türkische Seele und verpflichtet das OLG, ein festes Kontingent an Plätzen für türkische Medienvertreter zu reservieren. Wobei dieses Kontingent natürlich von den ohnehin begrenzten Plätzen abgezogen wurde. Und so verloren nun einige hervorragende Journalisten durch die Neuvergabe ihre bereits gesicherten Plätze im Verfahren. Die hatten zwar rechtzeitig und sehr professionell versucht, sich erneut zu akkreditieren, doch als das Kontingent per Losverfahren erschöpft war, hatten sie als Nichttürken schlicht keine Chance mehr. Wenn Rassismus auch beinhaltet, die eigene Person allein aufgrund der ethnischen

Herkunft höher zu stellen als andere, so ist diese Vorgehensweise definitionsgemäß rassistisch. So kann man einen Rassismusvorwurf benutzen, um selber Rassismus zu praktizieren; nicht um eine Gleich-, sondern eine Besserstellung zu erreichen.

Nachtrag

Gerade als ich die letzten Zeilen geschrieben hatte, kam die Meldung, dass in Istanbul der umstrittene Prozess gegen die beiden regierungskritischen Journalisten der Zeitung *Cumhuriyet*, Can Dündar und Erdem Gül, begonnen hat. Dündar ist Chefredakteur der Zeitung, Gül Hauptstadt-Büroleiter. Den beiden Journalisten wird Spionage und der Verrat von Staatsgeheimnissen vorgeworfen; angezeigt hatte sie Recep Tayyip Erdoğan persönlich. Ich kann mir hierzu kein Urteil erlauben; ich kenne die Akten nicht. Doch hat für mich der Umstand ein gewisses Gewicht, dass gegen den Prozess der Europarat, internationale Journalistenverbände und in einem offenen Brief mehr als 100 Autoren protestiert haben.

Und so erschienen zum Prozessauftakt nicht nur Journalistenkollegen der Angeklagten, sondern auch mehrere Diplomaten, unter anderem der deutsche Botschafter und der britische Generalkonsul. Was Erdoğan dazu veranlasste, sich in einer vom Fernsehen übertragenen Rede zu empören, die Diplomaten hätten »Stärke demonstrieren« wollen. »Dies ist nicht Ihr Land, dies ist die Türkei«, belehrte er sie, um dann wütend auszurufen: »Wer sind Sie? Was machen Sie da?« Sodann teilte er mit, dass die Diplomaten im Rahmen ihrer Vertretungen tätig werden könnten, ansonsten sei eine Erlaubnis erforderlich.

Wobei sich die Erlaubnis erledigt hat, denn auf Antrag der Staatsanwaltschaft ist die Öffentlichkeit künftig bei diesem Prozess ausgeschlossen. So kann man es auch machen.

Die (Vor-)Verurteilten grüßen euch

Nachdem nun mühsam geklärt war, wer Bericht erstatten darf und wer nicht, begann man, sich der Sache zu widmen. Also seitens des Gerichts. Die Berichterstatter hatten mehr oder weniger schon über Schuld oder Unschuld der Angeklagten entschieden. Falsch: »Unschuld« bitte streichen. Man hatte über die Schuld entschieden, und je randständiger das Boulevardblatt desto drastischer die Schlagzeile. Wahrscheinlich ist es meinem Beruf geschuldet, dass ich ein großer Fan der Unschuldsvermutung bin. Was bedeutet, dass bis zu einem rechtskräftigen Urteil jeder Mensch das Recht hat, als unschuldig zu gelten. Und den Anspruch, wie ein Unschuldiger behandelt zu werden. Was viele Berichterstatter nicht gehindert hat, mit Schlagzeilen wie »Mörder-Braut« oder »Nazi-Braut« Auflage zu machen. Ob der NSU tatsächlich für die Morde verantwortlich war, ob Beate Zschäpe tatsächlich in die Morde involviert war, ob die weiteren Angeklagten tatsächlich den NSU unterstützt haben – wir wissen es nicht. Deshalb findet dieses Gerichtsverfahren statt. In den Medien wird hingegen vor allem die Schuld Beate Zschäpes so vehement kolportiert, dass ihre Verteidiger konstatieren müssen, ein faires Verfahren gegen sie sei angesichts der medialen Vorverurteilungen überhaupt nicht mehr möglich. Hier haben die Schlagzeilen eine Wirklichkeit geschaffen, die jeden rechtsstaatlichen Ansatz unter einer dicken Schicht Druckerschwärze verschwinden lässt. Muss man der Presse das nachsehen? Weil es ihr Job ist, Auflage zu machen? Muss ein Journalist sich Gedanken über das Konstrukt der Unschuldsvermutung machen? Ich finde, wenn er gleichzeitig in Anspruch nimmt, einen Bericht erstatten zu wollen – ja. Das gehört zum Bericht dazu.

Der eher laxe Umgang mit mühsam errungener Rechtsstaatlichkeit schreibt sich parallel zum Prozess fort. Insbesondere nach den ersten verlesenen Äußerungen der Hauptangeklagten Zschäpe wurde deren Schuld in nächtlichen Talkshows einwandfrei festgestellt. Erschütternd war für mich, dass sich sogar am Prozess beteiligte Kollegen dazu hergaben, die ureigenste Aufgabe des OLG zu übernehmen, und einen Schuldspruch samt Beweiswürdigung zum Besten gaben. Was prinzipiell eine Amtsanmaßung darstellt, immerhin eine Straftat, die im Fall eines Schuldspruchs mit Freiheitsstrafe bis zu zwei Jahren geahndet werden kann. Eventuell der späten Sendezeit geschuldet, durfte das aber mal so durchrutschen. Jedenfalls hat sich kein Anwaltskollege in der Republik gefunden, der diesen Sachverhalt zur Anzeige gebracht hätte. Was eigentlich verwundert, denn die Kollegen machen im Zusammenhang mit diesem Prozess so gut wie jeden Mist mit. Immer nach dem Motto, dass jede Schlagzeile eine gute Schlagzeile ist. Rückt sie doch den Protagonisten im besten Fall mit Bild und Namen in die mediale Aufmerksamkeit. Unwiderstehliche kostenlose Werbung für den Anwalt. Wobei auch die kostenlose Werbung ihren Preis hat. Der darin besteht, Erwartungen zu erfüllen. Die geschaffenen Klischees zu bedienen. Im Vertrauen darauf, dass dem interessierten Leser oder Zuschauer das nötige Hintergrundwissen fehlt, solche Aktionen dort einzuordnen, wo sie hingehören. Hier das Fallbeispiel eines Anwalts und seines Agierens der Schlagzeilen wegen. Die im Übrigen gut waren. Unter anderem der *Spiegel* hatte sich hinterher lobend über jenen Kollegen geäußert, der im Zuge des Akkreditierungshypes ebenfalls das Bundesverfassungsgericht bemühte.

Er wollte mithilfe des Gerichts durchsetzen, dass der Prozess live in einen weiteren Saal des OLG übertragen wird. Vordergründig, damit mehr Zuschauer zusehen können, letztlich aber nur aus Gründen des Egomarketings. Je mehr Menschen sehen, wie großartig man als Anwalt in diesem Prozess agiert, desto mehr potenzielle Mandanten in der Zukunft. Da capo, Herr Kollege. Um im Bild der Bühnenaufführung zu bleiben. Dann aber auch bitte mit Getränkeservice. Lassen wir den Prozess doch gänzlich zur Bühnenshow verkommen. Weil einige der Beteiligten sich darstellen möchten. Und offenbar bereit sind, einen Schauprozess zu ermöglichen, nur um ihrem Narzissmus eine Bühne zu verschaffen. Wobei der Schauprozess in erster Linie der Zerstörung der Angeklagten dient. Was angesichts der monströsen Taten des NSU menschlich – auf der Stufe niederer menschlicher Bedürfnisse – verständlich, aber in einem Rechtsstaat unmöglich ist.

Unter Nazis

Und es tun sich im Sommer 2013 weitere Abgründe auf. Die sich in Abgrenzungen manifestieren. Und in Abscheu äußern. Da wird ganz offen im Saal von Kollegen in den Saal gepöbelt, dass »diese« Angeklagten überhaupt keine Verteidigung verdienen. Dass man mit dem Nazi-Pack am besten »kurzen Prozess« machen sollte. Die Kollegin Sturm wird aus ihrer Kanzlei geschmissen, weil sie die Zschäpe-Verteidigung übernommen hat. Wobei diese Kollegin mehr als unverdächtig ist, die politischen Überzeugungen ihrer Mandantin zu teilen. Über die wir im Übrigen noch überhaupt nichts wissen. Denn es gilt die Unschuldsvermutung – Sie erinnern sich. Wobei das kleine Mauerblümchen Unschuldsvermutung auch im Umgang unter den Kollegen sein Schattendasein führt. So sitzen die Verteidiger des Angeklagten W. zwar mit auf der Anklagebank, sind aber keinesfalls angeklagt. Jedenfalls nicht von der Justiz. Aber von der Presse, die breit kolportiert, dass diese beiden Anwälte dem vermuteten Gedankengut ihres Mandanten nahestehen. Wobei wir im Sommer 2013 über dieses vermutete Gedankengut überhaupt noch nichts erfahren haben. Aber diese Vermutung reicht vielen Kollegen aus, um die Verteidiger vom Angeklagten W. bestenfalls mit Missachtung zu strafen. Üblicherweise grüßt man sich unter Kollegen. Hält auch mal ein Schwätzchen. Setzt sich mit an den Tisch, um gemeinsam zu essen. Nicht hingegen bei jenen Kollegen. Die werden nicht gegrüßt und stehen in den Verhandlungspausen alleine irgendwo herum. Niemand möchte seinen guten Ruf riskieren und mit »denen« gesehen werden. Denn in dem, was die Presse diesbezüglich kolportiert, gilt die Unschuldsvermutung eben weder für die Angeklagten noch für einige ausgesuchte Verteidiger. Angesichts meiner Erfahrungen mit der Presse und deren Umgang mit Unschuldsvermutung und Wahrheit gibt mir dieses Verhalten zu denken. Die Überzeugung, eine ethnische Gruppe sei besser als eine andere, ist ein Kennzeichen von Rassismus. Hier herrscht die Überzeugung vor, eine Einstellung sei besser als eine andere, eine Wahrheit wahrer als eine andere. Das ist zwar noch kein Rassismus – aber es gefällt mir trotzdem nicht. Es gefällt mir insbesondere in dem Kontext dieses Verfahrens nicht. Wir haben es hier mit Angeklagten zu tun, die sich, wenn die Vorwürfe stimmen, von jeder Menschlichkeit entfernt haben. Das dürfen wir aber nicht zum Anlass nehmen, unsere eigene Menschlichkeit im Rahmen unseres gesetzmäßigen Handelns aufzugeben. Ich bin sehr froh, in einem Land Anwältin zu sein, in dem ich für meine Mandanten Gerechtigkeit – oder zumindest eine Annäherung an Gerechtigkeit – erwarten kann. Muss das Verbrechen nur monströs genug sein, um diese mühselig errungene rechtsstaatliche Menschlichkeit wieder aufzugeben? Und ist das nicht erschreckenderweise genau das Gedankengut, über das wir hier zu Gericht sitzen?

Menschen in der Masse

Nun, Menschen sind merkwürdig. Was man umso leichter ignorieren kann – und steuern kann, es zu ignorieren –, indem man schlicht den Kontakt verweigert. Was bisher eine schöne Maxime in meinem Leben war, denn die Merkwürdigkeit anderer Menschen in homöopathischen Dosen genossen, kann auch der Erheiterung dienen. Nun aber bin ich gezwungen, jeden Verhandlungstag – immerhin an drei Tagen in der Woche und zu der Zeit, während ich dies schreibe, seit drei Jahren – mit ungefähr 60 Anwaltskollegen (die Zahl schwankt je nach Gesundheitszustand, Allgemeinbefinden und dem vermuteten Spannungsbogen des an dem Tag zu verhandelnden Prozessstoffes) in einem Saal zu sitzen. Während die Angeklagten sich vor dem OLG wiederfinden ob ihrer Gesinnung, sitzen einige Anwälte dort, um in erster Linie ihre Abscheu gegen diese Gesinnung möglichst publikumswirksam zur Schau zu stellen. Regelmäßig treten auch Zeugen rechter Gesinnung auf und nutzen die Bühne, um ihre Gesinnung zur Schau zu stellen. Zur Freude der Gesinnungsgenossen auf der Galerie, aber auch zur Freude der Gesinnungsverabscheuenden – denn wenn man sich empören möchte, braucht man zunächst ein Objekt der Empörung. Wobei ich den Eindruck habe, dass die Empörung als Möglichkeit genutzt wird, Stellung zu beziehen, ohne einen eigenen selbst definierten Standpunkt zu haben. Wie es ja immer einfacher ist, gegen etwas zu sein, als mit einer handhabbaren Alternativstrategie aufzuwarten. Und – die Kollegen surfen auf einer Woge des Zeitgeistes. Es ist chic in Deutschland, sich gegen Rechte zu empören. Wobei die Empörung auch in wüsten Beschimpfungen gipfeln kann. So zum Beispiel, wenn der Vizekanzler eine Bevölkerungsgruppe, die von ihrem Demonstrationsrecht Gebrauch macht, als »Pack« bezeichnet. Nun – das finde ich empörend. Ich würde es schon von einer der Boulevardzeitungen als Entgleisung empfinden – aber ein Vizekanzler darf sich so etwas nach meinem Empfinden für menschlichen Umgang keinesfalls erlauben. Und wenn ich dann die zunächst selbstironische Reaktion der Demonstranten erlebe, die bei der nächsten Demonstration skandieren: »Wir sind das Pack«, dann bleibt mir das Lachen im Halse stecken. Denn hier findet eine Selbstetikettierung statt, die, wenn sie nur lange genug getragen wird, ihre eigene Wirklichkeit schafft. So werden Bürger zum Pack und das Pack wird zum Mob. Welche Gedanken und Motivationen diesen Worten zugrunde liegen, dürfte von Fall zu Fall unterschiedlich sein. Aber ausgesprochen, im Chor skandiert, haben diese Worte eine Macht. Und bemakeln die Menschen, die sie aussprechen. Darf ich so kühn sein und in diesem Zusammenhang ein weiteres Schlagwort ins Spiel bringen, das momentan täglich mehrmals zu hören ist? Integration. Wäre es nicht sinnvoll, den Versuch zu starten, in die eigene Gesellschaft auch jene zu integrieren, deren Vorstellungen nicht mit den eigenen übereinstimmen? Das Individuum zu respektieren? Mit seinen eigenen Ängsten und Sorgen; Vorstellungen und Fehlvorstellungen? Es ist eine Essenz des Nationalsozialismus – wie im Übrigen jeder Diktatur –, dass das Volk alles ist und der Einzelne nichts. Der Gegenentwurf ist jener wunderbare Satz von Rosa Luxemburg: Freiheit ist immer die Freiheit der Andersdenkenden. Dieser Satz ist in der Wirklichkeit unglaublich schwer zu leben – aber das Streben danach würde uns zu besseren Menschen machen.

Wie es sich mit diesem Satz in der Wirklichkeit verhält, erlebe ich am eigenen Leib. Vor Beginn des Prozesses schließt sich ein Teil der Nebenklägervertreter zu einer Arbeitsgruppe zusammen. Ich hatte ebenfalls Interesse bekundet. Und mich in den Mail-Verteiler aufnehmen lassen.

Als der Prozess und auch die Berichterstattung über den Prozess in Fahrt kommen, bin ich unangenehm berührt von Formulierungen wie: »Die Nebenklage vertritt die Ansicht, dass …« oder: »Die Nebenklage ist entsetzt über …« »Die« Nebenklage gibt es nicht; dann hätten sich ja sämtliche Nebenkläger eines Anwaltes bedienen können, der sämtliche – auch gegensätzliche – Interessen vertritt. Das wäre sehr viel günstiger für die Staatskasse und würde der Anwaltschaft den Vorwurf des übermäßigen monetären Interesses an diesem Prozess ersparen. Da aber nun mal meine Mandantin durchaus ihre eigenen Vorstellungen hat, die ich hier vertrete, spricht diese Formulierung meiner Mandantin und auch mir in gewisser Weise die Existenzberechtigung ab. Also nutzte ich die Gelegenheit, die Kollegin Sturm, als sie in der Hauptverhandlung formulierte: »wenn die Nebenklage der Ansicht ist«, direkt anzusprechen und darum zu bitten, diese Formulierung nicht zu gebrauchen, sondern sich an den betreffenden Kollegen, dessen Ansicht zitiert wird, zu wenden. Woraufhin sich die Kollegin Sturm für ihre pauschale Äußerung entschuldigte und mir recht gab. So weit, so gut. Dass das Ganze überhaupt nicht gut war, wurde mir dann klar, als Kollegen aus der Nebenklage meine Äußerung zum Anlass nahmen, zu konstatieren, dass man mit mir nicht zusammenarbeiten könne. Es fiel der Begriff »Abgrenzungsinteresse«, welches nicht tolerabel sei und – ich zitiere wörtlich:»Es gibt überhaupt keinen Grund, sich von Erklärungen der Nebenklage zu distanzieren, weder aus formalen und erst recht nicht aus inhaltlichen Gründen.«Ich betrachte die Vorstellung, dass von mir als Anwältin – einem mit Verlaub der sogenannten »freien« Berufe – Kadavergehorsam eingefordert wird, nur weil ich prozessual die gleiche Bezeichnung trage, als übergriffig. Und ich finde, das ist eine sehr totalitäre Einstellung für Menschen, die sich über Rechte empören. Zufällig fällt mir ein Zitat von Marshall McLuhan in die Hände: Moralische Entrüstung ist die Würde der Idioten. Ich bin geneigt, ihm zu folgen.

Auf dem rechten Auge blind

Die moralische Entrüstung tobt sich aber keinesfalls nur an den Angeklagten und meiner Person aus; die moralische Entrüstung erreicht ihre Klimax regelmäßig angesichts des institutionellen Rassismus. Dann knüppelt die Keule der moralischen Entrüstung ohne Rücksicht auf Verluste auf das Gericht, die ermittelnden Polizeibeamten und insbesondere den Verfassungsschutz ein. Die Bundesanwaltschaft kriegt auch was ab, aber – um im Bild zu bleiben – nur leichte Schläge auf den Hinterkopf.

Der Vorwurf, in Deutschland seien alle möglichen Personen »auf dem rechten Auge blind«, bedarf einer näheren Betrachtung.

Ich fange mit dem Gericht – oder besser mit der Justiz an sich – an. In der Justiz ist inzwischen gesicherte Rechtsprechung – ist ja auch lange genug her, dass Tucholsky es formulierte –, dass der Ausspruch »Alle Soldaten sind Mörder« straflos ist. Die kurz gefasste Begründung lautet, dass »alle« Soldaten als unüberschaubares Kollektiv nicht beleidigt werden können. Anders verhält es sich allerdings mit dem Akronym »ACAB«. Was keineswegs »acht Cola, acht Bier« bedeutet, wie der Fahrer des Wagens mit eben jenem Aufkleber dem kontrollierenden Polizeibeamten erzählt, sondern die Abkürzung von »All Cops are Bastards« ist. »All Cops« würde ich mit »alle Polizisten« übersetzen und den kühnen Schluss ziehen, dass insofern ein Kollektiv gemeint ist und eine Bestrafung wegen Beleidigung nicht möglich. Weit gefehlt.

Der kontrollierende Polizeibeamte, der sich überraschenderweise mit diesem Aufkleber konfrontiert sieht, ist ja nicht mit einer Hundertschaft unterwegs, sondern allenfalls lediglich in Begleitung eines weiteren Kollegen. Welcher sich ebenfalls aus dem Streifenwagen bewegt, die Hose hochzieht und besagten Aufkleber in Augenschein nimmt. Nun stehen beide Polizisten vor dem Aufkleber und fühlen sich auf der Stelle beleidigt. Und leiten ein Ermittlungsverfahren ein. Von Amts wegen. Woraufhin es zum Prozess kommt und der Fahrer des Wagens mit dem Aufkleber verurteilt wird. Ursprünglich kommt ACAB aus der Punk- und Oi-Szene (Oi ist Skinhead – aber unpolitisch), wird inzwischen aber nur noch von strammen Rechten benutzt. Ich habe das Gefühl, die Strafbarkeit steht irgendwie damit im Zusammenhang. Ich würde aber nicht behaupten wollen, dass die Justiz ihre Rechtsprechung so angepasst hat, weil sie auf dem rechten Auge blind ist. Im Gegenteil: Dieses spezielle rechte Auge ist untertassengroß und hat einen so scharfen Blick, dass es sogar Straftaten sieht, wo eigentlich keine sind. Oder leuchtet Ihnen ein, warum Soldaten zwar Mörder genannt werden dürfen, Cops aber nicht Bastarde? Mir nicht.

Kommen wir nun zu den Hilfsbeamten der Justiz: der Polizei. Die es in diesem Verfahren knüppeldick abbekommt. Die (angeblich) rassistischen Ermittlungen sind in aller Munde. Das gezielte Quälen der Angehörigen, weil im Umfeld der Familien ermittelt wurde. Der Verdacht gegen die trauernden Hinterbliebenen, sie könnten in die Tötung ihres Familienmitglieds verstrickt sein. Das sind Tatsachen, die auch von Prozessbeteiligten scharf gegeißelt werden. Wobei auch gerne das Wort »beschämend« fällt. Oder »unerträglich«. Dabei wird dann geflissentlich übersehen, dass bei Tötungsdelikten der Täter regelmäßig im privaten Umfeld des Opfers zu finden ist. Kriminalistik. Erstes Semester.

Wir lösen folgenden Fall: Ein Blumenhändler wird ermordet. Nicht so ein kleiner Blumenhändler, der des Nachts mit einem Armvoll Rosen durch die Restaurants zieht, sondern ein Blumengroßhändler, der mehrere Läden und Verkaufsstände unterhält. Wobei die Firma auf seine Frau läuft und er selber Arbeitslosengeld bezieht. Er hat rege Geschäftsbeziehungen nach Holland – natürlich! Blumen! –, aber gleichzeitig stellt sich heraus, dass er auch mit Leuten kommuniziert, die eher an anderen Pflanzen Interesse haben. Holland und Pflanzen sind nun eine Kombination, bei der sogar der Polizeianwärter auf dem Dorf eine Idee bekommt, es könnte sich bei der einen oder anderen Blumenlieferung die eine oder andere Cannabispflanze zwischen die Tulpen verirrt haben. Eine Konstellation, die durchaus Hintergrund eines Verbrechens sein könnte.

Was denken Sie über diesen Fall? Wer jetzt spontan äußert, der Blumenhändler sei ermordet worden, weil er Türke ist, denkt meines Erachtens in ziemlich rassistischen Gedankenmustern. Für mich wären andere Theorien ansprechender, als den Grund für die Ermordung eines Menschen in seiner ethnischen Herkunft zu vermuten. Doch gerade weil die ethnische Herkunft des Opfers für die ermittelnden Beamten kein ausreichendes Mordmotiv war, wird ihnen der Vorwurf gemacht, sie hätten die Ermittlungen nach rassistischen Gesichtspunkten geführt. Weil sie im Umfeld des Opfers den Täter vermuteten.

Der Blumenhändler war das erste Opfer des NSU. Später kamen weitere Opfer hinzu und man stellte fest, dass die Waffe immer dieselbe war. Und es wurde auch mal von einem Fallanalytiker geäußert, dass die Täter Rechtsradikale sein könnten. Und nun? Die einzige Möglichkeit, die mir als Laie einfällt, wäre, Informanten in der rechten Szene zu befragen. Die Kontakte waren da. Einige hochrangige Szenemitglieder standen auf der Lohnliste des Verfassungsschutzes. Die Informationen waren nicht da. Dennoch wollen Informanten bezahlt werden. Was sich in den Schlagzeilen wie folgt niederschlug: »Verfassungsschutz hat NSU finanziert.« Die Logikkette hinter dieser Argumentation war: Verfassungsschutz hat Informanten bezahlt. Informanten waren in rechter Szene. Rechte Szene hat für die »Untergetauchten« (= NSU) gesammelt. Informanten haben gespendet. Doch eine differenzierte Betrachtungsweise ist eher kontraproduktiv, wenn man vor allem den institutionellen Rassismus entlarven will. Und die Schlagzeile »Verfassungsschutz hat seine Informanten bezahlt« ist ja auch wirklich nicht sehr spektakulär. Wahr – aber nicht spektakulär. Und somit nicht zu gebrauchen. Niederschmetternd.

Gegenüber der Bundesanwaltschaft werden die Vorwürfe abgeschwächt. Es grummelt nur so vor sich hin, wie ein Hund knurrt, der den Knochen eigentlich nicht mehr fressen, aber noch ein wenig behalten will. Der Vorwurf in diese Richtung lautet eher, man sei an der Aufklärung der Frage, wer den NSU noch unterstützt haben könnte, nicht interessiert. Es würden Akten zurückgehalten. Und man könnte so viel mehr aufklären, wenn man denn nur wollte. Ich betrachte die Frage des Vertrauens in die Bundesanwaltschaft pragmatisch. Es kommt nicht darauf an. Ich sitze hier im Prozess; die Bundesanwaltschaft hat ihre Anklage vorgelegt; das Gericht arbeitet die Anklage ab. Ermittlungen werden im Ermittlungsverfahren getrieben, wenn die Ermittlungen abgeschlossen sind, wird entschieden, ob Anklage erhoben wird oder nicht. Im sogenannten Zwischenverfahren. Wenn das Gericht die Anklage zur Hauptverhandlung zulässt, ist die einzige Frage, die noch zu klären ist, Schuld und Strafe der Angeklagten. Über die Schuld oder Unschuld der Angeklagten verhandeln wir inzwischen seit drei Jahren. Wann wir fertig werden, ist nicht absehbar. Ich bin gerne bereit, in einem weiteren Prozess über Unterstützer des NSU zu verhandeln. Wozu es eventuell ganz hilfreich sein könnte, die Taten, die da unterstützt wurden, zunächst mal festzustellen. Am liebsten rechtskräftig festzustellen. Irgendwann endet auch die längste Untersuchungshaft. Möchte ich riskieren, diesen Prozess immer weiter in die Länge zu ziehen? Und glaube ich wirklich, die Bundesanwaltschaft ist auf dem rechten Auge so blind, dass sie Unterstützer des NSU überhaupt nicht ermitteln wollen? Nein. Und nein.

Was man fühlt, ist wahr

Was an diesem Rassismusvorwurf so ärgerlich ist, ist nicht nur die Tatsache, dass er so beleidigend ist – und ich frage mich, ob es das latent schlechte deutsche Gewissen ist, das die Betroffenen so betroffen schweigen lässt –, sondern vielmehr, dass er so kontraproduktiv ist. Dieser Vorwurf strahlt auf zwei Wellenlängen ab.

Zum einen trifft er einen nicht unbeträchtlichen Teil der Migrationsgesellschaft. Der ohnehin verunsichert ist im Umgang mit Deutschen und ihren Behörden. Was teils an Sprachbarrieren liegt und teils daran, dass im Umgang mit Migranten ganz normale Unhöflichkeit oder Dummheit als Rassismus verstanden wird. Wenn mir an einem jener Tage, an denen alles schiefläuft, ein unangenehmer Zeitgenosse aus purer Schikane mal wieder das Leben schwermacht – zum Beispiel an der Einlasskontrolle des OLG (»Wenn Sie Ihren Ausweis vergessen haben, stellen Sie sich hinten an«; und das obwohl vier Leute rumstehen, die mich seit drei Jahren kennen, von denen aber heute keiner offiziell für die Einlasskontrolle zuständig ist) –, dann ist das für mich der ganz normale Machtmissbrauch der Machtlosen. Im Prinzip nur albern. Wenn ich dann das Gedankenspiel anstelle, ich hätte selber einen Migrationshintergrund, würde diese Aktion eindeutig rassistisch motiviert ankommen. Durch den Filter des Misstrauens beobachtet ist es schwer, wertfrei zu agieren. Für Menschen, die bereits den Verdacht haben, sie würden ihrer Herkunft – und nicht der Defizite ihres Gegenübers – wegen schlechter behandelt als andere, ist die offizielle Bestätigung, dass dies aufgrund des institutionellen Rassismus zutreffend ist, eine Katastrophe. Die nur weitere Katastrophen nach sich ziehen kann.

Gleichzeitig bereitet diese Wellenlänge dem Rechtsradikalen eine Wohlfühlzone, die seinem vermuteten Hang zu Straftaten nicht unbedingt entgegensteht. Wenn man über die Begehung von Straftaten nachdenkt, ist ein wesentlicher Punkt der Gedankengänge die Sorge, wie das Delikt verfolgt und geahndet werden wird. Das Signal, die Verfolgungsbehörden wären im Fall rassistisch motivierter Straftaten eher wenig motiviert, selbige aufzuklären, ist verheerend. Auch wenn es nicht der Wahrheit entspricht. Ich denke, es ist so schwierig, rechtsradikale Straftaten aufzuklären, weil die Enklave des Rechtsradikalismus – derer, die es ernst meinen – im Wesentlichen abgeschottet von der übrigen Welt lebt. Mit dem Anspruch, für Volk und Vaterland auch persönliche Opfer zu bringen. Denn das Volk zählt, nicht das Individuum. Und ihre Ehre heißt Treue.

Und jetzt geht es mir so, wie es mir immer geht, wenn ich über dieses Thema nachdenke. Ich verspüre eine tiefe Sehnsucht. So eine, die am Herzen zieht. Eine Sehnsucht nach einer ozeanischen Hippie-Bewegung. Nach Freiheit. Nach Magie in der Welt. #Blumenkinder. Denn eine der Fragen – wenn nicht *die* Frage – des NSU-Prozesses ist, wie das alles überhaupt passieren konnte. Ich habe eine Ahnung, wie es passieren konnte. Es geschah aus dem Grau heraus. Es geschah, weil Menschen ohne Träume, ohne Perspektive, ohne humanistische Bildung und in Kälte aufgezogen, keine richtigen Menschen werden konnten. Hinzu kam eine Neigung zu sozio- und psychopathischen Handlungsweisen, und dann wurde das Ganze potenziert, weil sich zufällig drei Menschen trafen, die dieselben Veranlagungen hatten. Und in der Wendewelt der nicht mehr existenten DDR war sowieso alles auf den Kopf gestellt. Was bis gestern richtig war, war heute falsch. Der Feind von gestern war der Verbündete von heute und umgekehrt. Wenn Welten so schnell zerstört werden konnten, kann man sich ja mal vornehmen, eine neue Welt zu schaffen – nicht mehr reden, sondern handeln. Dass diese neue Welt durch Zerstörung geschaffen werden sollte und nicht in einem schöpferischen Akt, spricht für sich selbst. Zerstörung erschafft nicht – Zerstörung zerstört. Und so betrachte ich den NSU und seine Taten als einen erweiterten Selbstmord. Aktiv betrieben von Uwe Mundlos und Uwe Böhnhardt; begleitet von Beate Zschäpe als Pilotfisch. Drei junge Menschen, die, als sie in den Untergrund gingen, in die Selbstzerstörung gingen. Wohin auch sonst? Die Alternative wäre gewesen, sich vom Leben zerstören zu lassen. Nach der Haftstrafe – wenn es dann im hohen Alter ein Ende der Haftstrafe gegeben und nicht vorher eine türkische Seele auf Vergeltung gesonnen hätte – von Harz IV zu leben. Ein Leben in Grau. Also wählten sie einen anderen Weg – und richteten sich ihr Leben außerhalb der Gesellschaft in Technicolor ein. Die Geschichte des NSU aus Sicht der Täter ist zwischenzeitlich verfilmt worden – leider nicht von Tarantino. Der wäre mein Favorit für die Verfilmung gewesen, arbeitet aber wohl nicht für die ARD. Um nicht falsch verstanden zu werden – ich möchte keineswegs die Taten des NSU als Blutorgie sehen; ich würde aber das Innenleben des NSU – zumindest das der beiden Uwes – in Tarantino-Bildern am ehesten wiederfinden. Ich denke, ihr Selbstbildnis entsprach dem der beiden Killer in *Pulp Fiction*. Supercoole Killer-Buddys. Aus dem Prozessstoff ergibt sich, dass beide Sportfanatiker waren. Groß, kahl rasiert und durchtrainiert. Und zugegebenermaßen gut aussehende junge Männer. Und – was nur sie wussten – bewaffnet und gefährlich. Helden der rechten Szene. Die in Fanzines gegrüßt wurden; für deren Sache Geld gesammelt wurde. Dieses Leben konnte nicht in Gefängniskleidung enden. Wenn diese Buddys abtreten, dann mit einem Knall. Und so ist es dann ja auch gekommen. Ich denke, wenn sie noch Zeit hatten, vor ihrem Tod über irgendetwas nachzudenken, waren sie selbst am meisten überrascht, wie lange die Selbstzerstörung gedauert hatte.

Und daher meine Sehnsucht nach den Blumenkindern – ihnen geht es nicht um Zerstörung, sondern darum, das Leben zu zelebrieren. Was im Übrigen ein Grund für mich ist, die Freigabe von Cannabis vehement zu befürworten. Es ist denklogisch unmöglich, zum Frühstück ein dickes Chillum zu rauchen, um sich dann aufs Fahrrad zu schwingen und Menschen zu erschießen. Vielleicht einer der Gründe, warum Rechte Drogen nur unwesentlich weniger hassen als Ausländer. Gechillt sieht die Welt halt anders aus. Wobei als Begründung für das Cannabisverbot immer noch die »Volksgesundheit« bemüht wird. Irgendwie auch so ein Begriff, den ich eher mit Nationalsozialismus als einer freiheitlich demokratischen Grundordnung assoziiere.

Und so ist der Vorwurf an die Deutschen, immer noch tief im Herzen Rechte zu sein, vielleicht nicht ganz unzutreffend. Es kommt darauf an, wie man diesen Vorwurf verstanden wissen will. Wenn auch hier gilt: »Wehret den Anfängen«, dann sehe ich viele kleine Rechte, die sich als Aufrechte tarnen. Die in dem Bemühen, ihre als einzig richtig empfundene Überzeugung durchzusetzen, auch nicht vor Ausgrenzung und Diffamierung zurückschrecken. Vielleicht ist die menschliche Natur rechts angelegt. Im Sinn einer biologischen Determination. Die eigene Gruppe kann nur überleben, wenn die knappe Nahrung nicht geteilt werden muss. Bevor ich das Risiko eingehe, dass der Fremde mir nicht wohlgesonnen ist, bringe ich ihn lieber um und gehe auf Nummer sicher. Die Frage ist, wieweit es sinnvoll wäre, sich über diese biologische Determination zu erheben. Sicherlich hat es wenig Charme, wenn Menschen sich im Wege des Impulsdurchbruchs ihren biologischen Lüsten und Gelüsten hingeben. Damit ist kein Blumentopf zu gewinnen. Beeindruckt und berührt sind wir von den Geschichten, in denen Menschen selbstlos, oftmals bis zur Selbstaufgabe, einem höheren Ziel entgegenstreben. »Gute« Menschen sind. Die, wenn sie geschlagen werden, auch noch die andere Wange hinhalten. Die freundlich, offen und im Sinn einer umfassenden Brüderlichkeit die Arme weit öffnen und den Fremden willkommen heißen. Und nur hoffen können, dass er keinen Bombengürtel trägt. Sondern Blumen im Haar.

Liane Bednarz
Radikal bürgerlich
Der lange Arm der Neuen Rechten

Der Neuen Rechten rund um Götz Kubitschek ist es in den letzten Jahren gelungen, Netzwerke auf- und auszubauen, signifikanten Einfluss auf die AfD zu nehmen und ihr Gedankengut immer stärker in bürgerlichen Kreisen zu verbreiten. Längst flirten auch intellektuelle Säulen des Landes wie Peter Sloterdijk mit Begriffen wie »Lügenäther«. Verbreiten Magazine wie der *Cicero* rechtspopulistische und neurechte Feindbilder wie das von der »Umstrukturierung der Bevölkerung Deutschlands«, vulgo »Umvolkung« oder »Großer Austausch«. Kommen im (pseudo)christlichen Gewand neurechte Ideen unter rechten Christen und dort besonders unter Rechtskatholiken daher.

Nimmt man die Präsenz in den Qualitätsmedien als Gradmesser für den Einfluss einer Person, dann hat es Götz Kubitschek, die zentrale Person der Neuen Rechten in Deutschland, inzwischen recht weit gebracht. Während früher nur vereinzelt Berichte über ihn erschienen, etwa 2011 in der Sendung *Kulturzeit* auf 3sat oder 2010 in der *Süddeutschen Zeitung*, wird nun in deutlich kürzerer Taktung über den Mann berichtet, der seit Jahren auf dem sachsen-anhaltinischen Rittergut Schnellroda residiert, dort den Verlag Antaios betreibt und die Zeitschrift *Sezession* herausgibt. Allein in den ersten vier Monaten dieses Jahres erschienen ausführliche Porträts in der *Frankfurter Allgemeinen Sonntagszeitung*, in der ZDF-Sendung *Aspekte* und in *Kulturzeit* auf 3sat.

Grund hierfür ist zum einen der Umstand, dass Kubitschek durch seine Auftritte auf den Dresdner Pegida- und den noch radikaleren

Legida-Demonstrationen inzwischen auch einer breiteren Öffentlichkeit bekannt ist. Zum anderen hat der gebürtige Schwabe inzwischen einen erheblichen Einfluss auf die Alternative für Deutschland (AfD). In seinen eigenen Worten klingt das so:»Die AfD hat zum Teil Inhalte, Begriffe, Elemente, die wir vorgedacht haben, umgesetzt, setzt sie auch immer weiter um. Da gibt es eine eindeutige Nähe, auch eine Befruchtung von unserer Seite Richtung AfD.« Das ist fraglos richtig. Kubitschek ist es vor allem über seinen langjährigen Weggefährten Björn Höcke gelungen, seine Vorstellungen in die AfD hineinzutragen.

Auch in der Gesellschaft, im vorpolitischen Raum, verbreiten sich der Jargon und die Ideen der Neuen Rechten immer mehr. Dementsprechend übertrieb Kubitscheks Ehefrau, die Publizistin Ellen Kositza nicht, als sie sich jüngst gegenüber *Kulturzeit* wie folgt äußerte:»Es ist ganz faszinierend für uns, wie die Zeit gerade kippt und wie die Dinge in Bewegung geraten. Wenn man sich überlegt, wie lang wir an all diesen Themen, die jetzt aufs Tablett kommen, sitzen und arbeiten. Es kommt einem ein bisschen so vor, als ob man lange gesät, lange umgegraben hätte, und jetzt werden die Sachen fruchtbar.« Anlass genug für einen genaueren Blick auf die Art und Weise, wie und warum die Vorstellungen der Szene so stark diffundieren und welche prominenten bürgerlichen Namen diese inzwischen adaptiert haben.

Die historischen Vorbilder der Neuen Rechten: Schmitt, Jung und Moeller van den Bruck

Worum es der Neuen Rechten geht, ist schnell erzählt. Die Bewegung entstand in den 1970er-Jahren in Frankreich und wurde maßgeblich durch den ehemaligen Rechtsextremisten Alain de Benoist konzipiert. Er setzte sich insoweit von der»Alten Rechten«, also von Alt- und Neonazis sowie sonstigen Extremisten ab, als er weder den Holocaust leugnete noch Hitler verherrlichte und auch von der Idee der Überlegenheit einzelner Rassen Abstand nahm. Er und die wachsende Schar seiner Anhänger, die es bald auch in Deutschland gab, knüpften stattdessen ideengeschichtlich an die Vordenker der Konservativen Revolution der Zwischenkriegszeit an wie Carl Schmitt, Edgar Julius Jung (Hauptwerk: *Die Herrschaft der Minderwertigen*) und Arthur Moeller van den Bruck (Hauptwerk: *Das dritte Reich*). Auch wenn viele von ihnen – Schmitt bekanntlich nicht – sich von den Nationalsozialisten abgrenzten, waren sie gleichwohl deren Wegbereiter, da sie mit ihrem illiberalen, völkischen und die pluralistische Gesellschaft verachtenden Gedankengut – man denke nur an die Bezeichnung des Reichstags als »Schwatzbude« – entscheidend dazu beitrugen, Hitlers noch radikaleren Zielen den Weg zu ebnen und die Weimarer Republik sturmreif zu schießen. Davon freilich wollen die heutigen Protagonisten der Neuen Rechten nichts hören, zu denen neben Götz Kubitschek der Geschichtslehrer Karlheinz Weißmann, Felix Menzel, der Kopf der *Blauen Narzisse*, und der etwas gemäßigtere Dieter Stein, Chefredakteur der *Jungen Freiheit*, zählen.

Das Leitmotiv der Neuen Rechten: Ethnopluralismus und »Verteidigung des Eigenen«

Das wichtigste Konzept der Neuen Rechten ist der »Ethnopluralismus«. Wer diesen Begriff zum ersten Mal hört, kann leicht auf die Idee kommen, damit seien »Diversity« und »Multi-Kulti« gemeint. Tatsächlich beschreibt er das genaue Gegenteil davon. Zwar hat der Ethnopluralismus von der nationalsozialistischen Vorstellung eines bestimmten »Herrenvolks«, das anderen überlegen ist, Abstand genommen und erkennt andere Völker und Rassen – die Neue Rechte verwendet statt Rasse allerdings meistens den harmloser klingenden Terminus »Kultur« – als prinzipiell gleichrangig an. Jedoch sollen diese voneinander klar getrennt und damit jeweils homogen bleiben. Verkauft wird das Ganze als »Schutz« der kulturellen Vielfalt.

De Benoist behauptet in seiner in Interviewform erarbeiteten und auf Deutsch im Verlag der *Jungen Freiheit* erschienenen Autobiografie

Mein Leben hochtrabend,»der Verteidigung der menschlichen Vielfalt« verpflichtet zu sein. In diesem kruden Gedankenkonstrukt bedeutet Antirassismus also, Rassen zu erhalten, indem man sie vor Vermischung schützt. Da wundert de Benoists Antwort auf die Frage, was er von Mischehen hält, kaum:»Das ist eine individuelle Entscheidung, kein kollektiver Imperativ. Ebenso wenig ist sie ein Wert an sich, denn es ist genauso legitim, die Endogamie und reinrassige Abstammung der Exogamie vorzuziehen wie umgekehrt. Sagen wir bloß, dass man nicht gleichzeitig Rassenmischung und Rassenvielfalt befürworten kann. Da erstere als unmittelbare Folge die Verminderung der letzteren bewirkt.« Begeistert zitiert der Franzose überdies den Ethnologen Robert Jaulin, weil dieser die»gutmenschlichen Politikansätze der schrittweisen kulturellen Angleichung« verurteile. Für de Benoist, sind dies Ansätze, die»konkret zum Völkermord führen«. Auf diesem Konzept fußt die in der heutigen deutschen Neuen Rechten leitmotivische Idee, dass Völker, die das Homogenitätsprinzip in Form der Akzeptanz von Zuwanderung und der Aufnahme von Flüchtlingen angeblich zu sehr aufweichen, Selbstmord begehen. Geschraubt spricht man vom»Ethnosuizid« beziehungsweise von»ethnosuizidär«. Diese Begrifflichkeiten sind ein gutes Beispiel dafür, wie weit neurechtes Gedankengut sich in bürgerlichen Kreisen ausgebreitet hat, denn auch dort vernimmt man sie immer häufiger.

Aus dem Bedürfnis der Abgrenzung heraus erklärt sich auch der beständig repetierte Topos des»Eigenen«, welches vor dem»Fremden« zu schützen sei. Eine in der Szene besonders beliebte Schrift aus Kubitscheks Verlag trägt dementsprechend den Titel *Die Verteidigung des Eigenen*. Autor ist der gebürtige Österreicher Martin Semlitsch, der sich Martin Lichtmesz nennt und unter diesem»Künstlernamen« regelmäßig auch in Kubitscheks *Sezession* schreibt. Verblüffenderweise bleibt jedoch, wie Armin Nassehi in der *Süddeutschen Zeitung* im November letzten Jahres nachgewiesen hat, stets diffus, was dieses»Eigene« konkret sein soll, außer der Banalität,»dass es das Eigene ist«. Doch solche fundierte Kritik schert die Neurechten nicht. Sie glauben, durch die Erhaltung beziehungsweise Wiederherstellung ethnischer Homogenität ließen sich so gut wie alle Probleme der Moderne lösen, was wiederum ihre Aversionen gegen Zuwanderer und Asylbewerber erklärt.

Sarrazin, der Türöffner zur bürgerlichen Mitte

Auch Thilo Sarrazins Schlachtruf *Deutschland schafft sich ab*, in dem gezielt türkische und arabische Minderheiten als intellektuell minderbemittelt abgewertet werden, ist letztlich nichts anderes als ein Ausdruck dieses Konzepts. Der ehemalige Bundesbanker, der – auch das hat er mit den Neurechten gemeinsam – so gerne in einen schrillen Opfermodus verfällt und einen linken »Tugendterror« herbeifantasiert, wenn man seine Thesen kritisiert, hat gerade nachgelegt. In seinem neuen Buch *Wunschdenken. Europa, Währung, Bildung, Einwanderung – warum Politik so häufig scheitert* stürzt er sich erneut auf die vermeintlich defizitären »kognitiven Kompetenzen« von Menschen bestimmter Herkunft. Übrigens ein gutes Beispiel dafür, dass es unter denjenigen Bürgerlichen, die rechtspopulistisches und neurechtes Gedankengut wie den Ethnopluralismus partiell adaptiert haben, sehr wohl eine Tendenz zur Abwertung anderer Kulturen gibt. Diese zeigt sich ganz besonders gegenüber dem Islam, dem gerne abgesprochen wird, eine Religion zu sein. Man behauptet dann, er »erscheine als« (Alexander Kissler) oder sei »an sich« (Beatrix von Storch) eine Ideologie.

Sarrazin zeichnet übrigens auch für einen weiteren sprachlichen Dammbruch verantwortlich. Immerhin war er es, der schon 2009 in einem Interview mit der Zeitschrift *Lettre International* daherredete, dass immer mehr »Kopftuchmädchen produziert« und »Bräute aus Anatolien nachgeliefert« werden. Mit diesen Verben, die man gemeinhin für Sachen verwendet, zeigte er eine besondere Form der Verrohung, denn damit entindividualisierte und enthumanisierte er die Betroffenen. Ein Muster, das in (neu)rechten Kreisen und auch in der sich radikalisierenden bürgerlichen Mitte Schule gemacht hat. Dort bezeichnet man – wie die Redner auf Pegida-Demonstrationen – Flüchtlinge als »Invasoren« und stellt sie damit als bedrohliche, amorphe Masse dar, bar jeder Individualität.

»Sarrazin lesen« – Götz Kubitscheks und Alexander Kisslers gemeinsamer Auftritt

Bereits 2011 verkündete Kubitschek erfreut, Sarrazins Buch *Deutschland schafft sich ab* sei »ein absoluter Durchbruch« gewesen und habe viele der eigenen Themen »nach oben gezogen«. Unter dem Titel »Sarrazin lesen« organisierte die *Sezession* im Januar 2011 eine Podiumsdiskussion im Münchner Gasteig. Moderator war Felix Menzel. Neben Kubitschek trat dort Alexander Kissler auf, damals noch in den Diensten des *Focus*, heute Leiter des Kulturressorts beim *Cicero* und betont katholisch. Das rechtslibertäre Blatt *eigentümlich frei*, auf das noch zurückzukommen ist und für das Kissler damals ebenfalls schrieb, berichtete erfreut: dass »bei Kissler und Kubitschek die Gemeinsamkeiten an diesem Abend im Gasteig [überwogen]«. Und weiter: »Beide sind sich bewusst darüber, was Deutschland zunächst braucht. Kissler nannte es eine ›Ausweitung der Formulierungszone‹.« Da wundert es kaum, dass Kissler sich in der Folgezeit zu einem verlässlichen Verteidiger Sarrazins und auch Akif Pirinçcis entwickelte.

Überhaupt nahm rückblickend gesehen der damalige gemeinsame Auftritt mit Kubitschek die spätere Entwicklung Kisslers vorweg, der sich inzwischen in einem Maße radikalisiert hat, dass er gewissermaßen zum Prototyp des »Rechtskatholiken« geworden ist und, wie Michael Angele im *Freitag* formulierte, mit seiner »rabiaten Kritik an Merkels Flüchtlingspolitik von vielen als eine Art publizistischer Flankenschutz der AfD und als Symbol für einen Rechtsruck in den Medien« angesehen wird. Jüngst hat er sogar auf Twitter eine Einlassung weiterverbreitet, der zufolge unsere Gesellschaft ein »vermodernder Kadaver« sei. Auch reagiert er bis heute allergisch, wenn Kirchenvertreter wie jüngst Kardinal Woelki die AfD kritisieren. Selbst ehemals Wohlgesinnte wenden sich mittlerweile von ihm ab. So warf der Publizist Alexander Görlach Kissler auf Twitter vor, sich von einem »guten Journalisten« zum »Scharfmacher und Hobby-Demagogen« entwickelt zu haben.

Neben den üblichen rechtspopulistischen Salven gegen die »innere Selbstgleichschaltung vieler Journalisten« und die »ausgeplünderte Demokratie« gehört inzwischen sogar ein völkischer Duktus zu Kisslers publizistischem Programm. Im Februar sprach er unter affirmativem Rückgriff auf ein Zitat des in rechten Kreisen geschätzten Staatsrechtlers Dietrich Murswiek von der »Umstrukturierung der Bevölkerung Deutschlands«, die Angela Merkel initiiert habe. Damit bediente er den noch näher zu behandelnden rechtsradikalen Topos der »Umvolkung« beziehungsweise des »Großen Austausches«. Aram Lintzel konstatierte in der *taz*, dass Kissler »klingt, als verbringe er jedes freie Wochenende auf Götz Kubitscheks Rittergut«. Solch geistige Nähe ist kein Einzelfall. Der wie Kissler betont katholische *Cicero*- und *Vatican-magazin*-Autor Alexander Pschera schrieb in einem Facebook-Kommentar, Kubitschek – gemeint war dessen Gedankengut – sei »normal«. *Umvolkung* lautet übrigens auch der Titel von Pirinçcis neuem Buch, das gerade bei Antaios erschienen ist und von Kissler verharmlosend als »Polemik« bezeichnet wird. Pschera wiederum befürwortet im Stil der reaktionären Piusbrüder eine »uneingeschränkte Geltung katholischer Werte«; man dürfe sich nicht »einer Divinisation der Demokratie schuldig« machen, die nur die »vorläufige politische Form« unseres Landes sei.

Der *Cicero* – von der Rechtsdrift eines bürgerlichen Magazins

Ganz generell hat der *Cicero*, ein ehemals angesehenes liberal-konservatives Magazin, seit Kisslers Amtsantritt als Leiter des Kulturressorts Anfang 2013 eine deutliche Rechtsdrift vollzogen und verfolgt inzwischen eine plumpe »Merkel muss weg«-Agenda. So durfte Gertrud

Höhler, deren intellektueller Ruf sich infolge bizarrer Äußerungen – wie der Titulierung Merkels als »Patin«, die »undercover-autoritär« sei – seit Jahren im Sinkflug befindet, anlässlich der Flüchtlingskrise im Februar-Heft von einer »Invasion« sprechen. Auch Vize-Chefredakteur Alexander Marguier erweist sich mittlerweile als fleißiger Adept eines rechtspopulistischen Sounds, spricht von »linksideologischen Willkommensmedien«, einem »sich selbst gleichschaltenden öffentlich-rechtlichen Rundfunk«, »Sprechverboten« und einem »Totalitarismus der Wohlmeinenden«.

Dementsprechend war das hohe Wellen schlagende Interview, welches Chefredakteur Christoph Schwennicke und Alexander Kissler mit Peter Sloterdijk (Februar 2016) führten, im Grunde vorhersehbar. Sloterdijk konnte unwidersprochen vom »Lügenäther« faseln, auch das eine lediglich sprachlich vornehmere Variante des neurechten Topos »Lügenpresse«. Kissler wiederum hatte bereits im April 2014 behauptet, dass die Zeitungen »an den Lesern vorbeischreiben«. Als Belege dafür zog er neben der »Russlandberichterstattung« allen Ernstes »den Umgang mit Akif Pirinçci« heran, dessen Buch *Deutschland von Sinnen* kurz zuvor erschienen war. Wörtlich: »Die Entfremdung macht Fortschritte. Leser an Medium: du lügst, es ist ganz anders. Medium an Leser: Schnauze.« Ein Satz, den der neurechte Autor Nils Wegner im Online-Auftritt der *Sezession* (sezession.de) als »zeitlos wunderschöne Formulierung« feierte.

Sloterdijk spricht vom »Lügenäther« und verneint die »moralische Pflicht zur Selbstzerstörung«

Sloterdijks Gerede vom »Lügenäther« war keine singuläre fragwürdige Äußerung gegenüber den *Cicero*-Gesprächspartnern. So stimmte er zudem ein »Lob der Grenze« und des Nationalstaats an: »Auf Dauer setze sich der territoriale Imperativ durch«; es gebe schließlich »keine moralische Pflicht zur Selbstzerstörung«. Auch das klingt wie Sarrazin oder, geht man etwas weiter zurück, wie Oswald Spengler, der bekanntlich den »Untergang des Abendlands« imaginierte. Sloterdijk ist keineswegs der einzige Intellektuelle, der mit fortschreitendem Alter immer weiter nach rechts driftet. Eine ähnliche Entwicklung ist auch bei Rüdiger Safranski und Matthias Matussek zu sehen. Beide waren in ihrer Jugend Maoisten, was die These stärkt, dass es vielleicht so etwas wie eine charakterliche Disposition hin zum Radikalen gibt.

Safranski äußerte sich in Roger Köppels *Weltwoche* Ende letzten Jahres in bemerkenswert abwertender Manier über die »Europa-Ideologie«: »Ein Großteil der politischen Elite und der reflektierenden Öffentlichkeit in Deutschland sah darin ein Mittel, um den anrüchigen Nationalismus loszuwerden. Beim Volk ist diese Idee nie wirklich angekommen. Dort fand man es einfach nur gut, dass es keine Grenzkontrollen mehr gab und im westlichen Europa Friede herrschte – und das ist ja nun wirklich die Hauptsache. Auf den sonstigen EU-Regulierungsfuror kann man ja gut verzichten. Er schadet nur.« Alan Posener nahm zu diesem Geraune, das zur unverzichtbaren Ingredienz des derzeit so verbreiteten rechtspopulistischen Gebräus gehört, auf dem Autorenblog »Starke Meinungen« wie folgt Stellung: »Die Entgegensetzung von ›Elite‹ und ›Volk‹« sei ihm, so Posener, »unklar, es sei denn, Rüdiger will Ressentiments provozieren: ›Wir sind das Volk!‹ – und die Elite sollte ›dem Volke dienen‹.«

Safranski gehört – wenig überraschend – auch zum Chor der jammernden Sänger, die das große Klagelied von der angeblich so gemein behandelten AfD anstimmen. Gegenüber der *Kulturzeit* empörte er sich: »Ich befürchte nur, dass die AfD unter diesem Trommelfeuer der Verleumdung an den Rand gedrückt wird.« Worin die »Verleumdung« bestehen soll, hat er bisher nicht näher erläutert. Sollte er meinen, die Partei werde zu Unrecht »in die rechte Ecke« gedrängt, muss er seine Position überdenken. Denn kein Geringerer als Alexander Gauland, immerhin Vizevorsitzender der Partei, bekannte Anfang April frank und frei gegenüber der *Frankfurter Allgemeinen Sonntagszeitung*, dass die AfD eine »rechtspopulistische Protestpartei« sei.

Zu erwähnen ist in diesem Zusammenhang auch Frank Böckelmann, Herausgeber der Zeitschrift *Tumult*, die seit ihrer letzten Winterausgabe einen ähnlichen Weg wie der *Cicero* eingeschlagen hat. Böckelmann griff im Editorial jener Ausgabe die auf Arnold Gehlen zurückgehenden Begriffe »Hypermoral« und »Humanitarismus« auf, mit denen das rechte Milieu andere Tugendvorstellungen als die eigenen verächtlich macht, und schrieb: »Die Immigranten wenden die Hypermoral, zu der sich viele Deutsche in eitler Selbstlosigkeit aufschwingen, gegen die deutschen Institutionen.« »Geschichtslos, gesichtslos, bodenlos, positionslos« seien viele Deutsche geworden. Und zwar aufgrund einer »fortgesetzten Mahnung« nämlich derjenigen an »jene zwölf Jahre ihrer Vorgeschichte«. Klare Sache: Hier bedient Böckelmann den neurechten Topos des »Schuldkults« und benutzt – wie übrigens auch Björn Höcke – den verharmlosenden Begriff der »zwölf Jahre«, anstatt den Nationalsozialismus und Holocaust beim Namen zu nennen. Der DDR-Dissident Ulrich Schacht spricht in derselben Ausgabe von einer »souveränitätspolitischen Verwahrlosung«, die es derzeit gebe.

Matthias Matussek – vom katholischen Abenteurer zum Pegida-Apologeten

Im aktuellen Frühjahrsheft von *Tumult* darf nun Matthias Matussek martialisch von der »Flüchtlingsbombe« und deren »Detonation« sprechen. Er, der noch vor wenigen Jahren ein positives, begeisterndes Buch namens *Das katholische Abenteuer* über sein konservatives Verständnis des Glaubens geschrieben hat, steht inzwischen wie Kissler Pars pro Toto für den Teil des konservativen Milieus beider Konfessionen, der in den Rechtspopulismus, bisweilen sogar ins neurechte Denken abgedriftet ist und auf dessen weitere Vertreter später noch näher einzugehen ist. Wie Kubitschek redet nun auch Matussek vom »geistigen Bürgerkrieg«.

Im Oktober 2015, zu einem Zeitpunkt also, in dem sich die Pegida-Bewegung längst radikalisiert hatte, qualifizierte Matussek die Kritik der Bundeskanzlerin an den selbst ernannten Abendlandverteidigern als »überraschend undemokratisch« ab. Und in *Tumult* verteidigt er diese erneut. Sie seien »grundlos« einer »politisch-korrekten Beschimpfung« ausgesetzt gewesen. Ende 2014 war er sogar so weit gegangen, den Pegida-kritischen Stimmen in Politik und Presse die »Gesinnung von HJ-Pöbeln« zuzuschreiben.

Derlei Verähnlichung demokratischer Politiker und der Qualitäts-presse mit Vertretern diktatorischer Regime gehört zum Grundsound neurechten Denkens und hat sich in den letzten Jahren verschärft: Aus »Politikdarstellern« wurden »Volks-« beziehungsweise »Hochverräter« und aus den »Mainstream-« beziehungsweise »Systemmedien« wurde die schon erwähnte »Lügenpresse«. Auf diese Weise stellt die Neue Rechte die Verhältnisse auf den Kopf: Was, wie unsere liberale und pluralistische Demokratie einschließlich ihrer Repräsentanten, nicht in das illiberale, völkische Weltbild hineinpasst, wird als Ausgeburt einer Diktatur dargestellt, gegen welche »Widerstand« im Sinne zivilen Ungehorsams nach Artikel 20 Absatz 4 des Grundgesetzes zu leisten sei. Nicht umsonst nennt Björn Höcke Angela Merkel die »Bundesdiktatorin«. Sich selbst stilisieren die Szenemitglieder hingegen als Inbegriff des anständigen Demokraten, als Freiheitskämpfer und vor allem: als Hüter der Wahrheit. Kaum zufällig lautet der Leitslogan der AfD »Mut zur Wahrheit«, was impliziert, dass alle anderen feige lügen. Inzwischen hat sich diese Art des Denkens weit in die bürgerliche Mitte hineingefräst. Laut einer im Herbst 2015 für den *Stern* durchgeführten repräsentativen Forsa-Umfrage halten 44 Prozent der Deutschen den »Lügenpresse«-Vorwurf für plausibel und die Medien für von oben gesteuert.

Von der »Tristesse Droite« zum Eindringen in den öffentlichen Diskurs

Keine Frage: Der Neuen Rechten ist in wenigen Jahren genau das gelungen, was sie seit Jahrzehnten anstrebt: in den öffentlichen Diskurs einzudringen, um so im vorpolitischen Raum »kulturelle Hegemonie« zu erlangen und damit langfristig eine Übernahme der politischen Macht zu ermöglichen. Ein Konzept, welches das Milieu von dem italienischen Kommunisten Antonio Gramsci übernommen hat und »Metapolitik« nennt. Dabei liegen diese Zeiten, in denen all das eher fernliegend erschien, gar nicht einmal so weit zurück.

Ende 2013 luden Götz Kubitschek und Ellen Kositza ihre engsten Weggefährten, darunter Martin Lichtmesz, Erik Lehnert, der das von Kubitschek mitbegründete Institut für Staatspolitik – die Denkfabrik der Neuen Rechten – leitet, und den als »Edelfeder« des Milieus geltenden Thorsten Hinz zu vier Gesprächsabenden auf ihrem Rittergut ein. Sie nannten das Ganze programmatisch »Tristesse Droite«. Wie Kositza im Vorwort des gleichnamigen Gesprächsbands selbst sagt, wollte man damit im Format an den Gesprächsband *Tristesse Royale. Das popkulturelle Quintett* anknüpfen, welcher die Diskussionsrunden von Christian Kracht, Joachim Bessing, Eckhart Nickel, Alexander von Schönburg und Benjamin von Stuckrad-Barre dokumentierte, die diese im Jahre 1999 in einer Suite im Hotel Adlon abhielten. Zwar konnten Kositza und Kubitschek nach eigenen Angaben nichts mit dem Inhalt der dortigen Äußerungen anfangen, waren jedoch »angetan von Idee und Format an sich«. Man darf diese Anknüpfung an *Tristesse Royale* durchaus anmaßend finden. Aber sie passt zum neurechten Ehepaar vom Rittergut Schnellroda mit seinem besonderen Sinn für die Pose. *Tristesse Droite* ist bebildert: Den intellektuellen Habitus garniert man mit einem Hauch Laszivität: Kositza, Mutter von sieben Kindern, präsentiert sich in Netzstrumpfhose und mit Zigarillo. Gleichzeitig betont das Ehepaar gerne öffentlich, dass es sich siezt.

Die AfD als neurechter »Resonanzboden« und »fundamentaloppositionelle Bewegungspartei«

Interessant in *Tristesse Droite* sind diejenigen Passagen, welche zeigen, wie unsicher die Neurechten sich damals in der Einschätzung waren, ob die AfD ihnen nützlich sein könne. Kubitschek sorgte sich, die AfD könne »immer schon Mitte« gewesen und »deshalb gar nicht verändernd sein«. Gleichwohl fragte er sich, ob die Partei nicht als »Resonanzboden« nutzbar sei. Inzwischen ist die AfD zum Resonanzboden schlechthin für die Neue Rechte geworden. Mehr noch: Sie ist ihr politischer Arm. Dafür hat vor allem eine Person gesorgt: Björn Höcke, Kubitscheks enger Freund und seit dem Thüringer Landtagswahlkampf 2014 derjenige, der neurechte Parolen besonders lautstark in der Öffentlichkeit schwingt. Schon damals betonte er die Notwendigkeit einer »am Volkswohl orientierten Politik« und klagte, dass »alle Werte dekonstruiert, alle Tabus gebrochen seien«. Wer wollte, konnte da bereits erkennen, wie tief der studierte Gymnasiallehrer im neurechten Denken verwurzelt ist, lange bevor er auf Demonstrationen »1000 Jahre Deutschland« beschwor, Gegendemonstranten als »Lumpenpack« beschimpfte und die Gewaltfantasie äußerte, Angela Merkel »mit der Zwangsjacke« aus dem Kanzleramt abzuführen.

Inzwischen nennt Höcke die AfD ohne jede Zurückhaltung eine »fundamentaloppositionelle Bewegungspartei« und drängt auf die Straße, weil man, so sagte er jüngst in Altenburg, »keine Zeit [habe], jetzt jahrelang intensiv Parlamentarismus zu spielen«. Auch müsse nun »eine neue politische Elite mit einem vaterländisch-patriotischen Bewusstsein« entstehen. Damit bewegt er sich auf einer Linie mit Felix Menzel, der im Herbst 2015 in der *Blauen Narzisse* forderte, man müsse »in zehn Jahren die Macht übernehmen«, wofür eine »zukünftige Staatselite« erforderlich sei, »die so schnell wie möglich den Versagerverein um Angela Merkel ablöst«.

Die AfD und die »Identitäre Bewegung«

Bereits im August 2014 gab Björn Höcke, für den die Besuche auf Kubitscheks Veranstaltungen seinen eigenen Worten zufolge »geistiges
Manna« sind, der *Blauen Narzisse* ein ausführliches Interview. Darin
nannte er die AfD eine »identitäre Kraft«. Eine klare Anspielung auf
die vor allem aus jungen Leuten bestehende »Identitäre Bewegung«.
Die »Identitären«, wie sie auch genannt werden, und deren Symbol ein
schwarzes Lambda auf gelbem Grund ist, sind eine Abspaltung des
rechtsextremen französischen »Bloc Identitaire« und kämpfen seit geraumer Zeit öffentlichkeitswirksam gegen den »Großen Austausch«, also
die »Umvolkung« an. Der Begriff »Großer Austausch« geht auf Renaud
Camus zurück, den Chefvordenker des Front National. Ursprünglich
vor allem im Internet aktiv, trägt die »Identitäre Bewegung« ihre Haltung inzwischen immer mehr in die Öffentlichkeit. Ganz gezielt setzen
ihre Protagonisten auf Provokationen und unterbrechen öffentliche
Veranstaltungen – ein Konzept, das sie sich von radikalen Linken ab-
geschaut haben. So stürmten sie jüngst, mit Kunstblut und Flyern aus-
gestattet, eine Aufführung von Elfriede Jelineks Flüchtlingsstück *Die
Schutzbefohlenen* an der Uni Wien. Der Kopf des österreichischen
Zweigs der Bewegung, Martin Sellner, absolvierte vor den drei Landtagswahlen im März 2014 überdies eine Art Praktikum als, so nennt er
das wirklich, »regime change agent« auf Rittergut Schnellroda. Danach
schwärmte er davon, dass man »neue Kommunikationskanäle […] gegraben und wichtige metapolitische Reaktionsmuster eingeübt [hat],
die bald reflexartig funktionieren könnten. Kurz: das patriotische Lager in Deutschland [wird] kampagnenfähig.«

In Deutschland wird die »IB«, wie sie in der neurechten Szene genannt wird, vom hessischen Amt für Verfassungsschutz offiziell beobachtet. Laut dem Berliner Verfassungsschutzbericht 2014 steht sie
»beispielhaft für eine neue Generation innerhalb der rechtsextremis-
tischen Szene«. Das allerdings ficht Peter Bystron, den Landesvorsitzen-
den der AfD Bayern, nicht an. Auf einer AfD-Demo vor der Münchner

Feldherrnhalle (!) äußerte er die folgenden Willkommensworte: »Ich begrüße hier ausdrücklich die Jugend, die identitäre Jugend, die noch weiß, was Heimat bedeutet.«

Höckes starke Stellung innerhalb der AfD: »Erfurter Resolution« und »Patriotische Plattform«

Überhaupt ist das neurechte Ideengebilde bei der AfD längst auch im Westen fest verankert. Von den insgesamt 14 Vorstandsmitgliedern der AfD Baden-Württemberg zählen sechs zu den Erstunterzeichnern der von Björn Höcke und André Poggenburg – Landesvorsitzender der AfD Sachsen-Anhalt – initiierten »Erfurter Resolution«. In diesem Dokument wird die AfD als »Widerstandsbewegung gegen die weitere Aushöhlung der Souveränität und der Identität Deutschlands« bezeichnet. Rechnet man noch den »AfD-Philosophen« und Sloterdijk-Schüler Marc Jongen hinzu, der in Höckes Erfurter Demonstrationen »Mittel gegen die Thymos-Schwäche der Deutschen« sieht, dann besteht exakt die Hälfte des Landesvorstands im Ländle aus Höcke-Unterstützern.

Auch auf die als Verein organisierte »Patriotische Plattform« kann Höcke sich bundesweit verlassen, sobald er innerparteilich in der Kritik steht. Mit Slogans wie »Lasst unseren Björn Höcke in Ruhe« ruft man zur Solidarität auf. Der Kopf des Vereins, Hans-Thomas Tillschneider, sitzt inzwischen für die AfD im sachsen-anhaltinischen Landtag und hielt kürzlich einen Vortag mit dem Titel »Parlament und Straße – Gemeinsamer Widerstand?« beim »Identitären Stammtisch« in Halle. Zu den Vorstandsmitgliedern zählt auch Dubravko Mandic, der Barack Obama einen »Quotenneger« nannte und bei seiner Burschenschaft an rechtsradikalen Feiern teilgenommen haben soll. Die »Patriotische Plattform« äußerte sich wie Höcke kritisch zu der Auflösung des saarländischen AfD-Landesverbands, den der Bundesvorstand der Partei wegen Kontakten des Vorsitzenden und weiterer Vorstandsmitglieder in die rechtsextreme Szene angeordnet hatte. Vor dem mit rechten Kräften besetzten Bundesschiedsgericht scheiterte der Bundesvorstand vorerst kläglich, was viel über die Radikalisierung der Partei aussagt.

Maßgeblich zu Höckes Machtposition in der Partei hat aber in erster Linie Alexander Gauland beigetragen. Beide Herren bezeichnen sich gegenseitig explizit als »Freunde« und proklamierten im Herbst 2015 zeitgleich und ohne vorherige Absprache mit Frauke Petry in Erfurt und Magdeburg parallel »5 Grundsätze für Deutschland«, zu denen etwa dieser zählt: »Doch eines werden wir nicht tun: unser Land und unsere Nation aus der Hand geben. Deutschland ist unser Land.« Zu den Freunden der AfD gehört inzwischen auch die FPÖ. Deren Vorsitzender, Hans-Christian Strache, mit dem Petry und Marcus Pretzell bereits öffentlich aufgetreten sind, teilte auf seiner Facebook-Seite ein Video der »Identitären Bewegung« und sprach von einer »parteiunabhängigen nicht linken Bürgerbewegung«, die sich durch »friedlichen Aktionismus« auszeichne.

Die radikalen Christen: Mit Carl Schmitt gegen Angela Merkel

Ähnlich wie Alexander Kissler empört sich auch Björn Höcke über kirchliche Kritik an der AfD. Nur klingt das bei ihm noch zorniger. Auf die Verdunklung des Erfurter Doms anlässlich der AfD-Demonstrationen auf dem Domplatz reagiert er mit folgenden Worten: »Es ist der Dom unseres Volkes; das ist unser Dom.« Damit spricht er überdies nicht zuletzt dem radikalisierten Teil der konservativen Christen beider Konfessionen aus dem Herzen, der sich bereits echauffierte, als der Kölner Dom anlässlich einer Pegida-Demonstration im Dezember 2014 dunkel blieb. In diesen Kreisen gehört es fast schon zum guten Ton, die AfD zu verharmlosen, zu rechtfertigen beziehungsweise gleich zu wählen oder, wenn man all das nicht tut, zumindest gegen Angela Merkel Stimmung zu machen. Mit Recht wies der ehemalige Herausgeber der *Welt*, Thomas Schmid, darauf hin, dass Merkel »in betont konservativen Kreisen der beiden christlichen Kirchen seit geraumer

Zeit als eine große Verderberin [gelte], der Einhalt geboten werden müsse«.

Auch sprach Schmid in diesem Zusammenhang die durch den Dominikanerpater Wolfgang Ockenfels herausgegebene katholische Zeitschrift *Die Neue Ordnung* an, in der »regelmäßig in scharfem Ton gegen die Bundeskanzlerin polemisiert« werde. Schmid resümierte: »Man bemüht dabei den Kulturpessimisten Oswald Spengler, der in den 20er-Jahren des vergangenen Jahrhunderts den Untergang des Abendlandes prognostizierte, und den Staatsrechtler Carl Schmitt, der den Ausnahmezustand so schätzte und die parlamentarische Demokratie für ein misslungenes Regiment von Schwächlingen hielt. Die Zeitschrift kritisiert in ihren aktuellen Ausgaben den ›Humanitarismus‹ ebenso wie den Universalismus, der zugunsten einer neuen Attraktivität des Eigenen relativiert werden müsse.« Auch dort hat also das neurechte Gedankengut Anschluss gefunden. Da wundert es kaum, dass Felix Dirsch, Stammautor der *Neuen Ordnung*, in Kubitscheks *Sezession* das aktuelle Buch *Keine Toleranz den Intoleranten* von Alexander Kissler rezensiert hat. Und ebenso wenig, dass Ockenfels auf dem umstrittenen privaten Portal kath.net abschätzig von »der medialen Großoffensive gegen die Protestbewegung Pegida« und von einer »moribunden Presse« redete. Auch beklagte er, dass die Medien angeblich »ihren Hass auf den Teufel Wladimir Putin kaum noch zügeln« können.

Lieblingsfeindbilder radikaler Christen: »Homo-Lobby« und »Genderwahn«

Auch manche Christen, die ihre CDU-Mitgliedschaft nach außen hin demonstrativ betonen wie die Organisatorin der »Demo für Alle«, Hedwig von Beverfoerde, oder das Ehepaar Klaus und Birgit Kelle bedienen durchaus rechtspopulistische Feindbilder wie die »Homo-Lobby« sowie den »Genderwahn« und zeigen keine Berührungsängste zu Medien der Neuen Rechten. Birgit und Klaus Kelle lassen eigene Texte auf dem Blog von *eigentümlich frei* zweitverlinken, dessen Kopf, André Lichtschlag, abfällig von der »Herrscherkaste« spricht. Auf diesem Portal wird inzwischen auch Höcke verteidigt.

Birgit Kelle publiziert überdies regelmäßig in der *Jungen Freiheit*, die zwar gemäßigter als Kubitscheks Umfeld ist, aber gleichwohl neurechtes Gedankengut transportiert. Nicht einmal gegenüber Kubitschek zeigte sie eine Abgrenzung, sondern gab ihm Ende 2013 für die *Sezession* ein ausführliches Interview. Darin lobte sie die *Junge Freiheit* und nannte sie »wichtig als Medium, das sich nicht dem medialen Mainstream unterwirft«. Als Akif Pirinçci ihr Buch *GenderGaga* auf Facebook mit den Worten empfahl, der »Wahnsinn« der »Gender-Irren« wäre »zu früheren Zeiten ausschließlich mit massivem Einsatz von Elektroschocks behandelt worden«, bezog Birgit Kelle nicht gegen diese Folterfantasien Stellung, sondern lästerte mit dem »lieben Akif« über die Frisur von Anton Hofreiter, dem Fraktionsvorsitzenden von Bündnis 90/Die Grünen. Und während moderate Konservative sachliche und durchaus berechtigte Kritik am Gendermainstreaming üben, versteigt Kelle sich in groteske Überspitzungen. Im *Focus* schrieb sie: »Wer nicht wenigstens bisexuell ist, gerät angesichts der Gender-Offensive demnächst mit seinem traditionellen heterosexuellen Geschlechtstrieb unter Rechtfertigungsdruck.«

Widerstandsrhetorik und Widerstandsaufrufe

Aufrufe zum Widerstand gibt es inzwischen auch im rechtskatholischen Milieu. So nannte der katholische Journalist und Blogger Peter Winnemöller im Mai 2015 die Ausübung des Widerstandsrechts – ausdrücklich unter Hinweis auf Artikel 20 Absatz 4 Grundgesetz – eine »moralische Pflicht für alle, die den freiheitlichen demokratischen Rechtsstaat nicht auf dem Altar einer Selbstanpassung und politischen Korrektheit geopfert sehen wollen«. Kubitschek geht noch viel weiter: Er hat im Herbst 2015 auf sezession.de ein juristisches Gutachten des

Anwalts Thor von Waldstein veröffentlicht, in dem dieser sich für die Blockaden von Flüchtlingsbussen – wie es sie später in Clausnitz gab – und die Kappung von Heiz- und Stromleitungen ausspricht. Das passt zu Kubitschek. Der nämlich meint unter Berufung auf sein »Rechtsempfinden«, dass es »Zeiten [gebe], in denen es legitim sei, jenseits geltender Gesetze zu handeln«. Nämlich dann, wenn »die Rechtsordnung an sich aus den Fugen gerate«. Dabei ist es in Wahrheit eben nicht Angela Merkel, die den deutschen Rechtsstaat aushebelt, sondern Kubitschek mit seinen Sabotageaufrufen.

Kubitschek ist inzwischen zudem neue Allianzen eingegangen, etwa mit dem Nationalbolschewisten und Herausgeber des Magazins *Compact*, Jürgen Elsässer, was einmal mehr zeigt, dass der Hauptfeind der Neuen Rechten keineswegs die Linken, sondern Liberalismus und Parlamentarismus sind. Armin Mohler, einer der wichtigsten Vordenker der Szene, hat sogar ein Buch mit dem Titel *Gegen die Liberalen* verfasst. Kubitschek und Elsässer haben überdies zusammen mit dem umstrittenen Staatsrechtler Karl Albrecht Schachtschneider sowie dem schon erwähnten Hans-Thomas Tillschneider die Initiative einprozent.de ins Leben gerufen, die Kubitschek als »eine Art NGO« für die Umsetzung der eigenen Ziele sieht. Elsässer ist mittlerweile auch in AfD-Verbänden als Redner gefragt. Auf der Wahlparty der AfD in Magdeburg war er überdies mit einem kleinen TV-Studio vertreten, in dem André Poggenburg sein erstes Interview an jenem Abend gab, also bevor er mit etablierten Medien sprach.

Keine Frage: Der Einfluss der Neuen Rechten in und außerhalb der AfD ist nicht zu unterschätzen, die Gefährlichkeit ihres völkisch-antiliberalen Denkens auch nicht. In Sachsen-Anhalt und Thüringen sind praktisch alle AfD-Abgeordneten dieser Strömung zuzurechnen. Auf ihre Worte ist genau zu achten. Wer die AfD nur als rechtspopulistische Protestpartei bezeichnet, verharmlost. Diejenigen Kräfte, die unsere parlamentarische, liberale Demokratie grundlegend umgestalten wollen, werden in der Partei immer stärker und eher früher als später an die Parteispitze drängen. Es ist nicht ausgeschlossen, dass die AfD nach

Sachsen-Anhalt zumindest auch in weiteren Bundesländern im Osten zweitstärkste Kraft wird. Auf Deutschland könnten also harte Zeiten zukommen. Wer die bundesrepublikanische Demokratie erhalten will, ist nun gehalten, über die Neue Rechte aufzuklären, damit nicht noch mehr Bürger bewusst oder unbewusst ihre Ideen übernehmen und sich ihrem Kampf für einen illiberalen und ethnisch homogenen Staat anschließen.

Barbara Vinken

Die Angst vor der Kastration
Über rechtsradikale Mode

>»Alice sah uns mit diesem zugleich zärtlichen und leicht spöttischen Blick an, den Frauen aufsetzen, wenn sie einer Unterhaltung zwischen Männern folgen, diesem merkwürdigen Vorgang, der stets zwischen Homoerotik und Duell schwankt.«[1]

Will man verstehen, wie »rechte« Mode funktioniert, was sie will und tut, sollte man sehen, von was sie sich absetzt, wogegen sie sich wendet. Als rechtsradikale, sprich Neonazi-Mode galten bis vor Kurzem in Deutschland rasierte Schädel, Springerstiefel, enge schwarze Hosen, Bomberjacken. Martialisch brutal. Glaubt man dem Verfassungsschutz, erfreut sich Thor Steinar – eine mittlerweile von Königswusterhausen nach Dubai verlegte Marke, deren Logo ein sich auf die nordische Mythologie beziehendes, hakenkreuzartiges Gebilde war – in der Szene großer Beliebtheit. Angetreten wird hier im Zeichen der Nazis. Manchmal ein gegelter, superpräzis penibler Scheitel, der mich an die SS à la Viscontis Helmut Berger in den *Verdammten* erinnert; oder an Ostjunker. Männerkleider, Männerfrisuren erst mal.

Bomberjacken und Doc Martens, den etwas abgewandelten Springerstiefel mit ursprünglich zivilem, später proletarisch linkerem Einschlag, trägt seit geraumer Zeit die ganze Welt, Frauen wie Männer, als Alltagsbasics. Normcore sozusagen. Und das neue Logo von Thor Steinar ist eine Art Andreaskreuz. Rasierte Schädel sind ebenfalls von links bis rechts und selbst in den Vorstandsetagen in Mode. Große Verwirrung, keiner weiß mehr, was was heißen soll. Irgendwie schwer scheint es im Moment, wo allerorts der Einbruch der bürgerlichen Mitte mit der für die modernen Demokratien zentralen Unterscheidung in ein rechtes und linkes Spektrum festzustellen ist, klare Grenzen zwischen rechts und links zu ziehen: Beobachter der Szene haben Rechtsradikale mit Che-Guevara-T-Shirt oder Palästinensertüchern gesichtet. Versuchen wir, es etwas grundsätzlicher anzugehen. Niemand vielleicht hat die Herrenkleidung der Moderne so schön beschrieben wie Nietzsche. Erst vor diesem Hintergrund gewinnt alles Radikale Kontur – linkes wie rechtes. In seiner Aphorismen-Sammlung *Menschliches, Allzumenschliches. Ein Buch für freie Geister* (1878/1879) beschreibt Nietzsche Sinn, Zweck und Bedeutung des bürgerlichen Kleidungsstücks par excellence, des Anzugs – offensichtlich Männerkleidung also. Der Anzug, um die Französische Revolution herum geboren und zur Ikone der Moderne schlechthin geworden, siegte global. Nicht nur in Europa, sondern weltweit verdrängte er die lokalen Trachten und wurde zur Standardkleidung der Weltbürger.

Nietzsche stellt den Anzug gegen die Tracht, Kopfarbeit gegen Handarbeit, Stadt gegen Land. Während die Tracht hinterwäldlerisch-rückständig örtliche Eigenheiten bewahre, drücke der Anzug die Tugenden des modernen, aufgeklärten, industriellen Europas aus. Der Anzug trennt nicht, er vereinheitlicht. Nach dem Vorbild dieses nur minimalen Varianten unterliegenden Klassikers entwirft Nietzsche den wahren Charakter der Mode in einer Umwertung aller Werte nicht als das sich ewig Wandelnde, sondern als das Beständige: »Im ganzen wird also gerade *nicht das Wechselnde* das charakteristische Zeichen der *Mode* und des *Modernen* sein, denn gerade der Wechsel ist etwas Rückständiges und bezeichnet die noch *ungereiften* weiblichen und männlichen Europäer: sondern die *Ablehnung der nationalen, ständischen und individuellen Eitelkeit*.«[2]

Die Mode ist Nietzsche idealerweise nicht Mittel der Distinktion, sondern Mittel der Nivellierung. Anders gesagt: Es ist die Gleichgültigkeit gegen alles im landläufigen Sinne Modische, die distinguiert. Der reife europäische Mann, selbstredend ein Geistesmensch, zeigt in seiner Kleidung, »daß er arbeitsam ist und nicht viel Zeit zum Ankleiden und Sich-putzen hat, auch alles Kostbare und Üppige in Stoff und Faltenwurf im Widerspruch mit seiner Arbeit findet; endlich daß er durch seine Tracht auf die gelehrteren und geistigeren Berufe als die hinweist, welchen er als europäischer Mensch am nächsten steht oder stehen möchte«.[3]

John Carl Flügel hat den Anzug nicht so enthusiastisch wie Nietzsche begrüßt und den Umbruch, den die Französische Revolution in der Kleiderordnung mit sich brachte, witzig in ein Bonmot gefasst. Die große Französische Revolution (great French Revolution) führt zur großen männlichen Entsagung (great male renunciation). Denn während die höfische Mode den männlichen Körper in schwerem Samt und leuchtenden Seiden, wippenden Federn, schneeigen Spitzen, üppigen Stickereien zeigt, schminkt der bürgerliche Mann sich all das ab. Bis zur Revolution waren die Männer das schönere, das herausgeputztere, das prunkendere Geschlecht. Gepudert, mit Rouge und Schönheitspflästerchen gingen sie so wie die Frauen. Und rückten ihre Beine überdies in hautengen, glänzenden Strümpfen ins rechte Licht. Ganz allgemein gilt für die männliche Mode bis zur Revolution: Sie zeigt Körper – nicht den verarbeiteten und vernutzten Körper der Bauern und Landarbeiter, sondern einen Körper, der zeugen, kämpfen, tanzen, fechten, reiten, jagen, laufen, Ball spielen kann. Ungehemmt zeigte man, was man hatte – und oft mehr, als man hatte. Man ließ den Körper durch seine Kleider, oversexed und overdressed, unmissverständlich sprechen. Hier geht es grundsätzlich um ein Mehr, ja um ein Zuviel.[4] Die große Revolution kam im Namen einer Moderevolution: die sogenannten Sansculotten, in gedecktem, dunklem Tuch, mit langen, den Körper verhüllenden Hosen, dem *pantalon*, machten der in *culottes* prunkenden Männlichkeit den Garaus. Sie siegten aber nicht im Zeichen des *pantalon*, schließlich hießen sie nicht »les pantalons«, sondern im Zeichen dessen, was fehlte: als »sans-culottes«.

Der männliche, bürgerliche Männerkörper bleibt in bestimmter Negation auf diese aristokratische Mode bezogen: Er ist und scheint nicht – leer, heißt das jetzt. Unauffällig, schmucklos, neutral tritt alle Oberflächenverzierung hinter die abstrakt-idealisierende Konstruktion, den als solchen nicht in Erscheinung tretenden Schnitt, die niemals sichtbare Unterfütterung zurück. Gedeckte Farben, locker fallende Wollstoffe, nichts mehr sitzt hauteng. Die schmucklose Nüchternheit, die disziplinierte Strenge, das Hervortreten einzig der »Persönlichkeit« in ihrer ungeschminkten Wahrheit doppelt die bürgerliche Ethik. Der Mann wird in seiner Kleidung modern, indem er alles bloß Modische abstreift.[5] Die Repräsentation von Macht ist von nun an an den sexuell unmarkierten Körper gekoppelt. Die »constantia« der Person, die ihr Mäntelchen prinzipientreu nicht in den Wind hängt, wird durch die Beständigkeit des Anzugs, der saisonal nur minimalen Variationen unterliegt, unterstrichen. Der Anzug konstituiert den Bürger als Gegenstück des sich im Schein ergötzenden Aristokraten, parfümiert, geschminkt, aufgetakelt, mit Perücke, als natürlich, authentisch Seienden. Mit Barthes gesprochen, konnotiert dieses Kleidungsstück nicht willkürlich wechselnde Künstlichkeit, also Mode, sondern reine Zweckmäßigkeit, Funktionalität.[6]

Der Anzug individualisiert die Person, indem er alles, was die Aufmerksamkeit auf das Kleid lenken würde, unterbindet und damit allein das Gesicht, ungeschminkt, in den Fokus rückt. Als Kleid nicht aufzufallen und damit den Körper auszublenden, ist das Gesetz, unter dem der Anzug steht. Der geschlechtliche Körper wird im Kollektiv aufgehoben; eingebunden wird der individuelle Körper durch die Abstraktionsleistung des Schnitts und durch die durchgehende Uniformierung. Der Anzug nivelliert, neutralisiert, egalisiert. Der einzelne Körper inkarniert die Institution: Er tritt in seiner Besonderheit hinter sie zurück, geht in ihr auf. Aber diese Institution besteht aus vielen verschiedenen, einzigartigen Individuen, die sich nicht durch Rang oder Wehrkraft, sondern durch unverwechselbaren Charakter unterscheiden. Abzeichen, Wappen, Logos irgendwelcher Art zieren den Anzug selbstverständlich nicht. Der männliche Anzug ist die Conditio sine qua non der Demokratie; das »habit noir« sein, wie Baudelaire schrieb, einziger legitimer Ausdruck. Bürgerlich gibt er Tag für Tag das Spektakel des Unspektakulären zum Besten: Rhetorik der authentischen A-Rhetorik.

Diese Herrenbekleidung ist vielleicht konservativ, aber sicher eines nicht: radikal bewegt. Dieser Anzug ist vor allen Dingen zivil und nicht militärisch. Er ist das Kleid der Republik. Die Leute, die ihn tragen, arbeiten mit der Feder und hantieren nicht mit dem Schwert, oder, um es zeitgemäß zu formulieren, mit dem Apple und nicht mit Fahrradkette, Baseballschläger oder Kalaschnikow. Der Anzugträger ist kein Waffenträger. Wenn man die Kleidung der Banker als Frankfurter Uniform bezeichnet, so meint dies nicht das militärische, sondern das uniformierende, vereinheitlichende, und irgendwie auch entsagungsvolle Grau in Grau, Nachtblau in Nachtblau. Muskeln, Geschlecht, Haut werden verhüllt, das Haar fällt nicht wie bei Samson üppig gelockt über die Schultern, sondern ist adrett kurz geschnitten. Nackt sind nur Hände und Gesicht.

Radikale, »rechte« Kleidung bestimmt sich gegen dieses zivile Kleid. Sie ist, und das mag paradox klingen, grundsätzlich paramilitärisch *und* modisch. Sie führt uns damit an die Urszene der Entstehung der männlichen Mode der Moderne zurück, die sich explizit gegen alles weibisch Modische definierte. Wie die aristokratische Kleidung zeichnet sich auch die rechtsradikale Kleidung dadurch aus, dass sie vor allen Dingen einen fähigen, einen einsatzbereiten Körper zeigt. Lag die rhetorische Aufgabe für den Anzug darin, das Signifikat »modisch« zu löschen, so tut dies die rechte Kleidung nicht. Deswegen umweht sie bei allem Paradieren von Männlichkeit und bei aller Martialität ein *odor di femina*. Das Zuviel bekommt etwas Anrüchiges: Man denke an die so homophoben wie homosozialen Nazidandys.

Sehen wir uns an, wie Michel Houellebecq in seinem letzten Roman *Unterwerfung* Robert Rediger, seinen Prototyp der Neuen Rechten, anzieht. Der Roman handelt vom sagenhaften Aufstieg eben dieses Rediger, Präsident der Sorbonne, Staatssekretär für die Universitäten und neuer Außenminister in spe in einem islamofaschistischen Vierten Reich, das die Nachfolge des Dritten Reiches und des Vichy-Regimes antritt. Der zum Islam konvertierte Belgier Robert Rediger war davor Mitglied der rechtsradikalen *identitaires*: den »Eingeborenen Europas«, rassistischen, fremdenfeindlichen Splittergruppen. Sie haben Angst um die Reinheit von Rasse und Kultur und Panik vor Überfremdung. Diese Panik schlägt sich nicht nur in einer aggressiven Rhetorik, sondern auch in schlägertruppartigen Handgreiflichkeiten nieder. Rediger schlägt auf einem Universitätsempfang nicht im Anzug, sondern in schwarzen Jeans und schwarzer Bomberjacke auf. Die Bomberjacke oder auch Fliegerjacke, für Kampfflugzeugbesatzungen entworfen und mit dem Emblem der jeweiligen militärischen Einheit gezeichnet, ist Kriegskleidung: Dieser Mann ist im Einsatz, im Ganzkörpereinsatz. Rediger, ganz in Schwarz, bekennt Farbe: Mussolinis Brigaden in der *camicia nera* lassen grüßen. Der muskelbepackte schwarze Riese, der an einen Rugbyspieler mehr als an einen Politiker erinnert, zieht ein winziges, »fast weibliches« muschelförmiges Handy aus der Tasche. Geschmückt ist die militärisch aufgetakelte, fetisch-strotzende Maskulinität mit dem Emblem der Venus.

Will man radikaler Kleidung auf die Spur kommen, führt der Weg zu den Uniformen, diesem aristokratischen Überbleibsel in einer bürgerlich zivilen Gesellschaft, letztes Bollwerk gegen den zivilen Anzug. Und als Fundus für die Mode der Moderne gar nicht zu überschätzen, die ohne Militäranleihen schlecht vorstellbar ist. Militärzitate werden aus ihrem ursprünglichen Funktionszusammenhang gelöst und, eingeführt in das Zivilleben, zum letzten Schrei, der auch als Dauerbrenner nichts an Sexyness verliert. Es sieht aus, als ob ein Klassiker umso sicherer zum Klassiker würde, je mehr solcher Umwidmungen, Entwendungen und Aneignungen er hinter sich hat. Frauen ziehen Militärkleidung an, Arbeitskleidung wird zur Freizeitkleidung, Reiche streifen sich die Kleider der Armen über. Klassiker verdanken sich Verkleidungen, Travestien: vom Mann zur Frau, vom Arbeiter zum Bourgeois, vom Militär ins Zivilleben. Eine spezifische Form der Aneignung von Militärkleidung, die sich von der »zivilen« unterscheidet, charakterisiert alles rechtsradikal Bewegte.

Uniformen waren der einzige Ort, an dem der Mann auch nach der großen männlichen Entsagung noch Farben und Federn tragen, blitzen und glitzern, hauteng scharf geschnitten Körper zeigen durfte. Prächtig, eben ostentativ männlich, ist der Mann in der bürgerlichen Ära nur noch »on parade«. Natürlich fiel den Leuten bereits im Ersten Weltkrieg auf, dass rote Hosen und goldfunkelnde Helme ideale, weil weithin leuchtende Zielscheiben sind. Im Krieg sind sie deshalb, sagen wir vorsichtig, suboptimal. Farben und Federn, Prunk und Protz, himmelblaue Seiden, goldenes Gefunkel und rote Hosen mussten aufgegeben werden. Sie wurden es auf zwei unterschiedliche Weisen: auf die eine, die, wenn man so will, bürgerliche, zivile Art. Hier war es mit dem Paradieren vorbei und es ging um ein Zurücknehmen, ja um ein Verbergen des Körpers. Er sollte vor dem Tod geschützt, versteckt werden. Auch die Gewalt des tötenden Körpers sollte nicht ästhetisiert werden. Praktisch wird Ästhetik – Schönsein, prächtig glänzen – durch Funktionalität ersetzt: dem Kugelhagel standhalten zu können, vor Wind und Wetter geschützt, vor den feindlichen Waffen verborgen, mit dem Untergrund eins zu werden. In dieser »bürgerlichen« Art, in dieser Zivilisierung der Uniform, geht es um ein Leben unter Extrembedingungen; zu töten und getötet zu werden ist nichts weiter als die extremste dieser Bedingungen.

Und auf eine andere Art, eine postaristokratische, oft von einem martialischen Dandytum umwehte Weise. Hier ging es nicht nur um Funktionalität, sondern vor allem um Ästhetik: darum nämlich, in vollkommener männlicher Schönheit getötet zu werden und zu töten. Der Akt des Tötens wurde durch Ästhetisierung erotisiert. Diese Erotisierung des Todes, die fetischartige Züge annimmt, ist der Kern aller rechten, radikalen Mode. Damit sie rechtsradikale Mode wird, muss dabei der Einzelne nicht als Einzelner in den Tod gehen oder töten, sondern eben uniformiert, als Teil eines Kollektivkörpers, töten und getötet werden. Es ist eine ironiefreie, affirmativ dekadente Mode.

2013 erhielt der britische Komiker Russell Brand den von Hugo Boss mitgesponserten *GQ* »award for best-dressed man« of the year. Zwar hat Hugo Boss, ehemals Mitglied der NSDAP, nicht die legendäre schwarze SS-Uniform entworfen; die verdankt man dem Maler Karl Diebitsch. Während der Nazizeit hat Boss aber sein marodes Unternehmen durch die Beschäftigung von Zwangsarbeitern saniert und ist mit dem Entwerfen und der Herstellung von Uniformen für Wehrmacht, Hitlerjugend und SS reich geworden. Die Ästhetik dieser Uniformen hat Russell Brand auf den Punkt gebracht:»The Nazis did have flaws, but, you know, they looked fucking fantastic while they were killing people on the basis of their religion or their sexuality.«

Die bürgerlich-zivile Art, Männlichkeit *on parade*, Glanz und Gloria der Militärkleidung herunterzudimmen, war feldgrauer Filz. Schon im Ersten Weltkrieg mussten Farben und Glänzen diesem stumpfen Feldgrau weichen, das von 1914 bis 1945 dem deutschen Heer der Feldgrauen seinen Namen gab. Ein strukturell verwandtes, aber modisch viel erfolgreicheres Design als das Feldgrau, das eher ein feldgraumäusiges Dasein führte, war der Trenchcoat, der nicht aus der Militär-, sondern der Funktionalkleidung stammte und bis heute wohl in jedem Kleiderschrank, egal ob Mann oder Frau, hängt. Das lag nicht nur daran, dass er das Kleid der Sieger war: Im Ersten Weltkrieg trugen ihn französische und englische Soldaten, und seinen Namen gaben ihm die Trenchs der Grabenkämpfe des Ersten Weltkrieges. Erfunden wurde der Stoff, aus dem er gemacht wird, schon viel früher, von Thomas Burberry um 1879 in London. Die wasserabweisende Gabardine, aus ganz eng gedrehtem Faden, erwies sich in vielen Lebenslagen als ideal. Burberry und Trench sind fast synonym geworden. Den Trench konnte man bei Wind und Wetter tragen und sich darin frei bewegen. Sein klassisches Kaki war im Schlamm der Schützengräben fast eine Tarnfarbe.

Zum Ende des Krieges wurde die Uniform der siegreichen Krieger von den Frauen angezogen: Bereits im Jahre 1918 zeigte *Harper's Bazaar* Frauen im Trenchcoat. Besonders coole Männer wie Humphrey Bogart in *Casablanca* oder Detektive tragen ihn: lässig, aber doch gewappnet. Sicher gehört er aber ins Arsenal der geheimen Waffen der Frauen; sie tragen ihn dann auch von der Straße bis ins Bett in allen Lebenslagen.

Von Marlene Dietrich über Sophia Loren, Ingrid Bergman, Audrey Hepburn, Katharine Hepburn, Sophia Loren, Brigitte Bardot (natürlich im Bett), Catherine Deneuve und Jacky Kennedy bis hin zu Kate Moss, Victoria Beckham und Kate Middleton (leider verrüscht) trugen und tragen alle Stilikonen Trench.

Auch die Camouflage, das Uniformdesign des nächsten Krieges, würde ich der »bürgerlichen« Art, Männlichkeit herunterzudimmen, zurechnen. Die Camouflage konnte einen ähnlich spektakulären Erfolg verbuchen wie der Trench. Man hätte vermuten können, dass der Höhepunkt dieser Mode überschritten war, als Claudia Schiffer vor mehr als zehn Jahren ein großes Chanel-Abendkleid im *camouflage print* zeigte. Weit gefehlt: Seit Jahren ist Camouflage allbeherrschendes Lieblingsmuster und vollends im Mainstream angekommen. Alles, und immer mehr, von zartester, bestickter Crepe-de-Chine-Unterwäsche von La Perla bis zu Cocktailkleid und Smoking kommt in Variationen von Camouflage. Kein Gallery Weekend, wo nicht mindestens einer der Besucher ein Jackett mit diesem Muster trägt. Anders als beabsichtigt und offensichtlich für dieses Environment nicht gedacht, sticht die Camouflage übrigens sofort und fast unangenehm ins Auge.[7]

Die unbürgerliche, unrepublikanische, nämlich postaristokratische, affirmativ dekadente Mode zeigte sich zuerst während des Weißen Terrors, der in Frankreich 1795 auf den roten Terreur der als terroristisch gebrandmarkten Jakobiner, der *sans-culottes*, folgte. Es war die erste radikale, rechte Mode. Mehr *culotte* als im sogenannten Weißen Terror war selten. Unter der Flagge der Mode, sagenhaft gestylt, machten die *incroyables* mit Mode Politik. Die *incroyables*, auch *muscadins* genannt, waren die flamboyante Avantgarde der ihnen auf dem Fuße folgenden weiteren, rechten, höchstmodischen Antimoden. Mit dem Fall Robespierres in Paris gewannen sie 1794 Prominenz. Balzac brandmarkte die Maßlosigkeit dieser Mode als »barock«; das galt ihm als der Inbegriff des schlechten Geschmacks, des krassen Danebenliegens.[8] Gegen die nüchternen, tugendhaften Bürger setzten die *incroyables* wie die Aristokraten auf Moschuswolken, denen sie auch ihren Namen

muscadins, die Moschusduftenden, verdanken. Dieser schon sprich-
wörtlich aphrodisierende Duft – ob tatsächlich oder mythisch, mag
dahingestellt bleiben – wird aus einer Drüse nahe den Geschlechts-
organen des Moschushirsches gewonnen; bereits im Altertum kam er
über Persien in den Westen. Die eng sitzenden Jacken der *muscadins*,
mit riesigen Rüschenkragen, stellten den aristokratischen *juste au corps*
gegen die bürgerlich fließendere Jacke. Ganz in aristokratischer Tradition zeigten die *sans-culottes* viel eng bestrumpftes Bein, verziert mit
Volantspitzen. Spektakulär trugen sie ihre wie im Ancien Régime ge-
puderten Haare lang an den Seiten und kurz im Nacken *à la victime* als
Erinnerung an die Hingerichteten, denen zwecks leichteren Köpfens
die Haare abgeschnitten wurden. Gegen den blutigen, roten Terror der
tugendhaften Jakobiner in langen Hosen, gegen Gewalt und Unterdrückung der Patrioten setzten die *incroyables* im öffentlich in Paris vor-
gelebten, verschwenderischen Highlife ihren Weißen Terror. Die *bals
des victimes*, an denen nur teilnehmen durfte, wer in seiner Familie
jemanden durch die Guillotine verloren hatte und auf denen man als
Erinnerung an die Opfer ein feines rotes Band, Markierung der Ge-
köpften, um den Hals trug, fanden auf dem Père Lachaise statt. Den
incroyables kam es darauf an, beim Getötetwerden und Töten spektakulär gut auszusehen und allen Wert der Welt aller nüchternen Tugend
zum Trotz auf die Kleider zu legen. Sogar ihre bleibeschwerten Tot-
schläger wirkten elegant. Noch aus dem Geköpftwerden machten sie
einen Schmuck.

Die neue, rechtsradikale Kleidung entsteht durch das restlose Aus-
merzen alles Weiblichen aus dieser Mode der *incroyables*; das heißt
zum Ersten die Erschaffung eines rein und ausschließlich männlichen
schlagkräftigen Körpers, wie er alle faschistischen Bewegungen von den
Braun- über die Schwarzhemden auszeichnet. Über Krieg und Mut
kann man, das wusste schon Ernst Jünger, nur mit Männern reden.
Gleichzeitig wurden die von dem Zivilkleid der Bürger als »weibisch«
gebrandmarkten, aristokratischen Momente der *incroyables* nicht aufgegeben, sondern auf Linie gebracht, nicht sublimiert, sondern abstrahiert:

scharf geschnitten. Schon bei den Edwardian Dandys vor dem Ersten Weltkrieg lag der Schneid in rasiermesserscharfem Schnitt, der allem Funktionalen gegenüber indifferent war. Der supermaskuline Look der Militäruniformen, die wie angegossen sitzen, verdankt sich eben diesem Scharf-geschnitten-Sein. Die latente, manchmal sadomasochistische Homoerotik der Uniform ist eine letzte Bastion gegen den zivilen Bürger. Das Faszinierende dieser Form der Militärzitate liegt darin, dass Männer hier im Schatten der verblichenen Aristokratie dürfen, was seit dem bürgerlichen Zeitalter als weibisch gilt. Kein Wunder, dass diese Männer den *pantalon* beiseitegelegt haben und im Zeichen der *culotte* wiederkommen; an die Stelle der glänzenden, straff sitzenden Seidenstrümpfe treten blank gewichste Stiefel. Im Zeichen des Superweiblichen, ja Weibischen, fetischisierten sie einen Totenkult. Ludwig II. war ihr aristokratischer Vorläufer. Ihnen war nichts wichtiger, als in weißen Handschuhen formvollendet zu sterben. Ihre ungeteilte Aufmerksamkeit galt dem tadellosen Schnitt der eng sitzenden, taillierten Uniform, den glänzenden Messingbeschlägen und diszipliniert polierten Lederstiefeln. Unbeschreiblich Weibliches und Hypermännliches fließen zusammen, Eros erscheint dekadent vom Tod umflort. Göring, ein später Nachfahre dieser Edwardian Dandys, hatte nicht nur lackierte Fingernägel; auch seine Fußnägel waren lackiert. Den homoerotischen Sex-Appeal des »kleinen Schwarzen« der Herrenmenschen – die von Boss geschneiderten SS-Uniformen – konstatierte schon Ernst Kantorowicz.[9] Deren Paradieren erinnerte ihn an Chorus Girls. Viscontis Film *Die Verdammten* bringt diesen hypermännlichen und deshalb weibischen Sex-Appeal der Uniform auf den Punkt. Der ganze »Kerl in Uniform«, gut ausgerüstete, aufgerüstete totale Männlichkeit à la *Tom's Men* ist ein später Nachklang.

Rechtsradikale Mode bestimmt sich durch diesen Gestus einer totalen, und total aufgerüsteten, ganzen Männlichkeit. Aus einem zivilen Menschen, wie der Anzug ihn bekleidet, macht sie einen ganzen Mann, der auch homosozial nur ganze Männer um sich ertragen kann. Männlichkeit bestimmt sich durch den Willen zum Töten. Der phobische

Ausschluss alles Weiblichen, das knallharte Paradieren von Männlichkeit, das Beharren auf dem Zuviel streicht diese übermarkierte Männlichkeit aus: Sie ist und hat, ist Fetisch und hat den Phallus. Kurz, rechtsradikale Mode ist ein Symptom, unheimliche Blüte unerträglicher Kastrationsangst.

Anmerkungen

1 Michel Houellebecq, *Unterwerfung*. Köln 2015, S. 51.

2 Friedrich Nietzsche: *Menschliches, Allzumenschliches. Ein Buch für freie Geister*. In: *Werke in drei Bänden*. München 1966, Bd. I, S. 735–1009, hier S. 963.

3 Ebd., S. 961–962.

4 Vgl. für diesen Aspekt des Mehr oder Zuviel für das aus der antiken, barbarisch konnotierten Krieger- oder Gladiatorenmode herrührende Supermännliche – eine jetzt männliche Maskerade, die allen Wert der Welt auf die Kleider legt – Friedrich Weltzien: »Masque-ulinities: Changing Dress as a Display of Masculinity in the Superhero Genre«. In: *Fashion Theory* 9 (2) 2005, S. 229–250.

5 Vgl. Dorinda Outram: *The Body and the French Revolution. Sex, Class and Political Culture*. New Haven 1989, S. 156.

6 Mit Barthes gesprochen ist das Signifikat der Männermode eben nicht Schein, sondern Sein. Vgl. Roland Barthes: *Système de la mode*. Paris 1967, S. 44.

7 Thomas Oláh: »Kunst und Krieg, Mode und Armee. Camouflage!« In: Lieselotte Kugler; Gregor Isenbort (Hrsg.): *Fashion Talks*. Berlin 2011, S. 187–200.

8 Honoré de Balzac: »Les Chouans«. In: *La comédie humaine* (hrsg. von Pierre-Georges Castex), Bd. VIII: *Études de moeurs, Scènes de la vie militaire* (hrsg. von Lucienne Frappier-Mazur). Paris 1977, S. 966.

9 Philip Hoare: »I Love a Man in a Uniform: The Dandy Esprit de Corps«. In: *Fashion Theory* 9 (3), 2005, S. 263–282.

John Stuart Mill
Die Negerfrage
Leserbrief

Sir,*

die im vorigen Monat erschienene Ausgabe Ihrer Zeitschrift enthält
eine Rede gegen die »Rechte von Negern«, deren vorgetragene Überzeugungen und deren Geist nicht unwidersprochen bleiben sollten.
Der Autor verkündet seine Meinungen oder besser gesagt Verfügungen
unter imposanten Vorzeichen: keinen geringeren nämlich als denen
der »unsterblichen Götter«. »Die Gewalten«, »die Schicksalsmächte«
lassen durch ihn nicht nur verlauten, was sein *wird*, sondern auch, was
getan werden *soll*; worüber sie »eine Entscheidung getroffen haben, ihr
ewiges Parlamentsgesetz erlassen haben«. Das bedeutet zu reden »wie
einer, der (göttliche) Vollmacht hat«, aber von wem hat er diese Vollmacht? Wenn wir aufgrund der Beschaffenheit der Botschaft über die
urteilen dürfen, von denen sie stammt, dann hat er sie *nicht* von ir-
gendwelchen Mächten, denen gerechte oder gute Menschen Gefolgschaft geloben. Dieses sogenannte »ewige Parlamentsgesetz« ist kein
neues Gesetz, sondern das alte Gesetz des Stärksten – ein Gesetz, gegen das die großen Lehrer der Menschheit zu allen Zeiten protestiert
haben. Es ist das Gesetz der Gewalt und der Gerissenheit; das Gesetz,
nach dem jeder, der stärker ist als ein anderer, der »geborene Herr«
dieses anderen ist, während der andere als sein »Diener« geboren ist,
der für ihn »zur Arbeit gezwungen« werden muss mit »wohltätiger
Peitsche«, wenn »andere Methoden nicht erfolgreich sind«. Ich kann
nichts Göttliches in dieser Verfügung erkennen. Wenn »die Götter« dies
wollen, ist es die erste Pflicht der Menschen, solchen Göttern Wider-

stand zu leisten. Allmächtig sind diese »Götter« *nicht*, denn Mächte, die *menschliche* Tyrannei und Ungerechtigkeit verlangen, können ihre Ziele nicht ohne die Mitwirkung von Menschen erreichen. Die Geschichte des menschlichen Fortschritts ist der Bericht von einem Kampf, in dem diesen böswilligen Mächten Zoll für Zoll Boden abgerungen und immer mehr menschliches Leben von der widerrechtlichen Herrschaft des Gesetzes der Stärke befreit worden ist. Ein großer, ja sehr großer Teil dieser Arbeit bleibt noch zu tun; aber der Fortschritt, der bei ihr gemacht wurde, ist die beste und größte Errungenschaft, die von der Menschheit bisher erzielt wurde, und es war in diesem Weltzeitalter kaum zu erwarten, dass uns auferlegt werden sollte, dies durch eine große Reform der menschlichen Angelegenheiten *rückgängig* zu machen.

Unsere Zeit leidet, wie es scheint, an einer höchst verderblichen Krankheit, die alles befällt, was in ihr geschieht, und für die das Verhalten dieses Landes gegenüber den Negern ein hervorstechendes Symptom darstellt: die Krankheit der Philanthropie. »Versunken in tiefen Schaum-Ozeanen von Güte, Brüderlichkeit, dem Emanzipationsprinzip, christlicher Menschenliebe und in anderem höchst liebenswert erscheinenden, aber haltlosem und letztendlich unheilvollem und völlig irreführendem Gerede«, hervorgebracht von »Herzen, denen jede ernsthafte Führung fehlt und die nicht glauben, dass es jemals eine gab, christlich oder heidnisch«, ist die »menschliche Gattung« »dazu verurteilt, bloß noch an rosarote Gefühlsduselei zu glauben«. Zu dieser angeblichen Lage der menschlichen Gattung werde ich gleich noch etwas sagen. Zunächst muss ich jedoch gegenüber meinem antiphilanthropischen Gegner eine Tatsache richtigstellen. Er versteht die große nationale Erhebung des Gewissens dieses Landes gegen Sklaverei und Sklavenhandel völlig falsch, wenn er annimmt, sie sei eine Frage des Gefühls gewesen. Sie hing nicht mehr von menschlichen Gefühlen ab, als das bei jedem anderen Anliegen, das so unwiderstehlich an Gefühle appelliert, notwendig der Fall sein muss. Ihre ersten Siege wurden errungen, als noch unangefochten die Peitsche in den Kasernenhöfen und der Rohrstock in den Schulen herrschten, und als Menschen noch zu Dutzenden gehenkt wurden, weil sie Sachen im Wert von vierzig Shilling gestohlen hatten. Sie triumphierte, weil sie eine Frage der Gerechtigkeit und, nach Einschätzung der großen Mehrheit ihrer Unterstützer, der Religion war. Ihre Urheber und Anführer waren Personen mit einem strengen moralischen Pflichtgefühl, die, im Geiste der Religion ihrer Zeit, selten von Güte und Philanthropie sprachen, aber oft von Pflicht, Verbrechen und Sünde. Beinahe zwei Jahrhunderte lang waren jährlich viele Tausende Neger mit Gewalt oder Heimtücke ergriffen und auf die Westindischen Inseln verbracht worden, wo sie sich buchstäblich zu Tode arbeiten mussten; denn es bestand der allgemein akzeptierte Grundsatz, das anerkannte Gebot guten Wirtschaftens, sie schnell zu verschleißen und mehr von ihnen einzuführen. Dies schloss jede andere denkbare Grausamkeit, Tyrannei und mutwillige Unterdrückung ein. Und das Motiv aufseiten der Sklavenhalter war die Liebe zum Gold; oder, um es treffender zu sagen, zu ordinärer und kindischer Prahlerei. Mir ist nicht bekannt, dass Menschen anderen Menschen irgendwo auf der Welt etwas Abscheulicheres als dies angetan hätten. Das mit Irland zu vergleichen ist der blanke Hohn. Und dies geschah nicht deshalb, weil England, wie im Fall des erbärmlichen Zustands Irlands, unfähig gewesen wäre, es zu verhindern – es geschah nicht bloß aufgrund der Duldung, sondern aufgrund der Gesetze der englischen Nation. Dennoch fanden sich schließlich immer mehr Menschen, die entschlossen waren, nicht zu ruhen, bis das Unrecht ausgerottet wäre; die seine Beseitigung ebenso sehr zum Geschäft und Zweck ihres Lebens machten wie gewöhnliche Menschen ihre Privatinteressen; die sich nicht damit zufriedengaben, seine abscheulichen Züge abzumildern und seinen Anblick weniger unerträglich zu machen, sondern auf seine vollständige und unwiderrufliche Auslöschung aus waren. Ich bin so weit davon entfernt, in diesem Vorsatz irgendetwas Verachtenswertes zu sehen, dass nach meiner nüchternen Überzeugung diejenigen, die ihn fassten und ausführten, zu den wenigen eines jeden Zeitalters gezählt zu werden verdienen, die gemäß ihrer eigenen Einsicht ein vornehmes Leben geführt haben, und denen die Menschheit bleibenden Dank schuldet.

Nach fünfzig Jahren voller Mühen und Opfer wurde das Ziel erreicht, und die Neger, von der Willkürherrschaft ihrer Mitmenschen befreit, waren auf sich gestellt und sahen sich den Möglichkeiten gegenüber, die die bestehenden gesellschaftlichen Verhältnisse denen bieten, deren einzige Einkommensquelle ihre Arbeit ist. Diese Möglichkeiten erwiesen sich als günstig für sie, und seit den letzten zehn Jahren bieten sie das ungewohnte Schauspiel von Angehörigen der Arbeiterklasse, deren Arbeit einen so hohen Preis erzielt, dass sie mit der Entlohnung für eine vergleichsweise kleine Arbeitsmenge komfortabel leben können. Den ehemaligen Sklavenbesitzern kommt das ungelegen; aber ich habe noch nicht gehört, dass irgendeiner von ihnen gezwungen gewesen wäre, um sein Brot zu betteln, ja nicht einmal dafür in der Erde zu graben, wie es der Neger, so skandalös er sich amüsiert, immer noch tun muss: Eine Kutsche oder ein anderer Luxusgegenstand weniger ist in den meisten Fällen, soweit ich weiß, das Äußerste, was sie an Entbehrungen zu ertragen haben – keine sehr harte Maßregel der ausgleichenden Gerechtigkeit. Wem tyrannische Macht entzogen worden ist, darf sich glücklich schätzen, wenn er so gut davonkommt wie sie; jedenfalls ist es eine Verlegenheit, aus der die Nation ihnen nicht heraushelfen muss: Wenn sie ihre hohen Einkünfte nicht länger ohne zusätzliche Arbeiter erzielen können, dann sollen sie sich welche suchen und sie von dort holen, woher sie am besten zu beschaffen sind, nur nicht mit Gewalt. Ihr antiphilanthropischer Beiträger denkt anders darüber. Dass Neger aufgrund von so wenig Arbeit leben und ihr Leben genießen können, ist in seinen Augen ein Skandal, der schlimmer ist als ihre vormalige Sklaverei. Dem muss um jeden Preis ein Ende bereitet werden. Er »wünscht nicht zu sehen«, dass sie wieder als Sklaven leben, »wenn es zu vermeiden ist«; aber »zweifelsohne« »werden sie Diener sein müssen«, »Diener für die Weißen«, »zur Arbeit gezwungen« und dazu, »keine Minute länger zu faulenzen«. Ein »Schwarzer von den Westindischen Inseln«, der »bis zu den Ohren in

Kürbissen steckt« und »etwa eine halbe Stunde am Tag arbeitet«, stellt für ihn den Gipfel der Abscheulichkeit dar. Die grundsätzliche Meinungsverschiedenheit, die ich mit ihm habe, ist so gravierend, dass mir für seine Tatsachenbehauptungen keine Zeit übrig bleibt; doch lassen Sie mich anmerken, wie leichtfertig er alles für ausgemacht hält, was ihm gerade zupasskommt. Weil er in einem Parlamentsbericht über einen Lohnstreik in Demerara etwas liest, was er tagtäglich über Manchester lesen könnte, entwirft er ein Bild von der Faulenzerei der Neger, das er aus den wildesten Prophezeiungen der Sklavenhalterpartei vor der Sklavenbefreiung übernommen hat. Wenn die Neger nicht mehr als »eine halbe Stunde täglich« arbeiten würden, wäre dann die Rohrzuckerproduktion bei jeder Ernte außer den außerordentlich schlechten gegenüber der Zeit der Sklaverei so geringfügig vermindert, wie es die Einnahmen der Zollbehörde beweisen? Aber es sind nicht die faktischen, sondern vielmehr die moralischen Seiten dieser Frage, über die ich mit ihrem Beiträger streiten möchte.

Ein schwarzer Mann, der nicht mehr arbeitet, als Schwarze nach der Behauptung ihres Beiträgers arbeiten, ist, wie er sagt, »ein Schandfleck«, eine »Brandblase auf der Haut des Staates«, und viele andere gleichermaßen unliebsame Dinge; zu *arbeiten* sei die große Pflicht des Menschen. »Tüchtige Arbeit zu leisten, ehrlich zu arbeiten gemäß der Befähigung, die einem gegeben wurde; für diesen und keinen anderen Zweck ist jeder von uns in diese Welt geschickt worden.« Wer auch immer ihn von dieser seiner »heiligen Berufung zur Arbeit während seines Lebens auf der Erde« abhält, ist »sein tödlichster Feind«. Wenn es »seine eigene Trägheit« ist, die ihn davon abhält, ist »das erste *Recht*, das er hat«, dass alle weiseren und fleißigeren Menschen ihn »durch ein weises Mittel zwingen, die Arbeit zu tun, für die er sich eignet«. Warum nicht gleich sagen, durch »ein weises Mittel« sollte alles auf der Welt in Ordnung gebracht werden? Wenn wir schon dabei sind, dann könnte Weisheit ebenso gut als Heilmittel für alle Übel vorgeschlagen werden, statt lediglich für eines. Ihr Beiträger fleht unablässig zum Himmel, dass allen Menschen, schwarzen wie weißen, dieses »göttliche Recht« verschafft würde, »gezwungen zu werden, wo die Erlaubnis nicht genügt, die Arbeit zu tun, zu der sie berufen sind.« Aber da dies gegenwärtig nicht in geeigneter Weise bewerkstelligt werden kann, will er mit den Schwarzen beginnen und sie zur Arbeit *für* gewisse Weiße zwingen, während diese Weißen überhaupt *nicht* arbeiten; damit so »die ewige Bestimmung und der höchste Wille« erfüllt würden, und die »Ungerechtigkeit«, die »für immer verflucht ist«, ein Ende habe.

Diese Lieblingstheorie ihres Beiträgers über die Arbeit kennen wir alle gut genug, auch wenn vielleicht einige nicht damit gerechnet hätten, sie so kühn angewendet zu sehen. Lassen Sie mich einige Worte zu diesem »Evangelium der Arbeit« sagen, das meiner Meinung nach ebenso sehr den Namen Heuchelei verdient wie alles, wogegen er sich wendet, während die Wahrheit, die es enthält, unermesslich viel weiter davon entfernt ist, die ganze Wahrheit zu sein, als die, die in den Worten Güte, Brüderlichkeit oder anderen Begriffen aus seinem Katalog des Verachtenswerten enthalten ist. Um seinen Ausführungen eine vernünftige Bedeutung zu verleihen, gilt es, erst einmal herauszufinden, was er unter Arbeit versteht. Ist mit Arbeit alles gemeint, was Menschen *tun*? Nein, denn dann könnte er niemandem vorwerfen, keine Arbeit zu verrichten. Ist damit mühevolle Anstrengung gemeint? Nein, denn mancher mit dem Erlegen von Wild verbrachter Tag führt zu größerer Erschöpfung der Muskeln als ein mit Pflügen verbrachter Tag. Ist damit *nützliche* Anstrengung gemeint? Doch Ihr Beiträger spottet immer über die Idee der Nützlichkeit. Meint er, dass alle Menschen ihren Lebensunterhalt verdienen sollten? Aber einige verdienen ihren Lebensunterhalt durch Nichtstun, und einige, indem sie Schaden anrichten; während die von ihm verachteten Neger die »Kürbisse«, die sie verbrauchen, und den Putz, den sie tragen, immer noch durch Arbeit verdienen.

Arbeit ist meiner Auffassung nach kein Gut an sich. Arbeit ist nicht um ihrer selbst willen lobenswert. Freiwillig für ein wertvolles Ziel zu arbeiten ist lobenswert; aber was macht ein wertvolles Ziel aus? In diesem Punkt hat man das Orakel, dessen Verkünder Ihr Beiträger ist, bisher niemals zu einer Erklärung bewegen können. Er dreht sich ewig im Kreis um die Idee der Arbeit, als ob das Umgraben der Erde oder das Bewegen eines Weberschiffchens oder eines Federkiels Zwecke an sich und Zwecke des menschlichen Daseins wären. Doch selbst der außerordentlichste Dienst an der Menschheit ist nicht deshalb wertvoll, weil er Arbeit wäre; der Wert liegt im Dienst selbst und dem Willen, ihn zu leisten – den vornehmen Gefühlen, deren Frucht er ist; und wenn die Vornehmheit des Willens sich anders als durch Arbeit zu erkennen gibt, zum Beispiel durch Gefahr oder Opfer, dann ist der Wert derselbe. Wenn wir nur von Arbeit sprechen, aber nicht von ihrem Zweck, sind wir weit entfernt von der Wurzel der Sache; oder wenn man es Wurzel nennen kann, dann ist es eine Wurzel ohne Blüte oder Frucht.

Im vorliegenden Fall scheint das vornehme Ziel »Gewürze« zu heißen. »Die Götter wünschen, dass auf ihren Westindischen Inseln außer Kürbissen auch noch Gewürze und wertvolle Erzeugnisse angebaut werden« – die »vornehmen Rohstoffe für Zimt, Zucker, Kaffee, schwarzen und weißen Pfeffer«, »weitaus vornehmere Dinge als Kürbisse«. Warum soll das so sein? Ist das, was am Leben erhält, von geringerer Würde als das, was lediglich den Geschmackssinn zufriedenstellt? Haben die »unsterblichen Götter« verfügt, dass Pfeffer vornehm ist, Freiheit aber (sogar die Freiheit von der Peitsche) verachtenswert? Aber Gewürze führen »zu Handelsverkehr, Künsten, politischen Ordnungen und gesellschaftlichen Entwicklungen«. Vielleicht ist das so, aber von welcher Art sind diese? Wenn sie von Sklaven erzeugt werden müssen, sind die »politischen Ordnungen und gesellschaftlichen Entwicklungen«, zu denen sie führen, von solcher Art, dass die Welt, wie ich hoffe, nicht mehr viel länger mit diesem Fluch beladen sein will.

Der Wert von Arbeit besteht sicherlich nicht darin, dass sie zu weiterer Arbeit führt, und so fort zu endlos fortgesetzter Arbeit. Im Gegenteil ist die Vermehrung der Arbeit für Zwecke, die der Mühe nicht wert sind, eines der Übel unserer gegenwärtigen Lage. Wenn Gerechtigkeit und Vernunft eines Tages die menschlichen Angelegenheiten bestimmen werden, dürfen wir erwarten, dass sie insbesondere der Frage gelten werden: Wie viele der sogenannten Luxusgüter, Annehmlichkeiten, Verfeinerungen und Schmuckstücke des Lebens sind der Mühe *wert*, die man auf sich nehmen muss, um sie hervorzubringen? Die Verschönerung des Daseins ist ein ebenso wertvolles und nützliches Ziel wie sein Erhalt; aber nur ein verdorbener Geschmack kann ein solches Ergebnis in jenem eitlen Tand der sogenannten Zivilisation sehen, zu dessen Herstellung heute unzählige Hände beschäftigt und Menschenleben vergeudet werden. Im Gegensatz zum »Evangelium der Arbeit« würde ich das Evangelium der Muße verfechten und behaupten wollen, dass Menschen sich nicht zu den höheren Eigenschaften ihrer Natur erheben *können*, wenn ihr Leben mit Mühsal angefüllt ist. Unter den Begriff der Mühsal zähle ich solche Arbeit nicht, wenn sie überhaupt als Arbeit zu bezeichnen ist, wie sie von Schriftstellern und »Ratgebern« geleistet wird, eine Betätigung, die, ganz abgesehen davon, dass sie aus Eitelkeit betrieben wird, nicht denselben Namen verdient wie die wirkliche Mühsal, die ermüdende, die Glieder versteifende, verdummende Plackerei der Arbeiter in vielen Bereichen von Landwirtschaft und Industrie. Die Menge der zur Erhaltung des Daseins erforderlichen Arbeit sehr stark zu verringern ist ebenso nötig, wie sie gerechter zu verteilen; und der Fortschritt der Naturwissenschaft sowie die wachsende Vorherrschaft von Gerechtigkeit und praktischer Vernunft wirken auf dieses Ergebnis hin.

Eine bestimmte Arbeitsmenge wird durch die bloße Tatsache der Existenz jedes Menschen notwendig gemacht: Niemand könnte existieren, ohne dass ein gewisses Maß an Arbeit entweder durch ihn oder für ihn erbracht wird. Gerechterweise ist daher jeder verpflichtet, seinen Anteil zu leisten; und die Gesellschaft hat ein unbestreitbares Recht, jedem zu erklären, dass er, wenn er sich an dieser notwendigen Arbeit nicht beteiligt, auch nicht essen soll. Die Gesellschaft hat dieses Recht nicht durchgesetzt und insofern den Grundsatz der Gerechtigkeit anderen Erwägungen nachgeordnet. Aber es wird immer lauter gefordert, dass er durchgesetzt wird, sobald ein halbwegs durchführbarer Plan zu diesem Zweck entworfen werden kann. Wenn dieses Experiment auf den Westindischen Inseln versucht werden soll, sollte man es unvoreingenommen versuchen und den ganzen Ertrag denjenigen zukommen lassen, die die Arbeit zu seiner Erzeugung getan haben. Wir hätten dann keine schwarzen Arbeiter, die gezwungen wären, Gewürze anzubauen, die sie nicht haben wollen, und keine weißen Eigentümer, die überhaupt nicht arbeiten, aber die Gewürze gegen Häuser am Belgrave Square eintauschen. Wir würden den Weißen ebenso wenig wie den Schwarzen das »göttliche Recht« vorenthalten, zur Arbeit gezwungen zu werden. Sie sollten genau den gleichen Anteil am Ertrag haben, den sie an der Arbeit haben. Wenn ihnen das nicht gefällt, sollten sie in ihren bisherigen Umständen verbleiben, solange es ihnen gestattet ist, und aus Angebot und Nachfrage den größtmöglichen Vorteil ziehen.

Die Auffassungen Ihres Beiträgers über Gerechtigkeit und Eigentumsrecht sind von anderer Art als diese. Ihm zufolge gehören die ganzen Westindischen Inseln den Weißen: Die Neger haben hier keinen Anspruch auf Land oder Nahrung, der nicht auf Duldung durch die Weißen beruhen würde. »Kein schwarzer Bewohner der Westindischen Inseln oder jemand, den er repräsentieren würde, hat diese Inseln zu dem gemacht, was sie sind.« Ich möchte dagegen behaupten, dass diejenigen, die ihre Muskeln und Sehnen zum Einsatz gebracht haben, allerdings ihren Anteil daran gehabt haben. »In der Erde Jamaikas mussten die Gebeine vieler Tausender britischer Menschen«, »die des tapferen Colonel Fortescue, des tapferen Colonel Sedgewick, des tapferen Colonel Brayne« und verschiedener anderer »begraben werden«. Wie viele Hunderttausende afrikanischer Menschen haben ihre Gebeine hier zurückgelassen, nachdem durch langsame oder heftige Folter das Leben aus ihnen herausgepresst wurde? Sie hätten besser ohne Colonel Fortescue auskommen können, als Colonel Fortescue ohne sie ausgekommen wäre. Aber er war der Stärkere und konnte »zwingen«; was sie taten und litten, zählt deshalb nicht. Daher haben sie diese Inseln nicht bloß nicht bebaut, sie hätten dies offenbar auch gar nicht tun *können.* »Niemals hat« (der Neger) »durch seine eigene Kunstfertigkeit einen einzigen Kürbis ziehen können, um irgendjemandes Hunger damit zu stillen.« »Allerdings ziehen sie Kürbisse und noch einiges mehr in einem sehr ähnlichen Land, ihrer Heimat Afrika. Man sagt uns, wir sollten uns Haiti ansehen – was weiß Ihr Beiträger über Haiti?»Kaum oder gar kein Zuckerrohranbau, der schwarze Peter rottet den schwarzen Paul aus, und wo sich ein Garten der Hesperiden befinden könnte, gibt es nur eine tropische Hundehütte und seuchenverbreitenden Dschungel.« Sollen wir Argumenten wie diesen Gehör schenken, die auf Gerüchten beruhen? Inwiefern steht es im schwarzen Haiti schlimmer als im weißen Mexiko? Wenn die Wahrheit bekannt wäre, wie viel schlimmer steht es als im weißen Spanien?

Aber der zentrale ethische Grundsatz der Abhandlung, den ich für verdammenswerter halte als jeden Grundsatz, der je von einem angeblichen Moralreformer verkündet wurde, besteht darin, dass Menschen einer Art die geborenen Diener von Menschen einer anderen Art sind. »Ihr werdet Diener sein müssen«, sagt er den Negern, »für die, die von Geburt an *weiser* sind als ihr, die eure geborenen Herren sind – Diener für die Weißen, wenn sie (und welcher Sterbliche kann das bezweifeln?) weiser geboren sind als ihr.« Ich nehme seine absurde Ausdrucksweise nicht wörtlich; sie gehört zu der Manieriertheit, in der er gefangen ist wie ein Kind in seinen Windeln. Mit »weiser geboren« meint er, wie ich annehmen will, mit größerer Befähigung zur Weisheit geboren – eine Behauptung, die, wie er sagt, kein Sterblicher bezweifeln könne, von der ich aber doch sagen möchte, dass nicht weniger als die Hälfte aller denkenden Menschen, die sich mit dem Thema beschäftigt haben, sie entweder bezweifeln oder entschieden bestreiten. Zu den Dingen, für die Ihr Beiträger seine volle Geringschätzung bekundet, zählt die analytische Untersuchung der menschlichen Natur. Durch analytische Untersuchung haben wir alles gelernt, was wir über die Gesetze der äußeren Natur wissen; und wenn er es nicht verschmäht hätte, dieselbe Untersuchungsmethode auf die Gesetze der Bildung des Charakters anzuwenden, wäre er dem gewöhnlichen Irrtum entgangen, jeden Unterschied, den er zwischen Menschen findet, einem ursprünglichen Unterschied ihrer Natur zuzuschreiben. Ebenso gut könnte man über zwei Bäume derselben Art sagen, dass der eine nur aufgrund größerer Wuchskraft im ursprünglichen Sämling höher als der andere sein kann. Ist nichts dem Boden zuzuschreiben, nichts dem Klima, nichts den unterschiedlichen Bedingungen, denen er ausgesetzt war – ist kein Sturm über den einen hinweggefegt und über den anderen nicht, hat kein Blitz ihn getroffen, kein Tier an ihm gefressen, sind keine Insekten über ihn hergefallen, hat kein vorbeikommender Fremder seine Blätter oder seine Rinde abgerissen? Wenn die Bäume nahe beieinander gewachsen sind, könnte dann nicht der eine, der aufgrund irgendeines Zufalls zuerst gewachsen ist, die Entwicklung des anderen durch seinen Schatten verzögert haben? Menschen sind einer unendlich größeren Vielzahl von Zufällen und äußeren Einflüssen unterworfen als Bäume und haben unendlich viel mehr Möglichkeiten, einander im Wachstum zu beeinträchtigen; denn diejenigen, die von Anfang an die Stärksten sind, haben bisher beinahe immer ihre Stärke dazu benutzt, die anderen schwach zu halten. Welche ursprünglichen Unterschiede zwischen Menschen bestehen, darüber weiß ich nicht mehr und nicht weniger als Ihr Beiträger; es ist eine der Fragen, auf die die Naturgeschichte unserer Gattung noch keine zufriedenstellende Antwort gegeben hat. Es ist jedoch wohlbekannt, dass spontaner Fortschritt über ein sehr geringes Maß hinaus, Fortschritt durch innere Entwicklung, ohne Hilfe von anderen Menschen oder Völkern, eine der seltensten Erscheinungen in der Geschichte ist; und wann immer er bekanntermaßen aufgetreten ist, war er das Resultat eines außergewöhnlichen Zusammentreffens von günstigen Umständen, und zudem zweifellos das Ergebnis vieler Zufälle, von denen sich keine Spur mehr findet. Es lässt sich kein Argument gegen die Befähigung der Neger zum Fortschritt daraus ableiten, dass sie nicht eine dieser seltenen Ausnahmen sind. Es ist übrigens merkwürdig, dass wir sehr starke Gründe für die Annahme haben, dass die früheste bekannte Zivilisation eine Negerzivilisation war. Die ursprünglichen Ägypter müssen, wie sich aus ihren Skulpturen folgern lässt, eine Negerrasse gewesen sein – daher haben die Griechen ihre ersten Lektionen in Sachen Zivilisation von Negern gelernt; und die Aufzeichnungen und Traditionen dieser Neger sahen die griechischen Philosophen bis zum Ende ihrer Entwicklung (ich sage nicht, dass viel dabei herausgekommen wäre) als einen Schatz von geheimnisvoller Weisheit an. Wieder verzichte ich auf alle Vorteile, die mir die Fakten bieten: Wären die Weißen von Geburt den Schwarzen an Intelligenz auch noch so überlegen und von Natur aus befähigt, sie zu belehren und ihnen Ratschläge zu erteilen, dann wäre es nicht weniger ungeheuerlich zu behaupten, dass sie daher ein Recht hätten, sie entweder mit Gewalt zu unterdrücken oder mit überlegener Geschicklichkeit zu überlisten; ihnen die Mühsal und Not des Lebens aufzubürden und sich selbst, unter der fälschlichen Verwendung der Bezeichnung Arbeit, seine angenehmen Reize vorzubehalten.

Wenn es mir darum gehen würde, jeden Schwachpunkt im Artikel Ihres Beiträgers aufzuzeigen, müsste ich, selbst wenn ich mich noch so kurz fassen würde, eine Abhandlung vorlegen, die länger wäre als seine. Ein weiteres Beispiel muss genügen. Wenn ein Bedarf nach Arbeitskräften besteht, so ist es eine sehr naheliegende Idee, Arbeiter einzuführen; und wenn sich Neger für das Klima am besten eignen, Neger einzuführen. Dies ist eine Art und Weise, das Gleichgewicht zwischen Arbeitskräftebedarf und Arbeitern herzustellen, die recht gut mit anerkannten Grundsätzen übereinstimmt – sie ist den bestehenden moralischen Grundsätzen der Welt weder voraus noch fällt sie hinter sie zurück –, und da sie den Zweck erfüllen würde, die Neger dazu zu bringen, mehr zu arbeiten, sollte man eigentlich annehmen dürfen, dass sie zumindest die Zustimmung Ihres Beiträgers finden würde. Aber im Gegenteil ist diese Aussicht für ihn die düsterste überhaupt; denn entweder würden»die neuen Afrikaner, nachdem sie ein wenig gearbeitet haben«,»ebenso wie die anderen an Kürbissen Gefallen finden«, oder es gäbe, wenn so viele von ihnen kämen, dass sie gezwungen wären, für ihren Lebensunterhalt zu arbeiten,»ein schwarzes Irland«. Der Arbeitsmarkt lässt drei mögliche Gegebenheiten zu, nicht, wie von dieser Behauptung impliziert, nur zwei. Entweder können die Arbeiter beinahe ohne Arbeit leben, was angeblich in Demerara der Fall sein soll; oder, was gewöhnlich der Fall ist, sie können von ihrer Arbeit leben, müssen aber arbeiten, um leben zu können; oder sie können durch ihre Arbeit keinen ausreichenden Lebensunterhalt verdienen, was in Irland der Fall ist. Ihr Beiträger sieht nur die Extremfälle, aber nicht die Möglichkeit des mittleren. Wenn Afrikaner eingeführt werden, glaubt er, es müssten entweder so wenige sein, dass sie nicht nötig hätten, zu arbeiten, oder so viele, dass sie trotz Arbeit nicht in der Lage sein würden, zu leben.

Lassen Sie mich einige Worte zu dem allgemeinen Zerwürfnis Ihres Beiträgers mit dem gegenwärtigen Zeitalter sagen. Jedes Zeitalter hat seine Fehler und ist denen zu Dank verpflichtet, die es auf sie aufmerksam machen. Unser eigenes Zeitalter hat diesen Dienst ebenso nötig wie andere; aber daraus ist nicht zu folgern, dass es gegenüber früheren Zeitaltern degeneriert ist, denn seine Fehler sind verschieden. Wir müssen uns auch davor hüten, seine Vorzüge irrtümlich für Fehler zu halten, lediglich deshalb, weil seine Fehler sich unvermeidlicherweise mit seinen Vorzügen vermischen und auf sie abfärben. Ihr Beiträger glaubt, unser Zeitalter habe zu viel Menschlichkeit, sei zu ängstlich darum bemüht, das Leiden abzuschaffen. Ich behaupte dagegen, dass es zu wenig Menschlichkeit hat, ja auf eine äußerst schuldhafte Weise gegenüber diesem Thema gleichgültig ist – und ich verweise zum Beleg auf die alltäglichen Polizeiberichte. Ich klage damit nicht den grausamen Teil der Bevölkerung an, sondern den menschlichen; wenn er menschlich *genug* wäre, hätte er es längst fertiggebracht, diese täglichen Gräueltaten zu verhindern. Nicht aufgrund eines Übermaßes einer guten Eigenschaft ist dieses Zeitalter fehlerhaft, sondern aufgrund eines Mangels – eines Mangels an nichts Geringerem als Menschenliebe, und mehr noch an anderen Eigenschaften, mit denen es die Menschenliebe, die es hat, ins Gleichgewicht bringen und lenken könnte. Eine »Vereinigung zur weltumfassenden Abschaffung des Leids« mag als Zielscheibe für eine sarkastische Bemerkung herhalten, aber kann man ein Ziel nennen, das der Bemühung mehr wert wäre als das der Verminderung des Leids? Ist die Mühe, die dem Anbau von Gewürzen gewidmet wird, vornehm, aber nicht die, die zur Verringerung der Menge des Leids beiträgt? Uns wird in triumphierendem Tonfall gesagt, als wäre das etwas, worüber man sich freuen sollte, dass »die Schicksalsmächte« auf eine »fürchterliche Weise« verfahren würden, die durch »Schmus oder philanthropische Wahlkampfberedsamkeit« nicht gemildert werden würde; aber durch welche Mittel auch immer, sie *ist* in einem nicht unbeträchtlichen Maß gemildert geworden und wird immer weiter gemildert: Jedes Jahr wird die »fürchterliche Weise« in der einen oder anderen Hinsicht etwas weniger fürchterlich gemacht. Ist unsere Cholera mit der Pest früherer Zeiten vergleichbar? Unsere Krankenhäuser mit den alten Leprosenhäusern? Unsere Arbeitshäuser mit dem Hängen von Landstreichern? Unsere Gefängnisse mit denen, die Howard besichtigt hat? Genau deshalb, *weil* es uns gelungen ist, so viel Leid abzuschaffen, weil wir Leid und das Zufügen von Leid nicht mehr so gewohnt sind wie das tägliche Brot, sind wir über das verbleibende Leid so viel mehr bestürzt, als unsere Vorfahren es waren oder als wir es nach Meinung Ihres Beiträgers sein sollten.

Aber gleich wie es sich mit Leid im Allgemeinen verhält, die Abschaffung der Zufügung von Leid aufgrund schierer Willkür eines Menschen, kurz gesagt, die Abschaffung des Despotismus, scheint in besonderem Maße die Aufgabe dieses Zeitalters zu sein, und es ließe sich schwerlich zeigen, dass irgendein Zeitalter je eine wertvollere auf sich genommen hätte. Obwohl wir nicht alles Leid ausrotten können, können wir, wenn wir dazu ausreichend entschlossen sind, jegliche Tyrannei abschaffen – einer der größten Siege, die bereits über diesen Feind erzielt wurden, ist die Sklavenbefreiung, und ganz Europa kämpft mit unterschiedlichem Erfolg für seine weitere Bezwingung. Wenn wir bei der Verfolgung dieses Ziels irgendein anderes, gleichermaßen wichtiges, aus den Augen verlieren; wenn wir vergessen, dass Freiheit nicht das Einzige ist, was für Menschen unerlässlich ist, dann sollten wir jedem danken, der auf das Fehlende hinweist, aber wir sollten nicht darin einwilligen, auf unserem Weg kehrtzumachen.

Ich habe nicht die geringste Befürchtung, dass dieses Land in der Frage der Negersklaverei kehrtmachen könnte. Es gibt jedoch noch einen anderen Ort, an dem diese Tyrannei noch immer gedeiht, sich aber jetzt erstmals ernsthaft bedroht sieht. An diesem entscheidenden Wendepunkt in der Geschichte der amerikanischen Sklaverei, an dem der Entscheidungskampf zwischen Recht und Ungerechtigkeit zu beginnen scheint, tritt Ihr Beiträger auf und schleudert sein Geschoss, geladen mit dem Gewicht seiner Reputation, in das Lager der Sklavereigegner. Die Worte von prominenten englischen Schriftstellern sind auf der anderen Seite des Ozeans machtvolle Worte; und die Eigentümer von menschlichem Fleisch, die wahrscheinlich dachten, sie hätten zwischen dem Atlantik und der Weichsel keinen ehrbaren Menschen auf ihrer Seite, werden solche Schützenhilfe willkommen heißen. Da seine Abhandlung wahrscheinlich von denen in Umlauf gebracht werden wird, deren Interessen sie nützt, von einem Ende der Amerikanischen Union bis zum anderen, kenne ich kaum eine Handlung, mit der ein Einzelner mehr Schaden hätte anrichten können, wie diese es möglicherweise tun wird; und ich bin der Meinung, dass er sich durch diese Handlungsweise zum Werkzeug für das gemacht hat, was ein kluger Autor im *Inquirer* zu Recht »ein wahres Teufelswerk« nennt.

Übersetzung von Florian Wolfrum

John Stuart Mill. Ausgewählte Werke
Band V: Zeitgeist und Zeitgenossen
Hrsg. von Ulrike Ackermann und Hans Jörg Schmidt
Erscheinungsdatum: September 2016
© Sven Murmann Verlagsgesellschaft mbH, Hamburg

Anmerkung

* Dieser Text basiert auf einem Leserbrief, adressiert an John William Parker Jr., den Herausgeber der Zeitschrift *Fraser's Magazine*. Dort wurde er im Januar 1850 erstmals abgedruckt. Mill reagierte mit diesen kritischen Ausführungen auf den Artikel »Occasional Discourse on the Negro Question« von Thomas Carlyle, der im Dezember 1849 ebenfalls im *Fraser's Magazine* veröffentlicht worden war. Der einflussreiche Historiker und Essayist Carlyle hatte darin seine rassistischen Ansichten zu einem entschiedenen Plädoyer für das Recht des Stärkeren, in diesem Fall der weißen Rasse, zusammengefasst. Die freundschaftliche Beziehung zwischen Mill und Carlyle zerbrach an ihren gegensätzlichen Haltungen zur Frage der Sklaverei.

Die Autoren

Daniel Bax, geb. 1970, arbeitet bei der *taz* zu den Themen Migration, Integration und Asyl. Zuletzt erschien *Angst ums Abendland. Warum wir uns nicht vor Muslimen, sondern vor den Islamfeinden fürchten sollten.*

Liane Bednarz, geb. 1974, ist Publizistin und Juristin. Zuletzt erschien *Gefährliche Bürger. Die neue Rechte greift nach der Mitte* (zusammen mit Christoph Giesa).

Peter Felixberger, geb. 1960, ist promovierter Soziologe und arbeitet als Programmgeschäftsführer der Murmann Publishers sowie als Publizist und Medienentwickler. Zuletzt erschien *Wie gerecht ist die Gerechtigkeit?*

Hans Hütt, geb. 1953, ist Politikwissenschaftler. Er schreibt für *FAZ, Freitag, taz* und *Zeit Online*. Ab 2009 begleitete er in seinem Blog die ersten Jahre der Präsidentschaft Barack Obamas.

Rainer Joedecke, 1940–2001, arbeitete zwischen 1970 und 1977 als Fotojournalist und von 1977 an als Journalist für *Geo* und *Stern*. Die Fotografien in seiner Reportage stammen von ihm.

Jens-Christian Rabe, geb. 1977, ist Redakteur im Feuilleton der *Süddeutschen Zeitung*.

John Stuart Mill, 1806–1873, war ein bedeutender und einflussreicher englischer Philosoph, Ökonom und liberaler Denker des 19. Jahrhunderts.

Armin Nassehi, geb. 1960, ist Professor für Soziologie an der Ludwig-Maximilians-Universität München. Zuletzt erschien *Die letzte Stunde der Wahrheit. Warum rechts und links keine Alternativen mehr sind und Gesellschaft ganz anders beschrieben werden muss.*

Barbara Vinken, geb. 1960, ist Professorin für Allgemeine und Französische Literaturwissenschaft an der Ludwig-Maximilians-Universität München. Zuletzt erschien *Angezogen. Das Geheimnis der Mode.*

Angela Wierig, geb. 1962, ist Rechtsanwältin in Hamburg und derzeit Nebenklagevertreterin im so genannten NSU-Prozess.